基于治理和博弈视角的
国土空间规划权
作用形成机制研究

黄 玫 著

中国建筑工业出版社

图书在版编目（CIP）数据

基于治理和博弈视角的国土空间规划权作用形成机制研究／黄玫著 . —北京：中国建筑工业出版社，2021.9（2022.9重印）

ISBN 978-7-112-26294-6

Ⅰ.①基…　Ⅱ.①黄…　Ⅲ.①国土规划－土地使用权－研究－中国　Ⅳ.① F129.9

中国版本图书馆 CIP 数据核字（2021）第 129689 号

　　本书主要研究对象是国土空间规划权，界定的视角是治理理论和博弈论，侧重于研究其权力对外作用的形成机制：一是从治理和博弈视角建构了多层级、多主体的国土空间规划权理论分析框架，对空间规划领域各类政策出台的脉络进行历史性梳理分析；二是全景式地对空间规划权作用形成过程中的各种博弈进行分类描述，找到空间规划权各种外在表现的内在逻辑；三是提出了在治理框架下利用博弈策略分析的方法，建立或修正国土空间规划权的基本规则。这些对国土空间规划体系构建基本法律政策框架都是一种有益的底层基础性研究。

责任编辑：黄　翊　陆新之
责任校对：赵　菲

基于治理和博弈视角的国土空间规划权作用形成机制研究
黄　玫　著
＊
中国建筑工业出版社出版、发行（北京海淀三里河路 9 号）
各地新华书店、建筑书店经销
北京建筑工业印刷厂制版
北京建筑工业印刷厂印刷
＊
开本：787 毫米×1092 毫米　1/16　印张：11¼　字数：219 千字
2021 年 8 月第一版　　2022 年 9 月第二次印刷
定价：**58.00** 元
ISBN 978-7-112-26294-6
　　（37753）

序

在漫长的人类历史中，城市的形成历史并不长，而有意识地规划城市这样的居民聚居点的历史就更短了。自从出现规划这种有意识地组织安排空间资源利用的手段，规划本身就反映了背后各种权利人、使用方和管理者的诉求。在不同的时期，规划背后的目标、诉求、博弈也各不相同。因此，规划既是一种空间资源使用的工程性组织安排，更是空间资源的各使用方围绕利益，不断博弈乃至最后妥协、协调的合作过程。历史上规划是为解决问题而诞生的，现阶段规划仍然是一种解决问题的重要的工具和手段。

我国在城镇化快速发展阶段，已经意识到建设用地的粗放增长不可持续，但受制于发展的阶段特点与体制改革的艰难等多重因素制约，土地使用的规划治理成效总是不够明显，也难以真正将权利人博弈纳入规划的治理体系之中。2011年我国城镇化率超过50%之后，经济社会发展进入发展转型和生态文明建设时代，党的十八届三中全会提出推进国家治理体系和治理能力现代化，开始了空间规划体系的改革，以期从根本上解决空间性规划重叠冲突、部门职能交叉重复、地方规划朝令夕改等空间资源规划管理失序的难题。2018年国务院机构改革，更是将城乡规划管理职能转至新成立的自然资源部。站在这样的大背景下，看待空间规划体系的变革，可以认识到，规划作为平台，在协调统筹甚至不同空间资源权利人、使用方和管理者的博弈中可以发挥重要作用，在有限的空间资源中，推进共建共享、共同发展、共同富裕等国家治理体系改革和现代化进程。

国土空间治理是新时代国家治理体系的重要内容，规划体制改革在整个国家治理体系不断完善中是重要的一环，要通过空间规划体系改革实现空间治理能力的现代化，首先要摸清规划权作用的形成机制，要从治理的视角去分析规划权背后的种种利益诉求，更要了解权力博弈的机制。这是有关规划治理科学认识的一个宏大研究课题。

黄玫2013年开始来清华大学攻读城乡规划学博士学位，此前于2005年取得同济大学城市规划与设计硕士学位。她本人也是国务院城乡规划主管部门的工作人员，长期从事规划管理工作。她对城乡规划学领域具有全面深入的了解，并具有很强的科研能力。她在长期的学习工作中的积累也促使她对国土空间规划权有更深入的思考，她的专业背景和工作背景使她具备开展这一宏大研究课题的能力。可以说，她是规划领域内第一个提出"国土空间规划权"概念并全面阐述的学者。本书从治理和博弈的视角来研究国土空间规划权问题，选题具有重要的理论价值和现实意义。系统总结国内外相关理论和实践进展，结合中国实践解析国土空间规划权的演变进程，分析国土空间规划权的特点与问题，揭示国土空间规划权的运行机制，并提出了完善国土空间规划权实现路径的建议。

　　本书具有独到的新见解，成果突出，为关注国土空间规划改革演进研究的后来学者提供了崭新视角，具有很强的参考借鉴价值。当然本书的研究还需持续下去，整个改革进程中都需要有观察者、研究者、理论总结者，这对未来规划管理更好地成为国土空间治理手段，具有很好的启示，也希望本书的研究成果能够在我国的国土空间规划管理工作中发挥应有的价值。

吴唯佳

清华荷清苑

2021 年 6 月

目　　录

第1章 绪 论

1.1 研究背景

1.1.1 政策背景：生态文明建设

  2012 年 11 月，党的十八大作出"大力推进生态文明建设"的重大战略部署，此后，中央将生态文明建设作为"五位一体"和"四个全面"[①]的重要内容。2013 年 11 月，党的十八届三中全会提出加快建立系统完整的生态文明制度体系，将资源产权、用途管制、生态红线、有偿使用等内容纳入生态文明制度体系。2014 年 10 月，党的十八届四中全会提出严格的法律制度保护生态环境。2015 年，中央发文推进生态文明建设，制定改革总体方案，并写入"十三五"规划。2017 年 10 月，党的十九大进一步提出了"坚持人与自然和谐共生"的基本方略，在党章中增加了生态文明建设相关内容。2018 年 3 月，"生态文明"被正式写入《中华人民共和国宪法》[②]。至此，生态文明建设上升为党的主张和国家意志。

  生态文明建设最核心的内容包括推动绿色发展方式和生活方式，推进形成绿色空间格局，这一核心内容形成的抓手就是完善国土空间规划体系，以此作为底线要求推动区域绿色协调发展，统筹生产生活生态空间。这一政策背景的核心体现在国家机构改革中的"两统一"职责划归自然资源部行使，实现原来分属多部门管理的空间规划的"多规合一"。

  1. 赋权"两统一"职责

  2018 年 3 月，国家机构改革明确由自然资源部"统一行使全民所有自然资源资产所有者职责，统一行使所有国土空间用途管制和生态保护修复职责"[③]（图 1–1）。

  《中华人民共和国宪法》第九条确定了自然资源的全民所有制和集体所有制。自然资源部"统一行使全民所有自然资源资产所有者职责"是一项全新的职责，以前从未在国务院组成部门的职责分工中出现过。此次机构改革是国家第一次将这个所有者职责明确由某个具体部门来行使。同时，自然资源部作为国务院组成部门，行使着自

[①] "五位一体"和"四个全面"均为党的十八大首次提出。

[②] 写入《中华人民共和国宪法》序言和第八十九条。

[③] 引自《中共中央关于深化党和国家机构改革的决定》，2018年2月28日通过。

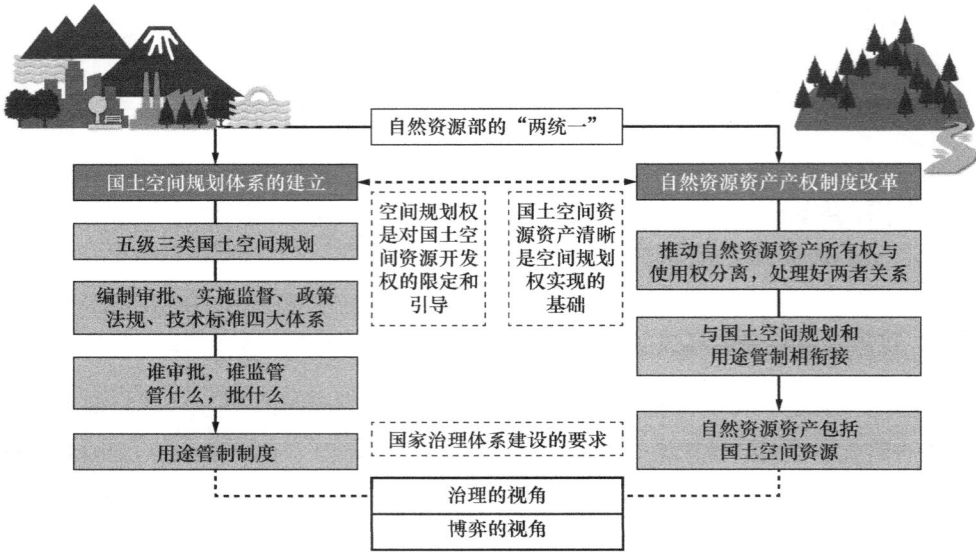

图1-1 自然资源部"两统一"职责

然资源行业的行政监管权。其中，涉及全民所有自然资源资产的所有权和国土范围内自然资源的监管权，"前者是所有权人意义上的权利，后者是管理者意义上的权力"[①]，两者在职责上具有一定的区别。自然资源部"统一行使所有国土空间用途管制和生态保护修复职责"的依据是国土空间规划，国土空间规划权是对空间资源用途的管制安排，对空间资源的开发、发展具有引导作用。

国土空间是自然资源和建设活动的载体（林坚 等，2018b），对自然资源的监管涉及国土空间规划，通过国土空间规划对自然资源的开发利用进行约束、引导以及监管。因此，国土空间规划也是行政监管的一种手段，这一手段不同于对自然资源的直接管理，更着力于对其开发利用方式的监督管理，是在一定的时空范围内将自然资源应用于各种开发利用场景之下（当前也包括保护修复场景）对其进行的监督管理。国土空间规划权从一定意义上说是将国土空间资源的开发权从其使用权中转移出来，并交由公权力行使。例如，英国1947年的《城乡规划法》将土地开发权收归国有，并设定了开发许可制度，使政府可以编制实施规划，这也是英国现代城市规划的基本设定，为英国城市规划体系的形成奠定了基础（唐子来，2000）。

中央层级自然资源部的"两统一"职责也是地方各级政府自然资源主管部门职责的参照。我国的政体对各级政府序列的安排虽然不是垂直管理的模式，但是上、下级之间具有监管与被监管的关系，因此，省级政府的架构基本是参照国务院组成部门的

---

① 习近平. 关于三中全会《决定》的说明，人民日报，2013年11月16日。

架构，职责也具有对应性，而到了地方的市县一级政府由于属于具体政府事务的实施层面，可能会根据实际情况有所变化。此外，原国土资源主管部门在省以下具有垂直管理的特性①，城乡规划主管部门则没有垂直管理的特性，因此在此次机构改革中，特别是地方组成自然资源主管部门的主要是原国土资源主管部门和原城乡规划主管部门，便呈现出不完全的垂直管理特性。对于各级自然资源部门，在自然资源部行使"两统一"职责时，或者针对本行政辖区受委托行使部分职责，或者依法律为本级政府事权按照规定行使属于本行政辖区内的职责。具体来说，"两统一"职责在各级政府间仍具有不同的表现形式。例如，国土空间用途管制在不同层级政府表现出的形式就完全不同。国家级的国土空间规划尺度大、更偏重宏观层面的用途管制，是对三条控制线在宏观尺度上的协调划定、监督执行，一般不涉及具体的建设项目，但涉及一些国家级重大项目的宏观协调安排，包括资金驱动下的空间布局安排；市县级的国土空间规划尺度小、更偏重微观层面具体地块的用途管制，着眼点常常在对市场的规制平衡上，注重多元参与主体的组织协调，涉及的利益博弈更为直接。不同层级的国土空间规划权显示出不同的权力对象与权力作用形式。

2. 实现"多规合一"

从 2015 年 4 月《中共中央　国务院关于加快推进生态文明建设的意见》首次明确提出了"健全自然资源资产产权制度和用途管制制度"的要求，及 2017 年 10 月十九大报告重申要求"统一行使所有国土空间用途管制"，至 2018 年 3 月国家机构改革的决定再次强调"统一行使所有国土空间用途管制和生态保护修复职责"，中央对生态文明建设要求统一用途管制的目标越来越清晰，路径也越来越明确，即整合各类空间型规划和相关规划的要求，实现"多规合一"，做到城乡统筹、全域覆盖、要素叠加，使发展目标一致、用地指标一致、空间坐标一致。

2018 年 3 月，中央正式印发了《深化党和国家机构改革方案》，背景是以国家治理体系和治理能力现代化为导向，优化政府部门的职能配置，重构国家机构职能体系。在这次机构改革中，国务院机构中重新组建了 19 个部门，除国务院办公厅外，国务院设置组成部门一共 26 个。该《方案》宣布组建自然资源部，其中一项主要职责就是建立国土空间规划体系并监督实施，以解决空间规划重叠等问题。

2018 年 8 月，中共中央办公厅印发了《自然资源部职能配置、内设机构和人员编制规定》，明确了自然资源部"负责建立空间规划体系并监督实施"的具体职责，按决策和执行两大环节设置了国土空间规划局和国土空间用途管制司。

---

① 引自《国务院关于做好省级以下国土资源管理体制改革有关问题的通知》，2004年4月发布。

2019 年 1 月，中央全面深化改革委员会审议通过了《中共中央 国务院关于建立国土空间规划体系并监督实施的若干意见》；5 月，中央正式印发该《意见》，宣告"两统一"职责的顶层设计基本完成，"多规合一"基本实现，我国的"国土空间规划"正式登上历史舞台，以覆盖所有涉及国土空间布局的规划大一统方式，结束了主体功能区规划、土地利用规划、城乡规划等空间规划互相掣肘、互相肢解、无序混乱的局面。这些都为国土空间规划权的行使奠定了政策基础。

2019 年 4 月，中共中央办公厅、国务院办公厅印发了《关于统筹推进自然资源资产产权制度改革的指导意见》，这是自然资源部的另外一个"统一"，文件明确"自然资源资产产权制度是加强生态保护、促进生态文明建设的重要基础性制度"，同时还明确了"坚持市场配置、政府监管"的基本原则，以及"与国土空间规划和用途管制相衔接，推动自然资源资产所有权与使用权分离"的主要任务。

1.1.2　市场背景：治理体系建设

1995 年，"治理"一词出现在全球治理委员会[①]《天涯成比邻》(*Our Global Neighborhood*) 的研究报告中，该研究报告将"治理"定义为"各种公共或私人机构在管理共同事务时所采用的方式总和"，认为其是"在调和各种社会冲突和利益矛盾时采取联合行动的持续性过程"，这是全球性组织对"治理"的定义。治理体现了政府与市场的关系，不论是哪种模式，都面临调解冲突矛盾的情况，这一过程反映的是政府与市场在社会公共事务运行中的博弈关系。

当前，我国社会处于发展转型阶段，政府也逐渐意识到要发挥市场配置的重要作用，即使是公共产品供给和公共资源配给中也需要引入市场的力量。从政府与市场平衡关系的变迁来看，这也正反映了公共行政、公共管理与公共治理的相互转化关系。政府与市场的关系模式也发生重大变革，其中的动因又分为内部与外部。内部动因是中央政府已经意识到政府不是万能的，一些公共事务不能完全依赖政府，于是由内而外地推动"放管服"改革，转变政府职能，建立一套包括社会治理的国家治理体系，充分发挥市场的作用，激发市场的活力。外部动因是全球化市场运行规则对市场的开放度、便捷度有更高要求，对资本投入的产出比有更大需求，统一标准更有利于横向比较，因此世界银行的"营商环境"评判标准便成为易行的衡量、比较世界各经济体营商环境的通用指标体系。当然适应这一通用指标体系的标准、改革创造更为便利的营商环境也是我国主动融入全球市场、吸引外资的需要，是落实"一带一路"倡议的

---

① 全球治理委员会（Commission on Global Governance）成立于1992年。

必然需要，更是顺应全球化市场大趋势的必然需要。

在经济社会发展的宏观大背景下，从行政到管理再到治理的方式转变反映了我国政府思维的转变，也反映了政府在市场经济中角色的转型。中央政府对治理体系和治理能力的建设也达到了空前的重视。2013 年 11 月，党的十八届三中全会中首次提出"推进国家治理体系和治理能力的现代化"①；2019 年 10 月，党的十九届四中全会通过的《中共中央关于坚持和完善中国特色社会主义制度、推进国家治理体系和治理能力现代化若干重大问题的决定》（以下简称《决定》）②，更是将其作为 2035 年的重要目标。《决定》是对国家治理体系建设的总体概括，即国家治理是一整套制度和规则的设计安排。

从行使主体来说，国家治理体系包括政府治理、社会治理。王浦劬（2014）指出"政府治理是国家治权的运行，是国家治理的具体实施和行政实现"。治理主体的不同导致社会治理形式更加多样。政府治理和社会治理都是通过制度建设、然后执行制度去实现的，但前者更偏重于法律法规层面的制度建设与执行，后者更偏重于规则规范层面的制度建设与实施，甚至包括一些约定俗成的道德规范。《决定》指出"社会治理是国家治理的重要方面"，特别提出了"完善群众参与基层社会治理的制度化渠道"的实现路径。这些都从国家的顶层架构中明确了社会治理在国家治理体系中的重要地位，是社会公民参与到国家治理体系中的重要途径。一些地方性法规也开始涉及关于社会治理的内容，从规则层面确定社会治理的实现路径。例如，北京市在 2019 年 11 月 27 日通过了《北京市街道办事处条例》（2020 年 1 月 1 日起施行），专门设置了第五章"社会治理"，是我国首个明确基层社会治理该怎么干的地方性条例。

1. 内因："放管服"，转变政府职能，构建国家治理体系

2015 年国务院首次提出"放管服"改革的要求，释放出进一步推进简政放权、推动管理向治理转变的信号，"放管服"是"简政放权、放管结合、优化服务"③的简称。更具体一点的解释是，"放"即精简政府机构，把经营管理权下放给企业，并降低各种大中小型企业进入市场的门槛；"管"即政府创新监管方式，利用新技术、新体制主动促进维护市场主体的公平竞争；"服"即转变政府职能，减少干预市场，还市场

---

① 引自中国共产党第十八届中央委员会第三次全体会议公报，2013 年 11 月 12 日，新华社。参见 http://www.xinhuanet.com//politics/2013-11/12/c_118113455.htm.

② 2019 年 10 月 31 日，新华社。参见 http://www.gov.cn/zhengce/2019-11/05/content_5449023.htm.

③ 引自李克强在全国推进简政放权放管结合职能转变工作电视电话会议上的讲话《简政放权、放管结合、优化服务，深化行政体制改革、切实转变政府职能》，2015 年 5 月 12 日，新华社。参见 http://www.gov.cn/guowuyuan/2015-05/15/content_2862198.htm.

相应的决定权，降低市场主体在市场运行中的成本，政府做好高效服务，营造良好便利的市场环境，给市场主体更多创新的动力，促进市场活力。"放管服"是对2013年开始推行的"简政放权"的一个全面升级，因为中央政府也意识到仅仅是简政放权还远远不够，要想提升社会效益，放权的同时更需加强监管与服务。2017年，中央政府召开全国电视电话会议，进一步深化部署"放管服"改革工作，明确要求严格落实"谁审批谁监管、谁主管谁监管"的要求，明规矩于前，寓严管于中，施重惩于后。

转变政府职能是在明确政府在整个国家治理体系中应当占据的位置、应当发挥的作用之后作出的制度性安排，更是政府对管理模式向治理模式转变的积极应对。党的十九大提出"打造共建共治共享的社会治理格局"，明确这是一个系统工程，不仅需要多方面、多角度、综合施策，更需要政府发挥作用，这个作用并非单指管理职责，而是更加全面的作用，包括对市场的放权、对规则的法治化、对秩序的维护。这也是我国中央政府在充分分析我国社会经济发展阶段后得出的基本判断：充分激发市场主体的动力，同时明确政府监管职责的界线，维护市场的公平公正。

国家治理体系的构成不仅包含政府治理，也包含社会治理。政府治理将社会运行纳入依法依规的制度轨道，社会治理作为辅助，将法律法规明确的社会运行规则以外的部分进行规范，发挥协商、合作、参与等模式的优势。尤其在面对基层的社会事务时，社会治理优势明显，这种政府与社会相互协作、共同参与的模式本身就反映了整体国家治理体系的逐步完善，以及治理能力的不断提升。

2. 外因：融入全球化市场，对标世界银行营商环境指标，提升治理能力现代化

我国在长达15年的入世谈判之后，于2001年12月11日正式加入世界贸易组织，成为其第143个成员，表明了我国顺应经济全球化潮流、主动参与国际竞争与合作的决心和积极姿态。但是融入全球化市场并不是签署协定就算完成的，不论是向国外投资还是吸引外资到本国投资，都需要了解世界贸易组织各成员的价值取向，搞清楚资本流动的影响因素。无疑世界银行就是这样一家充分体现其价值观、话语体系规则的机构。

世界银行作为一家第二次世界大战后为帮助在战争中被破坏的国家恢复重建而设立的国际性银行机构，时至今日其主要任务变成为发展中国家提供贷款，帮助其建设教育等基础设施、农业工业等产业设施，资助国家克服贫穷、改善经济，是西方话语体系的重要代表之一。对于我国而言，要想进入西方话语体系为主导的全球市场，主动融入全球化，共享全球发展带来的红利，遵循该话语体系的规则也是必然的选择。特别是在以市场经济为主的全球市场中，要吸引外资进入我国，就必须按照规则打造

适应其资本流向的营商环境。这也是对我国政府推进改革的外部压力。

《营商环境报告》由世界银行全球指标局发布，自 2002 年起开始每年对全球百余个经济体以及所选城市营商方面的法律法规、执行情况进行评估。其评估的主要方法是通过收集和分析综合定量数据来比较商业监管环境，鼓励各国提高监管效率并为改革提供可衡量的基准。《营商环境报告》目前正式纳入的指标有 10 个，包括开办企业、办理建筑许可、获得电力、产权登记、获得信贷、保护少数投资者、纳税、跨境贸易、合同执行和破产办理。从指标的设定来看，都是从企业投资的角度出发，关注"获得感"，就像更关注人体感觉的"体感温度"一样，模拟进入各经济体进行投资的企业可能会经历的各项程序，由企业根据细分指标去测度，最终通过综合汇总得到一个总分进行排名，基本客观地反映了当地营商环境的情况[1]。

其中，与空间规划领域关系密切的是"办理建筑许可"（building permit）指标，该指标虽然名为建筑许可，但不仅包括我国行政概念上的建筑施工许可，其范畴更广，测度的基准是建造一个 $1300m^2$ 的 2 层仓库，从拿到土地使用权开始到不动产登记，对所需的手续和时间以及质量、成本控制等方面的指标情况，基本覆盖了社会投资项目的全部规划许可环节。由于 $1300m^2$ 的 2 层仓库是一个不存在的模拟项目，是世界银行通过访谈、调查等方式去评估所调查城市办理建筑许可的情况，而不是真实去办理许可流程，因此其不可避免地存在一定的局限性。《营商环境报告》对像中国这样人口超过 1 亿的经济体，样本城市是常住人口最多的 2 座城市，即北京和上海。目前综合指标权重北京为 45%，上海为 55%。据称，从 2020 年的评估周期开始，世界银行在中国大陆经济体中将增加两个样本城市。世界银行 2018 年的《营商环境报告》中，中国的"建筑许可"指标在全球 190 个经济体中排名 172，其中北京的手续数达到 23 道，时间达到 208 天，上海的手续数达到 23 道，时间达到 279 天。国务院就此曾经多次批示，特别是在 2018 年的政府工作报告中提出要推进工程建设项目审批改革[2]，取消没有法律依据地方自行设定的一些审批事项，压缩一半审批时间，优化营商环境，提升排名。

从"办理建筑许可"二级指标可以看出，世界银行的营商环境指标并非单纯地追求程序上的少、时间上的快，也关注建筑质量，放权与监管从来都不是完全对立的两

①　世界银行《营商环境报告》的相关资料引自其中文版官方网站https://chinese.doingbusiness.org/zh/data.
②　该项工作由住房和城乡建设部牵头，2018年5月国务院办公厅印发了《关于开展工程建设项目审批制度改革试点的通知》，该项试点工作在北京等15个城市和浙江省开展，于2019年3月前结束，国务院办公厅印发了《关于全面开展工程建设项目审批制度改革的实施意见》，在全国层面予以推广。参见http://www.gov.cn/zhengce/content/2018-05/18/content_5291843.htm；http://www.gov.cn/zhengce/content/2019-03/26/content_5376941.htm.

方，只不过在寻找其中的平衡点。因此，放权的同时更需要提升治理能力，保证放权的事项仍能沿着正确的轨道行进。这一点与我国中央政府推动的"放管服"改革从目标上是一致的。

1.1.3 理论背景：空间规划博弈论的出现

博弈论是解决利益冲突的理论，自诞生以来就已广泛应用于经济学、社会学等领域。空间规划融合了多种学科，从实际操作层面上说，是涉及空间资源利益分配的一种制度。从现代城市规划的诞生可以看出，规划是为了解决城市在工业革命带来的社会经济快速发展之后出现的种种矛盾，随着城市的发展，社会的分化就会越明显，矛盾就会越突出，各种利益冲突就会层出不穷。为了解决不同的矛盾，协调不同的冲突，涉及空间资源利益分配的各类规划不断出现，多头管理、多规矛盾的局面也开始出现。近年来，博弈论逐步被引入规划领域，对于分析研究规划制度构建存在的问题具有一定的意义。例如，运用博弈论分析和思考了城市规划的若干问题（王颖 等，1999）；应用博弈论对城市规划制度发展变迁展开了理性思考（姚凯，2002）；对城市建设活动中政企博弈问题进行了探析（尤建新 等，2002）；对建设用地指标分配问题开展了博弈分析（朱红波，2005）；通过"规划控制"与"市场运作"的博弈探析了深圳地下空间利用立法与管理（顾新，2005）；应用博弈理论研究了城市联盟（陈仲光 等，2005）；对城市规划实施立法和编制进行了博弈分析（曹珊，2007a；2007b）；关注空间规划的协调问题（林坚 等，2011）和规划编制实施过程中的部门协调问题（李昕 等，2012），以及对空间规划开展博弈分析（林坚 等，2015），从博弈论视角开展市县级"多规合一"研究（林坚，2017）。可以看出，学术界逐步引入博弈论来研究空间规划中出现的问题。从研究方向来看，大致分为两类，一类是聚焦于实操层面空间规划的利益博弈研究，一类是聚焦于从理论层面的空间规划制度博弈研究。从中可以看出，虽然空间规划博弈论的研究开始出现，但目前仍未成体系，停留在某一较为具体的空间规划领域的博弈分析。

1.2 研究意义

1.2.1 理论意义

1. 治理视角的研究意义

党的十九大明确了"我国社会主要矛盾已经转化为人民日益增长的美好生活需要

和不平衡不充分的发展之间的矛盾"①，随着"五位一体""四个全面"的全面协调推进，政府机构改革和职能不断转变，改革全面深化。国家机构改革的决定明确了"强化制定国家发展战略、统一规划体系的职能，更好发挥国家战略、规划导向作用"，这也是落实党的十九大报告中提出的"统一行使所有国土空间用途管制和生态保护修复职责""构建国土空间开发保护制度"的要求。在此背景下，国土空间规划改革成为政府职能转变的一个重要切入点，落实习近平新时代中国特色社会主义思想，不仅要体现党的十九大提出的"坚持全面依法治国"，更要体现"坚持在发展中保障和改善民生"和"坚持人与自然和谐共生"。党的十九届四中全会明确"国家治理体系是在党领导下管理国家的制度体系，包括经济、政治、文化、社会、生态文明和党的建设等各领域体制机制、法律法规安排，也就是一整套紧密相连、相互协调的国家制度"②。国土空间规划体系建立是生态文明建设的重要任务，通过各级、各类国土空间规划把每一寸土地的开发利用方式安排得清清楚楚、明明白白，空间布局的科学性、合理性直接影响了空间开发利用的效率和效益，更影响了空间资源所有者、使用者、周边利害关系人等涉及开发利用的各项权利。

国土空间规划是生态文明建设的重要手段，国土空间规划体系本身也是国家治理体系的重要组成部分。套入治理的语境，国土空间规划是对空间的治理，这是针对空间资源的开发发展权作出的制度安排。这种制度安排不仅体现在国土空间规划权行使上，更体现在一系列为保障国土空间规划有效实施的规则建立上。

治理的理念从单一、静态向多元、动态转变，从政府包揽向公众参与转变，再向合作治理转变，这需要在治理模式上探索规则建立的渠道、路径，建立不同主体之间的沟通模式。政府主导的形式也在发生转变，不再是家长式的指挥，而是更注重事前服务、事中事后监管，给市场更多的自主权。这对政府职能的要求也更高，包括精细化管理、制度化监管，明确细化规范标准，完善健全信用体系建设。例如，行政许可、行政审批事项的不断精简，行政合同、承诺书、信用档案的逐步推广，从事前审批、严格审批，到事中事后加强监管，管理端口不断后移，其管理方式的转变带来的不是对政府要求降低、对市场放任自流，而是对政府的监管能力水平、市场信用体系建设提出了更高要求。

基于治理视角对国土空间规划权作用的形成机制开展研究，是将国土空间规

---

① 引自习近平总书记《决胜全面建成小康社会，夺取新时代中国特色社会主义伟大胜利——在中国共产党第十九次全国代表大会上的报告》，2017年10月27日，新华社。参见http://cpc.people.com.cn/19th/n1/2017/1027/c414395-29613458.html?from=groupmessage&isappinstalled=0.
② 引自习近平总书记2013年11月12日在党的十八届三中全会第二次全体会议上的讲话。参见http://www.wenming.cn/djw/djw2016sy/djw2016xxdj/201910/t20191017_5287599.shtml.

划视为治理工具，关注治理空间的过程，关注国土空间规划对外部产生的作用。这样的研究视角更易于发现和梳理国土空间规划权在实施全过程、各环节中的权力关系，即在从决策到执行再到监督的闭环中，发现涉及的各主客体、参与方之间的关系。更重要的是，空间治理工具本身就是一整套制度体系的集合。因此，治理视角的研究意义在于透过治理这一工具，包括政府治理和社会治理，可以为制度建设和规范形成的产生、构建迅速地明确目标与方向，能够找到治理过程中的主体、客体，以便于其转化为制度规范的行使主体、对象，并明确其范围，以形成最终制度体系的结果。

2. 博弈分析的研究意义

空间资源的规划权是面向土地的开发利用，也是对开发利用土地之上附着空间资源的限定和引导。由于我国的政体以及宪法规定，土地为国家所有制、集体所有制。集体所有制的土地只有转成国家所有制后才能进入一级市场，按照规划条件进行出让，国土空间规划权影响了空间资源的开发利用权力和权益。2019年新修订的《中华人民共和国土地管理法》规定集体经营性土地可以入市，但其前提也是需符合国土空间规划所确定的用途。因此，总而言之，我国的法律体系明确了土地无论是何种所有制，其开发权都受国土空间规划权所限定与引导。为了保障土地开发能够公平、公正地开展，维护社会整体效益，各类用地需要统一规划。正因为这种更注重公共利益的目标，国土空间规划权属于公权力，一般为政府所有。但是不论是国土空间规划决策阶段还是执行阶段，影响因素都呈现越来越多样化的趋势。国土空间规划权对外产生作用受制度规则安排的影响很大，同时国土空间规划权形成过程中各参与方之间的博弈反过来也影响制度规则的安排，影响了空间治理的作用，从某种意义上来说，也影响了国家治理体系的改革。

国土空间规划权作用于空间资源的开发利用，对于这个作用在形成过程中所出现的问题，需要运用博弈理论去分析国土空间规划权背后的博弈关系，特别是各博弈参与方在行使各自权利与权力时的博弈策略。同样，现行的各类关于国土空间规划权的制度也可以通过博弈分析去寻找其背后运行的逻辑，解释其成因。因此，基于博弈视角的研究意义就在于探索不同情形下空间规划管理的最适合模式，为政府部门制定国土空间规划实施监督相关规则政策、引导空间治理奠定理论基础，并提供建议意见。当然最适合模式并不是适用于任何时候、任何背景的，而是对当下内在、外在条件的一种正向反馈、输出，一旦条件发生变化，最适合模式即不再是最优模式。故与其说本书的研究目的是寻找博弈的最适合模式，不如说研究目的是寻找构架最适合模式应当采取的方法、路径，以及应当考虑的要素、边界条件等。博弈分析的研究意义也就在于能够提前模拟校验规则运行的情况，针对规则涉及的各方可能会对此作出的反应有个预先判断，这可以作为事前的社会风险评估的重要参照，对于寻找制度规则的平衡点有着重要的研究意义。

1.2.2 实践意义

在计划经济时期，经济社会按照计划运行，自上而下的管理就可以满足运行的基本要求。社会是单中心、极权化模式，政府处于社会的中心，也是管理的主体，空间规划权也一样呈现出政府主导，特别是决策阶段基本没有市场的参与；到了市场经济时期，经济发展以市场配置为主，社会事务的参与主体开始多元化，政府、社会逐渐改变了中心—边缘的结构，社会也逐渐演化为多中心、网络化模式，空间规划权决策、执行阶段都逐渐出现了市场的影子，不再完全由行政命令决定。

当前，市场经济向纵深发展，在国土空间规划权决策与执行的过程中，对于政府部门而言，在博弈中以不同的身份参与时就会产生不同的博弈结果。例如，行使行政监管权时，其行使的主要是制定规则、维持公平公正秩序的职责；行使空间规划权时，其行使的主要是对开发利用保护的限定、引导的管理职责。这些不同的职责决定了政府部门在其中应当关注的重点内容各有不同，而综合起来就更加全面。

从治理的视角出发，要推进国家治理体系和治理能力现代化，对政府治理模式与社会治理模式都提出要求，对制度的建立和规范的形成也提出了目标。为让制度规范能够维护更多人的利益，维护公共利益，为大部分人所接受，制度、规范的形成本身就是一个博弈过程。因此，基于博弈的视角，只有博弈的过程更加充分、博弈的规则更加合理，博弈的结果才能更加趋于理性均衡，最终形成的规则才能达到预设的为大部分人接受的目标。

国土空间规划关系到空间资源的开发利用，国土空间规划权作用于空间资源的开发权，是空间治理的主要手段。对于国土空间规划权作用而言，其内涵、外延及如何形成，直接影响了国土空间规划权对开发利用空间资源的限定和引导。因此，对国土空间规划权作用的形成机制进行研究十分必要，这个形成机制受博弈关系影响，也受治理方式模式影响。这其中有两个研究空间应成为需重点考虑的对象：一是在国土空间规划权对外产生作用时政府与市场的边界在哪里，即划定出国土空间规划权的作用边界；二是不同类型规则建立所应当遵循的原则，即划定出国土空间规划权作用形成的路径。引导空间资源更加合理地配置，高效、高质量地开发利用，充分发挥国土空间规划治理空间的作用，对国土空间规划的实际工作具有积极的实践指导意义。

1.3 研究界定

1.3.1 对象界定

本书的研究对象是国土空间规划权。空间规划曾经含有多种类型，包括主体功能区规划、土地利用规划、城乡规划、海洋功能区划等，直至 2019 年 5 月国土空间规划体系的建立，明确了空间型规划的"多规合一"，"国土空间规划"一词才正式登上历史舞台，成为空间型规划的统一名字。国土空间是指"国家主权与主权权利管辖下的地域空间，包括陆地国土空间和海洋国土空间"，国土空间规划是"对国土空间的保护、开发、利用、修复作出的总体部署与统筹安排"[①]。需要说明的是，本书的"国土空间规划"专指我国机构改革后"多规合一"形成的空间规划，而其他时期、国别涉及空间的规划统称"空间规划"。国土空间规划权指的是，通过某种法定行政行为允许使用权人在国土空间规划所明确的范围和范畴内保护、开发、利用、修复国土空间资源的权力。这体现了通过国土空间规划对空间资源开发权进行规定的权力，国土空间规划权的行使核心目的是维护社会公共利益，朱喜钢、金俭（2011）认为空间规划权是政府的公权力，是政府实现空间资源配置的基本手段，行使必须遵循合宪合法合理的原则。空间型规划通过"多规合一"形成的国土空间规划体系，其职能不仅包括了原有各空间型规划的单一权力，还将作为空间治理工具去整合各种政策资源，纳入国家治理体系。

国土空间规划决策（编制审批）之后，执行（实施）就是一个转化为实际对空间资源的占有、开发利用、产生收益的过程，也是国土空间规划权对外产生作用的过程。在这一阶段，行政机关会对行政相对人依据此前已经制定的国土空间规划作出行政行为，基本目的是保证按规划落实；行政相对人，可能是使用权人，也可能是租赁权人，在行政机关作出行政行为之后，在其允许的范围去实现规划，以达到自身利益在有限范围内的最大化。国土空间规划权作用的形成过程包括了决策与执行，这两个阶段都促成了国土空间规划权对外产生作用。

在保证国土空间规划实施的过程中，各参与方都会根据自身所处的环境、所掌握的信息，采取一定的博弈策略。不同的博弈策略将会产生不同的结果，不同的结果对外部产生不同的效益，对国土空间规划最终的实现形态也产生不同的后果，甚至对未来的发展趋势也将产生影响。

[①] 引自自然资源部印发的《省级国土空间总体规划编制指南》（试行）。

1.3.2　背景界定

1. 社会经济发展阶段不同，博弈类型不同

当社会发展的目标是经济发展时，社会财富的积累也主要表现在各类生产资料数量上的增加，空间资源作为一种展现社会财富同时承载社会财富的要素，其被占用、开发利用、分配就具有突出鲜明的阶级特色。但是空间资源与其他生产资料的不同在于它具有时空性，不同时空下空间资源呈现出不同的使用功能、表现形式。不同阶段中人类占用、开发利用、分配空间资源的形式各不相同。现阶段我国的社会经济发展处于增量规划向存量规划过渡时期。这就要求在考虑增量规划时代应对策略的同时也要开始考虑存量规划时代的应对策略，为平稳过渡打好制度基础。

对于增量规划时代而言，建设用地在不断增加，通过一定行政手续将农用地、未利用地转为建设用地后，都存在依据空间规划重新进行开发利用的局面，而按照我国征收土地进入一级市场程序，征收转用土地后需平整用地才能进入一级市场，进行开发建设。而此时这些增量建设用地的周边条件简单，空间规划权的博弈基本都集中在决策阶段。其表现形式更多的是以内部博弈为主，博弈参与方也主要是在政府内部，如中央政府与地方政府、政府内部各职能部门之间。

而当社会发展到了一定阶段，发展目标不再是纯粹的经济发展，关注的焦点逐步转向更大范畴的发展，高质量发展取代了高速发展，社会财富也不再凭借建设用地的向外扩张来积累。为了维持生态空间资源与人类活动空间资源之间的平衡关系，已开发利用空间资源的更新挖潜就更需要关注，就此进入空间资源存量规划时期。在这个时期内，空间规划权博弈也逐步后移，主要集中到执行阶段，博弈的表现形式主要是外部博弈，博弈参与方变得多元化，除了政府部门与建设方，原住民、社会团体组织等也逐步参与进来。

2. 管理向治理转变，博弈空间不同

随着社会经济的发展，社会运行的模式也从管理逐步向治理转变。管理强调的是以政府为主导，对社会的运行进行安排，这是一种大政府模式，它不完全信任市场的自我调节能力，更相信政府自身的管理能力，忽视了社会其他组织、个人参与社会事务的意愿，也忽略了政府管理的局限性。为了适应这种社会内生的变化，适应社会其他组织、个人参与社会事务日益增长的意愿，治理理论也应运而生。治理与管理的区别就在于是以政府为中心、由政府去管理社会的方方面面，还是以社会共同参与、政府起总体组织协调作用。而这种模式的转变也造成了博弈空间的不同。管理模式中，政府直接对社会事务进行安排，社会中没有什么博弈空间；治理模式中，社会其他

组织、个人参与到社会事务运行之中，作为个体理性的选择，这里就出现了博弈的空间，政府不仅作为规则制定的主要影响者，有时还将作为参与者。因此，由中心—边缘模式转变为共同治理模式也就导致了可供博弈空间的增大。

3. 空间规划权阶段不同，博弈形式不同

在空间规划权的行使过程中，每个阶段的博弈形式都各不相同，博弈参与方也各不相同。在空间规划的决策阶段，尽管有一定的公众参与，但按照法律规定，其编制主体是各地方人民政府，公众参与的程度也较低，因此大多数时候其空间规划权的博弈参与方在政府内部各部门间，或上级政府与下级政府之间。至执行阶段，国土空间规划权的博弈参与方就变得相对复杂许多，有政府，有市场，市场中还有不同的主体，包括直接参与的行政相对方，产生利益关联的竞争方、相邻者等。尽管此阶段的博弈由于前面决策环节已确定，空间较小，但由于博弈参与方的多元化，博弈形式也呈现多元化趋势。最后的监督阶段，监督方与被监督方之间就如何执行空间规划仍存在一定的博弈空间。空间规划权各阶段涉及的主体、客体各不相同，也就决定了博弈参与方各不相同，造成了博弈形式各不相同。

1.3.3　研究视角界定

国土空间规划权是对空间资源开发利用进行限定和引导的权力。国土空间规划权作为政策整合的空间治理工具，对外产生作用是通过不同方式，包括用途管制、主体功能区政策等，更具体一些包括详细规划、规划许可、约束指标、分区准入、配套政策、标准规范、法规办法等。不同层级、不同类型的国土空间规划权作用方式不同，相同的是这些方式在形成过程中不可避免地要进行博弈，通过博弈达到均衡形成各级、各类国土空间规划的一系列规则。

国土空间规划权作为研究的对象，将其权力作用的形成机制置于治理的视角之下，分析理解推进国家治理体系建设的基本要义是研究的重要前置条件。治理能力现代化的目标要求政策制定部门在制度体系建设之初就充分考虑规则公平公正性的打造，从源头上预防和减少矛盾的角度出发，完善重大决策社会稳定风险评估机制，完善规范公众参与规则程序和平台建设，完善第三方评估机制，完善矛盾纠纷多元化解机制。协调的过程也是博弈的过程，因此研究视角也同时要结合博弈论的相关方法。

明确了研究的几个概念，确定了研究对象，可以发现在国土空间规划权作用形成机制中，呈现出博弈参与方逐渐增加、博弈关系逐渐复杂的趋势，其也成为国家向高质量发展转型中国家治理体系和治理能力现代化的重要制度组成部分。本书以政府制定政策的研究目标为导向，从治理的视角出发，从博弈的视角出发，重点分析研究划定国土空间规划权作用形成机制的边界和路径。

1.4 整体框架

本书整体框架按照工具、实证、总结的结构（图 1-2）。第一部分是对工具的总述，分为 3 章：第 1 章 "绪论" 首先从研究背景出发，阐述了选题思考、研究意义，对研究的对象、背景进行了界定；第 2 章对现有研究文献、治理理论和博弈论进行综述，再构建出理论研究的框架；第 3 章阐述空间规划权的内涵、外延、作用及国内外发展情况，对空间规划权现状存在的问题进行了分析，应用两种理论工具分析引入空间规划权，为第二部分的实证研究进行铺垫。第二部分是对空间规划权博弈的实证研究，分为内部博弈和外部博弈两章：第 4 章以空间规划权内部博弈的实证研究为主线，分为纵向央地博弈和横向部门博弈展开描述分析；第 5 章以空间规划权外部博弈的实证研究为主线，分为政府与市场博弈、开发与保护博弈展开描述分析。第三部分是总结，共两章：第 6 章 "国土空间规划权作用形成机制的路径建议" 是基于前两大部分的研究之上，通过整合分析，针对中央和地方政府在治理框架下博弈推演得出的空间规划权作用形成机制，对法律政策体系构建提出的政策建议；第 7 章 "结论" 主要对前面所作的分析进行结论性阐述，总结创新点和局限性及未来展望。

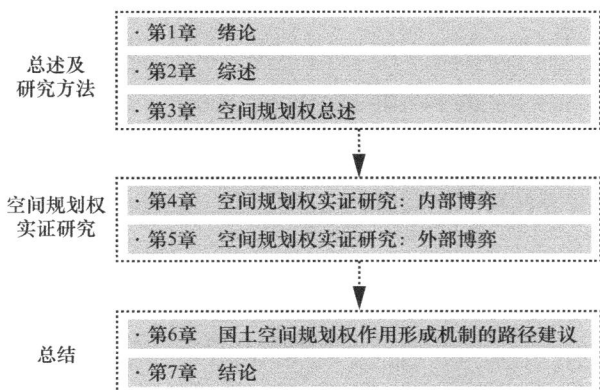

图 1-2 整体框架图

第2章 综　述

2.1 文献综述

本书基于治理和博弈理论视角的国土空间规划权作用机制研究，首先从三个角度进行文献综述，即治理和博弈的理论工具角度及对象的国土空间规划权角度，下面将从这三个方面开展文献综述。

2.1.1 治理理论产生空间治理理论分支

治理（governance）出现于社会科学界成为讨论的题材时间并不长，由于在英文中其与统治或政府（government）一词十分相近，因此常被认为是同义词，但自20世纪80年代末以来，在相关理论著作中，治理的内涵和作用却逐渐发生了变化（Gerry Stocker，1999）。"治理"通常概括为在众多不同利益共同发挥作用的领域建立相一致或取得认同，以便实施某项计划（Cynthia Hewitt de Alcantara，1999），其本质是所偏重的统治机制并不依靠政府权威或制裁（Gerry Stocker，1999）。狭义的治理指的是自组织，表现形式包括人际网络、组织协调、系统调控等（Bob Jessop，2019）。

从治理研究热度的发展趋势（图2-1）来看，2013～2014年发文量快速增长，之后稳步增长，主要是由于党的十八届三中全会首次提出"推进国家治理体系和治理能力的现代化"，学术界对此积极响应开展研究，从治理的内涵、外延、对象、结合中国国情等方面开展了系统研究。尚虎平（2019）对当前国内治理方面的理论研究进行了归纳，认为其主要聚焦于"善治""多元治理""全球治理""国家治理"四个方面的理论研究。"善治"来源于世界银行话语体系；"多元"即多中心治理体系，来源于美国等西方国家的公共服务生产；"全球治理"来源于"没有政府的治理"，是西方奉行的"人权高于主权"的话语体系；"国家治理"来源于"元治理"体系，是为解决"治理失灵"问题。由于国土空间规划权是一项公权力，其涉及的制度体系也是国家治理体系的重要组成部分，因此本书文献综述从"国家治理"理论出发，对涵盖到的相关理论进行梳理。

国家治理即"治国理政"，政府治理是政府作为治理主体对社会公共事务的治理，社会治理是特定治理主体对社会实施的管理（王浦劬，2014）。"国家治理体系是个制

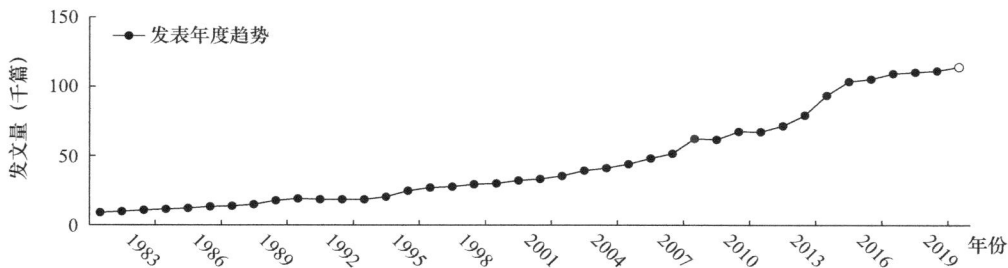

图 2-1 治理研究在中国知网文献库发文量年度趋势情况

（数据来源：中国知网，检索词为"治理"）

度体系，包括了国家的行政体制、经济体制和社会体制"（俞可平，2014），其三大要素是治理主体、治理机制和治理效果，重点是创新社会治理体制（许耀桐 等，2014）。国家治理体系包括政府治理、社会治理，因此，可以从政府治理和社会治理两个方面梳理已有理论。

从治理的视角来说，社会治理是治理理论发展的创新点，也是政府与社会关系中有更大发展空间的部分。特别是对于中国的国家治理体系而言，在 20 世纪 90 年代初西方"有限政府"理论逐步进入中国学术界以后，政府的权力必须限定在某个界限内（施雪华，1998），政治责任的范围有限是由公共权力的行使范围有限决定的（张贤明，2000），相关研究不断深入。社会其他主体如何参与社会事务管理成为许多学者的研究重点。在当代治理主义精神下，"政府不再是实施社会管理功能唯一的权力核心"（孙柏瑛，2002），政府组织与市场组织的关系也需要重新考量（廖扬丽，2004）。但是也不能完全照搬西方治理模式，西方国家奉行自由主义，是以市场为主导形成的治理模式，而我国是政府主导背景下的制度变迁，因此不可能像西方国家那样形成政府、市场、社会较为制衡的博弈关系（包国宪 等，2009），而是应当立足我国的政治背景，构建"政府主导—官民协同"多中心治理范式，建设"管理—服务型"政府，建立"强政府—大社会"结构（张立荣 等，2007）。

社会治理模式已呈现出主体多元化、网络化、自组织的发展方向，包括政府、社会组织、企业、媒体、公众等，因此搭建多元主体协作平台与共治机制是社会治理模式创新的方向（张康之，2014；姜晓萍，2014；杨丽 等，2015；范如国，2018），建立不同人群之间的沟通模式，以保障更多人参与社会治理（周大鸣 等，2017）。"治理虽可弥补国家和市场在调控和调协中的某些不足，但亦非万能"（俞可平，1999），也可能出现治理失效，"善治（良好的治理）"理论的出现正是为了解决这一问题，是政府与公民合作共同追求公共利益最大化的过程（高小平，2001；李景鹏，2001）。

治理概念被引入我国空间规划领域后，出现了"空间治理"的概念。我国的治理模式是为了修正政府过强的角色定位，不能照搬西方治理模式，"空间治理"应当置于国家治理能力现代化中去理解、发展，完善法律法规、明确行政事权，建立政府、市场和社会多方协同机制（张京祥 等，2014；谢英挺，2017）。"空间治理以空间资源分配为核心，涉及政府、市场、公众等多元主体共同参与"（孟鹏 等，2019），目的是实现国土空间的有效、公平和可持续利用（曾祥坤 等，2018；刘卫东，2014）。"空间治理"的主要手段包括规划体系、土地制度（刘卫东，2014；樊杰，2017），国家空间治理体系应通过既有规划工具的协同配合来发挥作用（张兵 等，2014；2018）。

治理理论被引入中国后仍在不断地发展中，结合中国国情也逐步发展出一套适合的理论体系，最终成为中央政府治国理政的重要理论依据。政府治理模式从线性到网络化，主体从单一到多元，为了寻找"善治"的路径，成为"有效"的政府，国家治理体系的构建将更加注重合法性、透明性、责任性原则。"空间治理"是国家治理体系中重要的组成部分，也是推进和保障生态文明建设的重要手段，其发展目标也应当纳入治理能力现代化的目标范畴中。国土空间规划体系是国家治理体系的组成部分，是空间治理体系建立的重要抓手。但是对于国土空间规划权作用的形成机制，政府治理和社会治理应当如何相互配合形成有效机制，政府与市场的边界又应该如何划定，学术界并没有深入探讨，这也是本书研究的重点。

2.1.2 空间规划权具有社会属性

城市是权力运作的场所和工具，而城市建设本身就是一种预先周详规划的政治行为（鲁西奇，2017），中国古代早期"城"的出现是作为"政治权力的工具与象征出现的，是统治阶级用以获取和维护政治权力的工具"（张光直，1985）。"空间政治学"提出空间是具有意识形态和政治性的，城市空间的生产就是某些团体为了管理它、利用它而形成的，城市空间是生产关系的集中场域，城市空间的建设、规划等都是资本增值的手段（Henri Lefebvre，1972；1991）。可以看出不论东方、西方，都把城市空间与政治性联系起来，城市空间的权力具有鲜明的统治阶级政治色彩。

空间规划不仅是对物质意义上空间资源的规划，更是对带有社会属性的空间资源的规划（何子张，2006），其内涵是进行空间资源配置和利用并规范空间行为（段进，2005）。因此，空间规划权作为空间权力中重要的一种，也不可避免地带有政治色彩。空间规划权是影响城市空间发展的权力要素，是政府公权力中不可或缺的一项权力，是政府实现空间资源配置、调控管制土地的基本手段（朱喜钢 等，2011；

葛文慧 等，2018）。

　　土地开发权产生于国家管制权对土地开发利用的限制，管制权包括空间规划、用途管制等权力，空间规划权也是土地开发权创设和运行的保障（陈柏峰，2012；汪晓华，2019）。1947 年英国的《城乡规划法》将土地开发权收归国有，构成了空间规划权；1968 年，美国引入土地开发权转让机制，作为实施土地分区管制[①]的一项有效的、灵活的制度手段。从英美两国制度可以看出，土地开发利用作为公权由政府掌握，需要服从城市规划（陈柏峰，2012；彭雪辉，2015）。因此，空间规划权来自于土地开发权的归公，空间规划直接影响了空间资源开发利用的权利。

　　我国存在两级土地发展权[②]，一级土地发展权下的空间管制主要是央地、上下级政府博弈；二级土地发展权下的空间管制主要是尽量减少博弈的负外部性，这种博弈存在于地方政府、现有土地权利人和可能的土地权利人之间（林坚 等，2014）。相对应来说，空间规划权也应分级设置，但是否依据土地开发权设立为两级，也是本书将要讨论的内容。

2.1.3　博弈论进入空间规划领域

　　博弈论本身为一门庞大的学科体系，关于博弈论的策略模型、算法、应用等文献众多，考虑到本书研究的对象是国土空间规划权，因此文献综述聚焦在空间规划权。

　　空间规划权是政府的一项公权力，因此，基于博弈论视角研究国土空间规划权，应当重点思考政府作为博弈参与方的博弈，即政府间博弈以及政府与市场的博弈。政府间关系包含纵向的中央政府与地方政府间关系、地方各级政府间关系和横向的各地区政府间关系，由权力关系、财政关系与公共行政关系三重关系构成（谢庆奎，2000）。这种关系的博弈体现为"十字博弈"，既体现为纵向上、下级政府之间的博弈，也体现为横向同级政府之间的博弈（刘祖云，2006）。政府间特别是央地政府间的博弈主要体现在政策博弈上，政策制定、执行和评估的过程就是央地政府之间激烈的利益竞争与利益博弈过程（杨连强，2006）。

　　政府与市场的关系关键在于政府在市场中扮演的角色，可以分为三个历史阶段，政府从市场外部进入市场内部，从辅助功能到主导功能，从微观层次上升到宏观层面，可以看出市场不可取代，同时政府作用不可缺少（桁林，2003；胡钧，2013）。"经济体制改革是全面深化改革的重点，核心问题是处理好政府和市场的关系，使市

---

① 　美国的土地分区管制规划（zoning），相当于我国的控制性详细规划。
② 　这里的土地发展权从本质上等同于土地开发权，均来源于英文"land development rights"，但考虑到尊重原作者表述，仍作土地发展权。

场在资源配置中起决定性作用和更好发挥政府作用"[①]，政府与市场不可偏废任何一方的作用。

空间规划的博弈和经济社会中各经济组织的博弈关系相类似，同样需要关注政府间的博弈关系以及政府与市场的博弈关系。对于政府间空间规划权的博弈可以分为两种：一种是部门间的横向博弈，体现在规划权责安排博弈；另一种是央地间的纵向博弈，体现在规划集权和分权博弈（林坚 等，2015；李广斌 等，2015；邱杰华 等，2017）。博弈中的理性、博弈过程及博弈实效都将对空间规划产生重大影响，空间规划制定过程是多方博弈至均衡的过程（曹珊，2007；曾山山 等，2016），运用博弈论制定激励约束机制，可以保障空间规划作用有效发挥（文超祥 等，2008）。

空间规划领域的博弈逐步呈现出博弈多元化的趋势，即博弈类型并非单一存在，更多时候是混合了几种类型。这就需要在对空间规划权分析博弈策略时采用不同的模型、算法，而一些无法进行叠加的博弈策略，就必须放弃定量分析，转向定性分析。

由于空间规划权的公权力特性，现有的文献更多地关注政府间博弈，较少涉及政府与市场的博弈，涉及的部分也多体现在公众参与等方面。社会治理作为国家治理体系重要组成部分，也是政府治理的重要补充，可以在更加具体、微观的国土空间规划层级发挥更大作用。要发挥好这个作用，就需要引入博弈方法，这样可以更快速地分析市场个体的理性选择取向，找到社会治理参与的切入点，对国土空间规划权作用形成机制作出基础性分析。但目前相关文献综述表明这方面研究还较少，这也是本书研究需要突破的地方。

2.2　治理理论综述

国务院发展研究中心（2018）指出我国的国家治理理论经历了三次重大飞跃，从改革开放前的"计划管理模式"突破，形成了"党政主导型"社会管理模式，再到党的十八大在理论层面突破形成了"社会治理"模式。这三次重大飞跃都与当时的经济社会环境背景息息相关，体现了国家治理参与者的变化、对象的转变。夏建中（2010）认为治理理论可以分成全球治理、民族国家治理和地方治理理论三种。它们在界定、主体、对象、目的、方式上各有不同，但存在几个共同点，即治理理论具有小政府、合作性治理、"善治"、自组织网络等特点。俞可平（2014）指出治理是实现一定社会政治目标的手段，更多体现工具理性，"国家治理体系是规范社会权力运行

---

① 引自党的十八届三中全会公报，2013年11月12日，新华社。参见http://www.xinhuanet.com/politics/2013–11/12/c_118113455.htm.

和维护公共秩序的一系列制度和程序"，包括政府治理、市场治理和社会治理三个次级体系。

"治理"与"管理"两者只有一字之差，管理行为的发生方向是单向的，是权力机关对管辖范围内各行为设定规矩，并要求其遵照执行的过程；治理行为的发生方向则是双向甚至多向的，权力机关作为参与方，与各行为方的关系具有一定的反馈性，此时规矩的制定是各方共同协商作出的，同时代表了各方利益。事实上，各方的利益取向不可能完全一致，因此意味着社会治理本身就是一个不断协调、相互妥协的过程。

政府治理代表的是政府处理公共事务的制度建设，制度体系完善与否体现了政府治理机制是否能够达到预期治理效果。政府作为权力机关，对社会运行的影响远超其他组织，因此政府使用的治理工具是社会运行效率与结果的重要影响因素。

社会治理指多种参与社会活动的主体通过平等的协商方式，对社会生活的方方面面进行规范。党的十九大以来，政府报告、文件中越来越多地出现"社会治理"的表述，也代表了国家权力机关在国家机器的实际运转中更加注重全社会参与，而非原来几乎全部仰仗权力机关的各种规定、制度，自上而下，缺乏各类社会组织的规范和自下而上的自我约束。

2.2.1　国家治理体系

党的十九届四中全会通过《决定》的形式再次强化和明确将"基本实现国家治理体系和治理能力现代化"作为 2035 年的重要目标，并聚焦概括了 13 个部分的制度建设且作出工作部署。

国家治理体系的本质就是一个制度体系。俞可平（2014）指出，"推进国家治理体系和治理能力现代化，势必要求对国家的行政制度、决策制度、司法制度、预算制度、监督制度等进行突破性的改革"。《决定》主要是从制度建设方面对涉及社会运行的方方面面进行安排，国家治理体系所反映的就是各领域政治行为的集合，体现的是工具理性，也是一系列制度和程序的集合体。

国家治理体系中"坚持和完善生态文明制度体系"是非常重要的部分，是"促进人与自然和谐共生的基本保障"。作为生态文明制度体系中重要的一环，"国土空间规划和用途统筹协调管控制度"是空间治理的重要手段，它为国土空间的安排划定了底线要求，制定了治理规则，为国家从高速发展转向高质量发展提供了空间保障，还绿水青山给人民。

国家治理体系包括政府治理和社会治理，前者指明了政府在处理社会公共事务时应当选择的角度、关注的重点，后者则为社会各主体加入治理平台制定了路径和规则，使自组织参与治理得以实现。政府治理与社会治理虽然治理要素各不相同，但相辅相成，共同构建起国家治理体系。

2.2.2 管理向治理的转变

党的十八届三中全会上，中央首次以"治理"代替"管理"表述，代表了政府职责角色的转变方向。习近平总书记指出，"治理和管理一字之差，体现的是系统治理、依法治理、源头治理、综合施策"[①]。治理的目标是激发社会内在活力，确立人民群众的主体地位，引导社会的多元主体参与到共建共治共享中。

治理是一种偏向工具性的政治行为。治理与管理反映了视角的不同、对象的不同、关系的不同，更反映了社会运行规则的转变。管理突出管理主体的权威性、强制性，自上而下；治理则强调治理各方的参与性、协商性，平行作用。管理向治理的转变，反映了政府理念的转变，也反映了公民意识的觉醒，而这些都是以整体经济社会发展为前提的，在解决了基本生存生活保障问题之后，人民群众有追求更美好生活的愿望，也有去参与社会公共事务的愿望。这就是管理向治理转变的源动力。作为管理的主体——政府，在此时应当做的不是强权压制、逆流而上，而是顺应潮流，主动通过治理体系的力量把这些客体转换成治理多元化的重要组成部分。治理的参与性和协商性在通常情况下会造成社会事务从决策到执行过程的拉长，达成共识的效率也会降低，这也是在西方国家很多时候一件看似对大多数人的公共利益都有利的事项，却很久都无法实现的原因。所以，治理在强调参与性和协商性的同时，也要通过治理制度的设计减少不必要的行政损耗，提升治理的效率，真正快速有效地达成共识。

在当前社会环境和技术环境下，治理范式已经发生重大变化，不再是线性的单一关系，而是去中心化、网络化的。这种变化有两个核心：一是服务过程中主客体关系开始模糊，角色不断互换；另一个是管理与监管过程中的主客体关系开始模糊，角色不断互换。同样的变化也发生在空间规划领域，城乡规划学科不再是一个封闭的、高度专业化的学科，而是融入了各种专业，除了职业规划师，生活在城市中的每个人都具有对社区环境质量的基本认知，并能提出自己的诉求，因此，完全单向的由专业人士向普通居民输出的模式将退出，互动式、双向交流式的社会治理在未来将会得到充分发展。

---

① 引自《习近平总书记创新社会治理的新理念新思想》，前线网。参见http://theory.people.com.cn/n1/2017/0817/c83859-29476974.html.

社会组织是参与社会治理的一支主要力量。根据民政部社会组织管理局在《中国社会组织年鉴》中的定义，"社会组织"指的是社会团体、民办非企业单位以及基金会。根据中国社会组织公共服务平台实时统计，截至 2019 年 8 月 18 日，全国社会组织总数已达 835970 个，其中民政部登记的社会组织数量 2293 个。从分布情况看，东部发达地区社会组织密集，西部地区则数量较少。从发展趋势来看，国家统计局对 1999~2017 年社会组织单位数的统计变化显示，社会组织单位数呈逐年增加的趋势，2017 年的统计数为 761539 个，较 1999 年的统计数 142665 个翻了 5.3 倍，且呈匀速增加态势（图 2-2）。社会组织单位数量的持续增加，也从侧面反映出民间参与社会治理意识的觉醒。

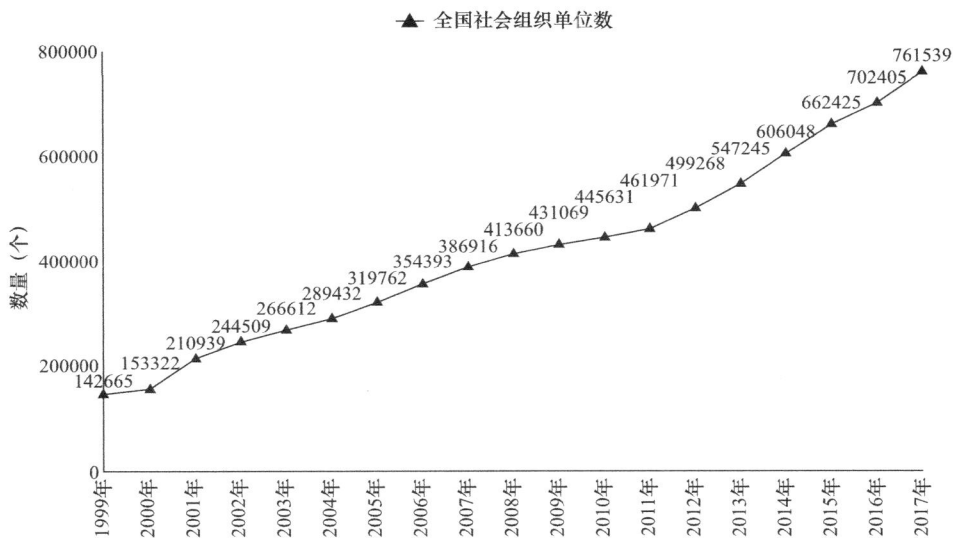

图 2-2　社会组织发展趋势图

（资料来源：国家统计局网站）

社会自组织模式的兴起，使得个体更容易地参与到社会治理中，特别是在基层社区的治理中，将逐步改变一直以来的管理模式，也将逐渐改变基层组织行政性色彩过浓的一面，将更好地发挥社会治理在国家治理体系中的重要作用。

2.2.3　走向合作治理，走向"善治"

治理本身就是一个多方利益相关人共同参与的过程、一个由多个利益方参与决策的过程、一个妥协而非冲突的过程、一个协商而非行政命令的过程。治理使社会运行交易成本降低，社会组织、个体之间信任达到了最大化，协作优势得到了凸显。"打造共建共治共享的社会治理格局"，从我国的基本政治制度上肯定了社会治理的地位。

治理的模式很多，若纯粹只是为了追求参与性、协商性，那么势必要以牺牲效率为代价；另外，如果仅仅强调参与，形式就会强过内容，这对治理的效果而言就没有意义。例如公众参与，其核心词是"参与"，"参与"这个词本身就带有辅助角色的意义，对于某种事务的处理，参与只是介入较浅的一种模式，还没有体现出主体责任的意义。因此公众参与从这个角度来说只是治理的初级阶段，它是社会成员逐步走上社会治理舞台，从社会治理辅助角色开始逐渐发挥作用的一个过程。

公众参与对于空间规划权而言，在决策、执行、监督各阶段都具有存在的必要性。"开门编规划"，广泛地听取社会各成员对空间规划的意见建议，规划许可批前公示、批后公开，设立各类信箱、热线电话、新媒体沟通平台。这些都是近些年来空间规划在公众参与方面所做的探索应用。这是公民意识不断觉醒、公民权力不断成长的重要表现形式。公众参与在社会治理领域已经应用广泛，但是怎样的形式才是有效参与，才能真正反映公民意志，真正对空间规划权产生影响、起到作用，这也是近年来治理理论界一直在思考的问题。

对于如何解决公平与效率兼顾、形式与内容统一的问题，张康之（2012）认为"参与治理的理论主张是工业社会的治理框架下提出的行动方案"，指出"合作治理是社会治理变革的归宿"。合作治理与传统的参与治理的区别就在于参与治理的主体具有唯一性，即政府，其架构也相对不够开放；而合作治理的主体多元化，也更注重开放性，可以接纳不同的治理主体加入治理的大平台，共同合作，找到适合于诸多主体的治理路径。合作治理模式强调所有治理主体的主人翁意识，让所有治理主体都有当家作主的获得感，这本身对治理效率的提高就有很大的促进作用。

合作治理是治理一个更为高级的形态，其中参与者已经不是简单地发表意见建议、无论责任主体采纳与否的"参与"了，而是更加深入地介入全过程，所有参与者齐心协力合作，共同决策、共同实施、共同享用成果的过程。合作治理是公众参与深入到一定程度后所达到的一个平衡点，这一过程本身也是参与主体与政府不断博弈的过程，在不同的维度、时空背景下所能采用的均衡博弈策略。更贴近身边、小型项目的实施中，合作治理才更易实现。治理模式发生变化，执行阶段参与空间规划权博弈的主体越来越多，参与形式也越来越复杂。例如，行政机关在空间规划权的执行阶段对行政相对人做出了行政行为，包括行政许可、告知承诺，事前审批与事中事后监管所带来的权利与义务是不同的，参与博弈各方可以作出的博弈策略受到多种复杂因素的影响，也将产生不同的结果。

在治理理论界，另外一个概念——"善治"（good governance）在 20 世纪 90 年代开始兴起。俞可平（2001）将"善治"概括为"使公共利益最大化的公共管理过程"，是"政府与公民对公共生活的合作管理，是政治国家与市民社会的新型关系"，具有合法性、透明性、责任性、法治、回应、有效等特点。"善治"强调的也是合作，这与合作治理是一语双表，但从字面意思也有略微差别。"善治"强调"善"是治理的结果，合作治理强调"合作"是治理的手段。因此，本书在表述治理理论时，特别选取这两个理论，也是通过两种理论的结合构建起对治理模式未来趋势进行全方位的表述。

2.3　博弈论综述

博弈论是一门研究对抗冲突中最优解问题的学科，是由冯·诺依曼和奥斯卡·摩根斯坦恩在 20 世纪初创立的，其英文为"game theory"（游戏理论）正是这一理论由来的体现，它也被称为对策论，是研究在相互依存情况下的理性行为及其结果的学问。纳什将博弈论引入经济学领域，将一项纯数学的分析工具运用于日常生活，也为我们提供了看待社会经济发展各种现象的不同视角。博弈论分析的通常是两个主体的策略行为，这个优势使得它在分析法律、政府规制、社会组织规范方面具有先天优势，因此博弈论也可成为我们在工作研究中的主导分析范式，透过现象看本质，更好地理解事物存在发展的背后逻辑，更有利于开展规制、规范的制定、引导工作。

空间资源具有社会属性，也是物质生产要素的重要组成部分，对空间资源的配置占有和开发利用一直以来都是社会经济生活中极易产生冲突的领域。尤其是当参与博弈的各方目标不一致时，或者信息不对称时，各方很难得到己方的压倒性策略，帕累托最优很难成为纳什均衡。要校正出现偏差的目标，使信息流动达到对称，各方能够筛选出想要的信号，作出合适、合理的最优策略，就需要在空间规划权编制、实施阶段利用包括政府政策、组织规范等各种手段进行校核，以保障各方都能便捷地获取需要的信息，如信息公开、公众参与等方式。

随着社会的不断进步，人们也意识到并非所有的博弈都是零和博弈，追求你死我活的结局，更多时候是正和博弈，通过博弈策略的选择，可以得到合作，博弈大家共赢的结果。因此，像空间资源这样社会属性强的资源，在个体追逐经济效益的同时，更应当提升社会效益的综合性，追求群体利益的共赢，同时也要避免个体利益的无谓牺牲。

在社会生活中，任何选择都面临博弈的决策，即如何去判断他人的理性选择，作出自己的理性决策。而实际上，博弈论最美妙之处不在于怎样作出最理性的博弈策略，取得最佳结果，而是通过博弈规则的设定使得博弈参与方都不得不遵守规则，以取得双方合作共赢的局面。例如，我们熟知的"分蛋糕"方法，如果由第三方去分蛋糕，不论怎么分，每个孩子始终觉得自己的蛋糕小于对方的，只有设定规则，让一个孩子去分，另一个孩子去选，才能做到双方皆满意。这便是博弈规则设定的美妙之处。

当然，对于政府而言，在处理社会事务、解决社会冲突时，不论是置身事外，还是身处其中，都需要应用博弈论的思想去思考问题。基于治理的视角，更需要政府在作为治理主体的同时，也更多从其他治理主体的角度思考，优化制度体系的建立。

2.3.1 常和博弈与变和博弈

博弈论本身讨论的更多是非合作，因为在博弈中合作本身不是稳定的常态，除非有来自外界的强制力。对于经济社会中的理性模型人而言，获得最大的经济效益是其追求的最终目的。因此，在经济社会中博弈的主流是非合作竞争。但是尽管是非合作博弈，也分为常和博弈与变和博弈。常和博弈中，特别是零和博弈，即常和博弈中最为特殊、极端的形式，任何参与方的所得都是其他参与方的所失，因此零和博弈是利益对抗程度最高的博弈，是"你死我活"的博弈类型。但是社会中大部分博弈并非如此，并不意味着"你之得即我之失"，博弈中的各参与方可能存在共同利益，其中即含有"共赢"的概念。对于常和博弈，博弈各方的收益总和是一个固定值，因此每位参与方的目的就是比其他参与方获得的多，或为赢家；但对于变和博弈，参与各方的收益总和是一个变量，伴随着每位参与方选择策略的变化，每位参与方的收益都可以是正的，最终达到收益总和的增加，各参与方实现"共赢"。

在国土空间规划权作用的形成过程中，由于产生的社会收益总和并不总是固定的，根据每位参与方的博弈策略，是有可能实现社会总收益的增加，实现所有参与方的"共赢"的。因此，在分析国土空间规划权博弈时，我们应当首先确定博弈的类型是属于常和博弈还是属于变和博弈，再按照其不同的类别选择不同的博弈模型，分析各方的博弈策略。

2.3.2 静态博弈与动态博弈

静态博弈是同时决策博弈，或者尽管行动有先后，但这些行动相互之间是不透明的行动，各参与方面对的是一样的背景条件，获取的信息也基本相同，因此作出的决策都基于对其他参与方的猜想，认为其他参与方会作出理性选择而作出的策略。动态博弈则是决策有先后，又叫作序贯决策博弈。每个参与方都按照先后次序轮流作出决策，知道别人所作的决策，然后再作自己的决策，因此动态博弈各参与方获取的信息是不同的，会根据博弈的进展发生变化。

　　动态博弈有两个基本概念，即威胁和承诺，是人类自古以来就有的手段，托马斯·谢林（Thomas Schelling，1960）在《冲突的战略》一书中已经逻辑清晰地予以说明。威胁和承诺是在博弈双方都没有采取实质性行动之前，一方通知另一方的声明。所谓威胁，就是一方要求另一方不得去做某件事，如果做了就会给予惩罚；所谓承诺，就是一方要求另一方去做某件事，如果做了就会给予奖励。威胁和承诺在本质上是一样的，都是一方事先说好，会根据另一方下一步的行动采取一个相应的行动。托马斯·谢林基于威胁和承诺提出一个关键的概念，叫作"可信性"，即给出的威胁或者承诺是否可信。博弈论的"可信"是设身处地的利弊分析，"不可信"是因为"事前最优"和"事后最优"的不一致，可信与否取决于事后的利益格局。只有事后别无选择，履行自己的威胁或者承诺符合那个时点的利益，事前最优和事后最优一致才是可信的。

　　为了发出可信的威胁或者承诺，必须主动束缚自己的手脚。大概有三种办法：一是给对方惩罚自己的权力，二是主动取消自己的选项，三是建立声望。孔子曾道："其身正，不令而行；其身不正，虽令不从。"声望最大的好处就是无须花费任何成本就能提出可信的威胁和承诺，损害声望是对失信最大的惩罚。而声望是需要积累的，积累声望的过程是一个处处受限、不自由的过程。总而言之，所有这些方法都是通过自我限制来提升可信度。

　　动态博弈的特点是参与者出手有个先后次序，一般来说"决策树"是模拟动态博弈的主要手段，参与者每走一步都要先想好对方会怎么应对，想想为了得到想要的结果最初应该怎么走，即"向前展望，向后推导"。动态博弈的本质不是轮流出招，而是可以改变游戏规则，每次行动之后，留给对方的都是一个不一样的博弈局面，都是一个新的游戏。动态博弈典型的模式是小鸡博弈，只要能确定对手的底线，那么先发制人，造成既成事实，就能逼迫对手就范。基辛格曾说："威慑有三个要素：实力、决心和让对手知道。"从博弈论的角度，还有特别重要的一点，那就是双方都不想被摧毁，双方都必须充分理性。典型的例子就是美国和苏联在冷战期间的核平衡，即"相互保证毁灭"（mutual assured destruction）。

2.3.3　单次博弈与重复博弈

　　大卫·麦克亚当斯（David McAdams）在《游戏改变者》一书中指出一群人要想

合作，至少要满足两个条件中的一个，即第一是合作对自己有好处，第二是不合作会受到惩罚。博弈论认为有效的惩罚必须得满足几个条件：首先背叛行为能被发现，然后惩罚必须得是可信的，再者惩罚的力度足够。利益和惩罚只是硬条件，如果内部没有起码的信任，合作就是脆弱的。纳什均衡态之所以如此重要，就是因为它是一个稳定的局面。

1982 年四名经济学家提出"KMRW 声誉模型"，即在不完全信息博弈中，参与者不知道对方是好人还是理性人，那么只要博弈重复的次数足够多，合作能带来足够的好处，双方都会愿意维护自己是好人的声誉，前期尽可能地保持合作，到最后才选择背叛。"KMRW 声誉模型"的关键在于对方是否理性，但这个信息是不完全的，即"不完全信息博弈"。如果双方都明确知道对方是理性人，那有限次重复博弈就不会有合作。可是社会上有些人就愿意当好人，他就愿意合作。那么当面对好人时选择合作还是背叛呢？理性选择是合作。

整个社会一直在消除信息不对称，把单次博弈转变成重复博弈。例如，银行系统的信用评级是互联互通的，每个人和所有银行都是重复博弈，与任何一家银行发生违约会被认定为信用污点，那么所有其他银行也将知道这个污点，降低对其的授信，让其不敢违约。因此，每个国家都在致力于建立信用体系，就是让个人信用为每个人背书，让个人和全世界所有人的博弈都是重复博弈，因为重复博弈可以让整个社会运行更为高效。当博弈局处于利益很大而参与者很少时，这些参与者就会联合起来。合作的利益大就不会竞争，背叛的成本低才会背叛。想要打破这个局面，要么扩大市场准入让更多的参与者进来，即让商家间的协调不易，要么依靠政府的力量反垄断。破解囚徒困境的一个方法就是让背叛的净收益不高于合作的收益。

2.3.4 纳什均衡与帕累托最优

1950 年，纳什提出了"纳什均衡"的概念，同时证明了纳什均衡在博弈中普遍存在。帕累托效率准则是指经济效率反映在社会资源配置上，以改善人们的处境。这主要取决于资源是否得到充分利用，如果资源得到充分利用，就必须损害一部分人的利益才能改善另一部分人的处境。那么这个经济已经实现了帕累托效率最优；相反，如果改善一些人的境况还可以不损害另一部分人，就说明经济资源尚未被充分利用，就不能说这个经济已经达到帕累托效率最优。帕累托改进是指调整既定的资源配置状态，使得至少有一个人的状况变好，而没有使任何人的状况变坏。有些博弈可能存在多个纳什均衡，但这些纳什均衡可能有明显的优点和缺点，导致所有博弈方都喜欢相同的纳什均衡，则该纳什均衡称为"帕累托上策均衡"。

在国土空间规划权的博弈之中，不论是内部博弈还是外部博弈，均存在纳什均衡的解，而帕累托最优的解则不一定能普遍存在，这取决于决策时参与方的外部条件。而帕累托最优对所有参与方而言，是效益最大化的解，改变任何一方的策略都不能使整体效益增加，但帕累托最优却不一定是纳什均衡。作为每个理性人，作出理性选择时，并不一定能从整体考虑出发。尽管是理性人，其眼光、地位也决定了是否能有整体观的视角，因此其基本也是从自身角度出发，选择最有利于个体效益的博弈策略。国土空间规划权也是如此，理性选择其实更偏向于对个体的理性，而非集体理性。

2.4 研究框架构建

2.4.1 理论工具

理论工具必须充分分析背景、环境等各种条件，找到合适的切入角度，才能正确地应用。本书研究框架的构建，是基于治理和博弈的视角，对国土空间规划权对外产生作用的各种政策手段、参与方表现进行理论分析。因此，用到的理论工具主要包括治理理论和博弈论，将这两种理论工具根据实际环境分解成不同条件下的适用理论工具，对行政行为、个体行为进行定性分析解释。

在分析国土空间规划权作用的形成机制时，首先需要将不同背景条件下的空间规划权力主体解析出来，具体去研究权力主体间以及主体与客体间的关系。然后将空间规划权的博弈类型进行划分：第一步根据博弈发生在政府内部还是外部分为内部博弈和外部博弈；第二步针对博弈的参与方进行再次划分，内部博弈可以分为纵向的央地博弈以及横向的部门博弈，外部博弈可以分为政府与市场的博弈以及开发与保护的博弈。内部博弈中的央地博弈和部门博弈更多是将焦点集中于事权划分、权责对等、话语权争夺上，外部博弈的焦点则主要是放在经济效益、环境效益、社会效益等的平衡上。同时，由于全国范围内经济社会发展的不平衡，所处的阶段不同，会出现增量规划和存量规划两种背景模式。不同背景模式下，空间规划权作用形成过程中博弈的焦点也会发生改变，对博弈论具体理论工具的选择应用上也将产生调整。例如，增量规划的博弈焦点在于如何划定新建项目时政府与市场的管制边界，存量规划的博弈焦点在于协调城市更新时原有产权方与周边利害关系人的关系。

治理作为社会发展到一定阶段社会事务运行的必然产物，反映了社会各成员参与社会事务方式的进化。中央政府将国家治理体系的推进和治理能力的现代化作为当前改革的重要任务，也体现了深化改革的强烈决心，从底层、基础的制度建设做起，奠定了社会运行的坚实基础。国家治理体系包括政府治理和社会治理，不同的治理主体、对象、目的、方式，也为国土空间规划权的实施提供了不同的边界条件、分析工具和运行模式。同时，在不同政体、不同土地所有制构成中，治理理论本身就具有一定的变化性，在不同背景条件下会发生不同的转化形式，处于中心地位的主体与处于边缘地位的客体也会发生转化，连接形式更是越来越向扁平化发展。每个参与方的参与程度都会随着连接形式发生变化，也使他们所接收到的信息有所增加，获取更多参与博弈的筹码，从而充分博弈，达到博弈均衡。

2.4.2　理论框架

本书运用了治理理论和博弈论两种理论工具，针对国土空间规划权这一对象展开研究，那么搭建理论框架就是本小节的主要任务。系统论的思维是将研究对象作为一个整体来建立理论框架，再将理论工具介入研究对象进行分析讨论（图2-3）。

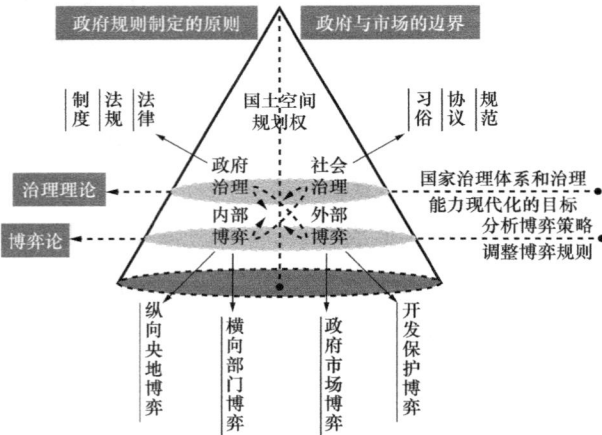

图2-3　理论框架图

在此之前，应先分析空间规划权的内涵、外延。权力的来源与构成是权力对外作用的基础，公权力之所谓"为公共利益"的边界如何设定，是分析权力作用的关键。权力对外作用形成的机制，不仅是权力主体与权力客体共同作用的结果，更是参与博弈的各方博弈的过程。

第一个维度是博弈论维度。如前文所述，按照博弈是否在政府内部开展将博弈类型分为内部博弈和外部博弈，再根据博弈参与方的不同，内部博弈分为纵向央地博弈和横向部门博弈，外部博弈分为政府与市场博弈和开发与保护博弈。利用博弈论的理论工具，可以使博弈参与方明晰，在分析博弈的边界条件、环境背景时也容易作出判断，更重要的是方便各博弈参与方在既定的位置根据获取的信息，确定理性的博弈策略，而这些博弈策略也对未来调整博弈规则、形成博弈均衡起到至关重要的作用。当然，简单地进行分类，并不能很好地反映国土空间规划权对外作用形成过程的复杂性，更多时候，每次博弈都体现出多种博弈类型，各博弈类型间也会相互产生影响，最终的结果是多种博弈结果的叠加。但是为了分析能更直观，本书还是将博弈进行了简化分类，按照主导的博弈类型进行分类分析。

第二个维度是治理理论维度。治理理论自诞生并兴起以来，都与组织、协调等密切相关，治理本身既是组织、协调的手段，又反映了组织、协调的效果，它是组织与协调的外在规则表现。它与管理的不同在于治理是内生的自组织形式，管理是外加的统治规则；管理有不容置疑的权威性，治理则是可以不断适应组织结构的内生规则，它更注重适应的结果，不在意强制规则的执行过程，这也是两者之间的巨大差别。因此，作为更高一级社会组织形态的"治理"，也是伴随社会经济发展而来。但是同样，治理在成员整体素质未达到一定水平时，是要以牺牲社会运行效率为代价的，毕竟管理的权威性可以消除杂音、统一行动以提高效率，而治理则给了组织更多去协调的空间，这不免让组织成员花更多时间去适应、去协调，因此也更强调治理能力的提升、治理体系的健全。治理根据对象不同，可分为政府治理和社会治理两种形式，两者在制度建设方面存在手段不同、机制不同、过程不同、效果不同等，因此应用于空间规划权所发挥的作用也不同。政府治理更多的是依靠法律、法规这类硬性的制度，社会治理更倾向于应用规范、协议、习俗这类软性的制度去约束，因此二者在空间规划权作用层面形成机制不尽相同，所呈现出来的结果也不相同。

除了这两个维度的理论工具本身之外，这两种维度的理论工具在构建理论框架时也会互相发生作用。博弈论关注博弈参与方、博弈中获取的信息、理性参与方作出的博弈策略选择，治理理论则从治理对象、目的与方式的评估上去找到"善治"（良好的治理）之路。从本质上，两种理论工具的使用目的都是为了搭建更合适空间规划权实施的规则之路，找到作用形成的最优机制。

本书研究的主要目标是在治理和博弈的视角下通过分析找到空间规划权作用形成过程中政府与市场的边界，以及政府规则制定的原则。即对第 1 章提出的两个研究空间展开分析，通过理论框架的构建寻找解决路径。

2.4.3　理论研究方法

1. 理论应用研究：运用治理理论和博弈论分析国土空间规划权

博弈论是解释经济社会中个体作出决策行为的理论。国土空间规划是经济社会中一项综合性很强的公共政策，它最初出现的核心目的是为了维护公共利益，协调个体在空间资源开发利用上的矛盾。国土空间规划作为安排空间资源开发利用的重要政策工具，其权力背后是博弈参与方综合理性决策行为的集合。通过运用博弈论去分析解释国土空间规划权在各阶段表现出来的现象，可以将行为成因分解成一个个要素，再通过对要素进行政策性调节，从理论上去探寻缓解冲突的方法。

治理理论则是从组织网络的运行规则上去分析国土空间规划权的政策属性，从治理机制上去分析国土空间规划权作用形成过程中的几组博弈关系。按照不同博弈类型参与方进行分类后，再在不同的范畴里去分析国土空间规划权在组织网络中的存在模式和博弈范式，最后通过分析不同个体间的连接，找到叠加到理性个体博弈策略上的要素，为博弈策略分析提供理论支持。

理论应用研究最重要的是针对研究对象选取适合的理论工具，尤其是不同类型的对象选取的次级理论工具会有所差别。本书研究的重点就是在治理理论和博弈论的理论工具中，根据国土空间规划权在不同范畴内主客体、外界条件的不同，选取适合的次级理论工具，开展具体分析，做到全面梳理博弈关系，分析博弈策略，达到寻求良好治理路径的目的。

2. 分类实证研究：内部、外部博弈典型案例博弈策略分析

对于国土空间规划权作用的形成机制，内部博弈和外部博弈的博弈参与方是完全不同的，因此其博弈策略分析是完全不同的，从实证研究的角度去分析国土空间规划权的博弈，势必需要开展分类研究。因此，本书采用分类实证研究，按照内部的纵向央地博弈、横向部门博弈，外部的政府与市场博弈、开发与保护博弈，选取大量案例与实证，剖析每种类型博弈背后的逻辑、参与方的思考角度、作出理性判断的信息汇总。

内部博弈中，国土空间规划权作用形成的纵向央地博弈可以表现在事权的划分上，也可以体现在权责的对应上。以治理视角选取具体事项上的央地博弈实证案例深入剖析博弈策略，如审批事项的上收或下放、审批内容的增减，足够的实证案例可以帮助找到背后的运行普遍逻辑，以判断现行规则的合理性，发现不合理之处，可在后续的修订中重点关注，以修正规则。国土空间规划权作用形成的横向部门博弈则主要表现在部门话语权的争夺上，但其外在表现形式可以多种多样，可能体现在部门职责的交叉重叠或推诿，造成"公地悲剧"或"反公地悲剧"，可能是针对具体对象设定的不同标准导致无法衔接。横向部门博弈策略分析的研究意义可能不在于对社会运行规则、治理机制的修正，而在于对内部职责的明确划分、政府内部监督部门考核方式的修正。内部博弈更多体现出政府治理的能力，需要先厘清政府治理的边界，才能结

合博弈策略的分析修正政府治理的机制和方式。

外部博弈中，国土空间规划权作用形成时政府与市场的博弈、开发与保护的博弈，两者博弈的形式是不同的，治理起到的作用也是不同的。政府与市场之间的博弈不仅在于管制的松紧，还在于信息的对称，以及理性追求的目标效益不同。而不同的发展阶段、背景条件也会导致其博弈策略的不同，如增量规划背景和存量规划背景。按照我国的土地所有权的规定，所有土地归属国家或集体，是土地制度城乡二元化结构。依据《中华人民共和国土地管理法》，"我国实行土地用途管制制度"，只有建设用地才可以进行开发建设，还规定了"严格限制农用地转为建设用地，控制建设用地总量"的制度。另外，我国土地的一级市场要求"净地"出让，农用地、未利用地依据法律法规的要求转为建设用地后，在其出让前需要处理好土地的产权、补偿安置等法律经济关系，完成必要的土地平整、通路、通水电气等"七通一平"前期开发，然后再行供应。因此，增量建设用地在空间规划中的关系较为简单，较为复杂的博弈关系已经在"净地"出让之前，通过一系列的操作被处理掉。而存量建设用地在空间规划中的关系就没有那么简单，由于仍旧是建设用地，原来的博弈关系仍然存在，并没有因为空间规划而简化，反而更加复杂。增量规划和存量规划的不同背景下政府与市场的博弈需要考虑的因素也是不同的，因此分类实证研究有助于厘清博弈的各要素，厘清博弈背后的原因，用实证案例做模拟推演，找到政府治理和社会治理需要调整的规范规则。

开发与保护的博弈不仅体现在发展理念的博弈上，也体现在对博弈结果效益的追求上。在城镇化高速发展阶段，政府、社会、市场对发展的理解均较为片面，注重追求经济效益而忽视生态效益，造成了一些触目惊心的生态恶果，促使政府、社会开始反思片面追求高速发展方式的不可持续性，一些部门、组织、个体的观念率先发生转变，另一些部门、组织、个体的观念仍停留在过去。观念上的分化，造成国土空间规划权作用形成过程中开发与保护的博弈。通过典型案例实证分析，可以发现开发与保护博弈背后不同效益的追求，更能发现博弈策略对国土空间规划权作用最终结果的影响。

分类实证研究将外部博弈按类型细分，也是发现国土空间规划权作用形成机制的规则制定中需要连接的部分、需要用治理填补的环节，这一点在更加微观层面的国土空间规划中体现越明显。总体来看，实证研究的目的更多地在于，理论应用研究仅是作为理论工具与国土空间规划权作用形成机制反映出来的表象作为连接，若需要从博弈策略分析的角度去找到现行规则的合理与不合理之处，则需要分类实证研究这种更为深入的研究方法。

2.5　本章小结

　　本章首先对已有相关文献分为治理理论、国土空间规划权、博弈论三个方面进行综述。从文献综述可以作出：治理理论不断发展从而产生空间治理理论分支，空间规划权的社会属性来源于土地开发权的归公，博弈论进入空间规划领域有助于分析权力作用形成机制等基本判断。然后通过对治理和博弈两种理论分别展开阐述，综述两种理论涉及空间规划领域的相关分支理论，为下一章结合空间规划领域应用奠定基础。再从理论与方法的角度出发，将治理理论和博弈论的理论工具从两个维度分别介入空间规划权的分析，从系统论的视角重新构建理论框架。进而提出用理论应用研究和分类实证研究两种研究方法，对前面界定的研究背景、研究对象分别开展研究，铺垫好方法论基础。

第3章 空间规划权总述

3.1 空间规划权 [①] 内涵

"规划"在《辞海》里的解释是"比较全面的长远的发展计划"及"做规划"。它既是一个名词也是一个动词,作为一个名词它可以有定语修饰,如什么样的规划;作为一个动词它可以搭配宾语,如规划什么。巴里·卡林沃思等(Barry Cullingworth et al., 2005)在《英国城乡规划》一书中,将规划定义为政府协调、解决土地利用冲突、争端的过程,是保障公共利益的过程。"权"的解释是"职责范围内支配和指挥的力量",这种"力量"更主要的是法律上的定义,从法律上来说赋予主体从事某项工作一定的权力。本书的研究对象"(国土)空间规划权"将其限定在国土空间资源上,即在我国境内依据我国法律法规,附着于我国的国有土地、集体所有土地、海域之上的国土空间,对这些国土空间资源行使规划的权力。因此,更进一步解释"(国土)空间规划权"就是限定引导使用权人开发利用国土空间资源的权力。

从法律的角度出发,目前并没有哪款法律条文明确对空间规划权进行定义。但是,相关行政法通过法律条文赋予了对各级政府编制、审批、实施、监督空间规划的权力和责任。《中华人民共和国城乡规划法》规定了城乡规划权责,《中华人民共和国土地管理法》规定了土地利用总体规划权责。这在"多规"并行时期在一定程度上来说也就是定义了空间规划权,即行使城乡规划和土地利用总体规划这类空间规划的决策、执行和监督的权力。随着国家机构改革,"建立空间规划体系并监督实施"的任务交给自然资源部。2019年5月中央印发《中共中央 国务院建立国土空间规划体系并监督实施的若干意见》,宣布融合多种空间规划以实现"多规合一",是中央作出的重大决策。至此,"多规合一"工作宣布完成,统一的空间规划体系已经建立,由于空间规划权是以空间资源为对象的,那么空间规划权的定义就可以明确为对空间资源开发利用限定和引导的权力。空间规划权作用的影响范围广泛,形成过程中涉及的关系方多样。

张五常(2009)在《中国的经济制度》一书中指出,"使用权与所有权的分离是中国特色社会主义的基础",土地制度同样遵循这个原则,从而解决了全民、集体所

---

① 为方便阐述,不局限于机构改革后的"国土空间规划权",本书中所述"空间规划权"不区分机构改革前后,均为统称。但最终结论的针对对象则确定为机构改革后的"国土空间规划权"。

有制土地制度下市场流转的问题。自然资源资产产权制度改革提出"构建分类科学的自然资源资产产权体系"①，与国土空间规划和用途管制相衔接，强调要"推动自然资源资产所有权与使用权分离"，处理好两权的关系。自然资源资产包括国土资源资产，土地资源之上的空间资源也在此列。文件还要求"清晰界定全部国土空间各类自然资源资产的产权主体，划清各类自然资源资产所有权、使用权的边界"②。

　　土地制度包括土地产权制度、土地市场制度和土地管理制度（陈鹏，2009）。这三大制度之间存在关联，如土地产权制度与土地管理制度之间的关联，一方面产权制度体现保护价值，另一方面是管理制度影响产权（图3-1）。

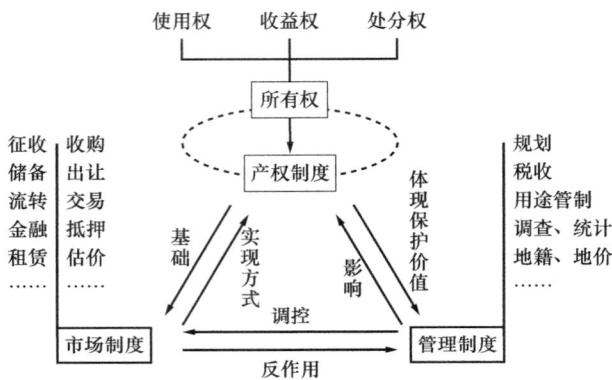

图 3-1　土地制度构成及其关系示意

（资料来源：陈鹏. 中国土地制度下的城市空间演变［M］. 北京：中国建筑工业出版社，2009.）

　　自然资源部的"两统一"职责，前者侧重于权利，后者侧重于权力。因此，也可以看出空间规划权与所有权有关，下面先对一下空间规划权与所有权及使用权、开发权之间的关系进行阐述（图3-2）。

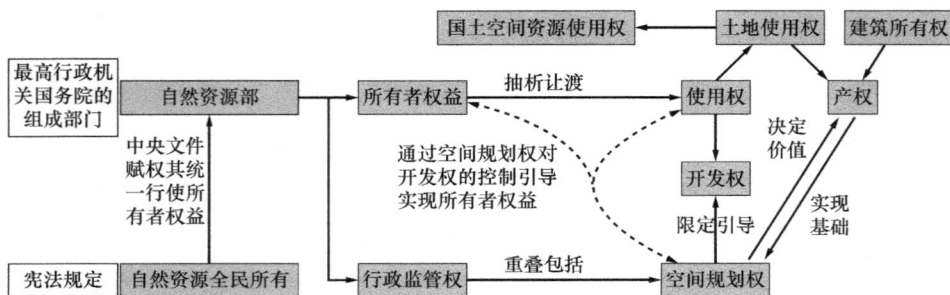

图 3-2　规划权与所有权、使用权、开发权关系图

① 引自《关于统筹推进自然资源资产产权制度改革的指导意见》，2019年。参见http://www.gov.cn/zhengce/2019-04/14/content_5382818.htm.
② 引自《关于统筹推进自然资源资产产权制度改革的指导意见》，2019年。参见http://www.gov.cn/zhengce/2019-04/14/content_5382818.htm.

3.1.1 空间规划权与所有权、使用权的关系

2012 年，党的十八届三中全会首次提出"健全国家自然资源资产管理体制和完善自然资源监管体制"，习近平总书记指出要"使国有自然资源资产所有权人和国家自然资源管理者相互独立、相互配合、相互监督"[①]。最初的制度设计，是将所有权人和管理者完全分离、各自独立。2015 年，《生态文明体制改革总体方案》出台。2016 年，中共中央办公厅、国务院办公厅发文设立生态文明试验区，正式部署试验任务，明确了"建立健全国土空间规划和用途管制制度"和"建立健全自然资源资产产权制度"[②]。2017 年，中央确定在福建开展试点，这也是全国唯一的试点省份，并批复设立福建省国有自然资源资产管理局，国有自然资源资产管理机构与自然资源资产监管部门（当时还分散在多个部门，包括国土、农业、林业、水利、海洋等多个部门）相分离，分别行使所有者职责和监管职责。福建为落实实施方案要求，规定"用途管制规划由监管部门牵头拟定，国有自然资源资产管理机构在规划下制定自然资源资产开发利用计划，并受监管部门监管；监管部门审批处置资产中涉及的许可"[③]。空间规划权属于监管权的一部分，显然试点方案也是这样处置，将空间规划权者与所有权者身份进行了分离。

不过福建试点为期仅一年，2018 年 3 月的机构改革没有采纳试点两权分离的方案，而是宣布由自然资源部行使"两统一"职责。随后的地方机构改革中，福建省自然资源资产管理局又重归自然资源厅。分析中央这一决策部署，可以看出试点中显现出完全分离所有权和监管权带来的问题。从随后印发的自然资源部的"三定"[④]可以发现，其职责涵盖了调查、确权、权益、利用、规划、管制、修复、督察、执法的纵向全流程。有些职责涉及所有者职责，有些职责涉及监管者职责，有些职责均涉及，是两者的基础。例如，调查不仅是所有者职责行使的基础，更是监管者职责行使的基础，这也说明了从机构设置上完全分离两权是不可行的，或者说在现阶段是不可行的。

另外，从自然资源部的内设机构来看，仍然遵循所有者职责和监管者职责分离的原则。这种既统一又分离的制度设计也从侧面说明了空间规划权与所有权的关系。空间规划权的行使，离不开所有权者对所有资产的盘点摸底，也离不开所有权者对资源

---

① 引自《习近平：建立统一行使全民所有自然资源资产所有权人职责的体制》，2013年11月15日，人民网。参见http://news.eastday.com/eastday/13news/node2/n4/n6/u7ai160759_K4.html.
② 意见及实施方案正文参见http://www.gov.cn/gongbao/content/2016/content_5109307.htm.
③ 引自福建省编办课题组课题成果《福建自然资源资产管理体制改革研究》。
④ 《自然资源部职能配置、内设机构和人员编制规定》。

资产价值的量化核算。从纵向流程角度来说，开发利用必须符合空间规划，空间规划权对开发利用有直接的约束和引导作用。在资源资产负债表中，开发利用产生收益的同时也有损耗，这些负债表的变化也对空间规划权的行使产生了影响。

我国的土地使用权转让制度，明确了在国有土地使用权出让时必须取得规划条件[①]。因此，对于土地使用权人而言，当其取得土地的使用权时，已经与政府签订了合同，并且承诺开发土地资源应当遵守规划条件，规划条件依据空间规划给定。土地出让金的核算，除了地理区位地价本身外，还受到空间规划对其开发用途和开发强度限定的影响。当然，使用权的内涵很广，是一个权利束，其中包括开发、建设活动的行使方式，空间规划权限定、引导的即为这部分权利。

空间资源是有限且稀缺的，当每个人对空间资源占有性的物质化都呈外向扩张时，就需要提前制定规则，限定每个人对物质化空间开发利用的权利。空间规划是空间物质化权益分配和秩序构建的政策治理工具。

3.1.2 空间规划权与开发（发展）权[②]的关系

《中华人民共和国宪法》第十条规定"一切使用土地的组织和个人必须合理地利用土地"。《中华人民共和国土地管理法》（2019年版）第十八条明确了国土空间规划对开发、保护和建设活动的约束引导作用，因此，空间规划权可以明确是对空间资源开发利用的限定与引导。

土地开发权源于英国，由于土地私有制的原因，原来土地发展取得的收益均属于土地所有者。基于这个前提，作为土地所有权人，一定有较强的意愿开发土地使之获得更多收益，那么公权力干预土地开发利用的难度较大。为了解决这一问题，英国通过法律设立土地开发权，1947年的《城乡规划法》将土地开发权收归国有，陈柏峰（2012）将其总结为"土地开发利用作为公权由政府掌握，需要服从城市规划，任何人如想变更土地用途，必须先向政府购买土地开发权"。这里的土地开发权即由空间规划权决定，政府作为城市规划的制定者，决定了土地所有者如何开发土地的权利，土地所有者不能像之前可以随意开发所拥有的土地，只能在城市规划规定的用途中进行开发，如果想改变用途，必须向政府申请许可，政府同意后才能进行开发，而开发后增值的部分需要向政府支付开发费[③]（development charge）。土地开发权实际上

[①] 引自《中华人民共和国城乡规划法》第三十九条。
[②] 土地开发权源自英文"land development rights"，国内也有译作"土地发展权"，后文中统一为"土地开发权"，但涉及引用其他学者论点、论据的，考虑到"原汁原味"，保留"土地发展权"的表述。
[③] 由于开发费否定了土地所有者参与土地发展增值收益的积极性，1954年英国便取消了开发费，但仍保留了土地开发权国有的原则。

限制了土地所有者任意、无拘束开发土地的权利，空间规划权在这其中起到了决定性作用。

美国效仿英国也于 1961 年设置了土地开发权，但是与英国不同的是，其规定私人可以将土地开发权进行流转，开发权与所有权是分离的，且可以在市场上单独交易。从这个角度来说，美国的土地开发权更加符合发展（development）的本义。

这里的土地开发权其实含有两层意义，第一层是获得土地开发权的权利人可以开发利用所拥有的土地资源，第二层是可以获取开发利用土地资源后的土地增值收益部分。对于本书所研究的空间规划权，其实与第一层权利联系更密切，依据空间规划，限定和引导的是土地开发权，至于土地开发权所涉及的增值收益的分配问题，空间规划权并没有涉及。换而言之，空间规划权限定和引导的是土地本身被开发利用的形态，是不论土地所有权、使用权归属，以及发展增值收益的归属分配。

从法律的角度，我国的土地权能体系仅包括占有权、使用权、收益权、处分权四项，并无"土地发展（开发）权"，但它其实隐性存在（林坚 等，2014），隐含在土地拥有被开发利用从而获取价值增值发展的权利中。不论何种开发利用均必须遵守空间规划的要求，从用途到开发强度，这些能够导致价值增值的决定因素均由空间规划所决定，但是分配收益的制度设计则与土地出让金的制度设计关联更密切（汪晓华，2019）。《中华人民共和国土地管理法》（2019 年版）删除了"任何单位或个人需要使用土地的必须使用国有土地"[①]的规定，这里解决的就是二元土地所有制之下土地开发权的收益分配不公的问题，给集体经营性土地入市松绑，当然也设定了前提，仍是符合空间规划。

因此，空间规划权其实就是对土地开发权的限定、引导，但也影响了土地开发后获取的增值收益。从内涵上看，它反映了政府公权力的意志，体现了政府对空间资源开发利用管控的要求。空间规划权作为政府的一项公权力，成为政府实现国土空间资源配置、进行城市土地利用用途管制的基本手段。

3.2 空间规划权外延

从外延上看，空间规划展现出来的不仅是空间规划权赋予空间资源的发展方向，更展现了统治阶级的审美观、世界观以及空间观。刘易斯·芒福德（Lewis Mumford，2005）说过，"影响规划的是深刻的政治和经济的转变"。纵观城市建设史，城市的形

---

① 引自《中华人民共和国土地管理法》（2004年版）第四十三条规定。

态无一不体现统治阶级的意志，空间规划也无一不反映那个时代的政治经济背景。从中国古代《周礼·考工记》的营城法式规矩，到西方国家城市以教堂为中心放射性布局，直到新中国成立后中国大部分城市都在市中心建设"人民广场"等。

按照国家的机构改革，国土空间规划是多个现有的空间型规划融合而成的，是为了解决空间型规划之间的"打架"问题，从顶层构架上迈出的重要一步。这种融合不是简单的叠加，而是重构，因此，其与过去的各类空间型规划有着从内涵到外延的区别。空间规划权的外延，表现在不同级别、不同类型的空间规划权力的范畴。因此，下面将从国土空间规划体系的分级、分类（图3-3）入手，对各级、各类的空间规划权外延进行阐述。

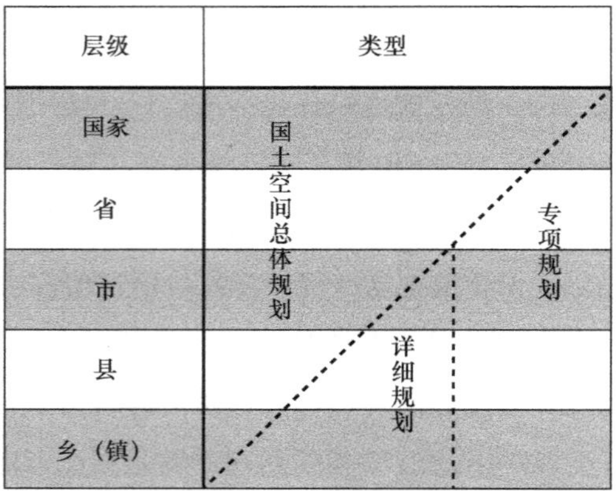

层级	类型	
国家	国土空间总体规划	专项规划
省		
市		
县	详细规划	
乡（镇）		

图3-3　国土空间规划的分级、分类

3.2.1　空间规划权分级概述

总体而言，从分级的角度出发，对应国土空间规划体系，空间规划权在实施层面也可分为宏观、中观和微观。宏观为国家级和区域级的国土空间规划，中观为市县级和乡级国土空间规划，微观是涉及具体地块的详细规划，本节纳入分类阐述。由于宏观与中观不同层级的国土空间规划关注点不同，所传递出来的对规划内容的约束性和协调性不相同，其所表现出来的外延也完全不同。因此，有必要分析研究不同层级空间规划应当包含的内容，以确定空间规划权外延的范围。

1. 宏观：国家及区域级

对于宏观层面的国家级、区域级国土空间规划来说，空间规划权对外部产生作用主要关注点在于宏观尺度的开发（发展）权[①]的博弈，体现在宏观尺度控制指标的

[①]　宏观层面，空间规划权更多表现为发展权，是区域层面发展的要求。

上下传导上。如何根据涉及的要素诸如自然本底、资源环境承载力、经济社会发展现状、生态保护目标等，对控制指标进行分配，对底线提出宏观层面的要求。这些指标和底线要求体现的是国家高质量发展的目标，与生态文明建设息息相关。国家级、区域级国土空间规划中包含的永久基本农田保护红线、生态保护红线、城镇开发边界等控制线以及重要控制指标，成为中央政府严控并与地方政府在发展、开发过程中的重要博弈焦点，体现空间规划权力外延。

自然资源部于 2020 年 1 月发布《省级国土空间规划编制指南（试行）》。参照规划指标体系表，不难发现宏观层面关注内容中有一半与底线性的生态保护类指标有关，并且绝大部分都是约束性指标，还有三分之一是区域建设类指标，这类指标则大部分是预期性指标。同属宏观层面的规划还有发展规划。根据国家发展规划的中央文件，国家发展规划居于规划体系最上位，明确了发展规划与空间规划的关系，要求空间规划必须依据国家发展规划编制。国家希望通过中央文件的形式统一规划体系，理顺规划关系，也给空间规划限定了外延，即空间开发保护的基础，是空间保障。特别是在宏观层面，国家级和区域级的国土空间规划权外延就限定为大尺度空间的开发利用与保护，这条界线也体现了大尺度空间规划权的博弈。

2. 中观：市县乡级

对于中观层面的市县乡级国土空间规划来说，空间规划权对外产生的作用就更加具体，其落实主要体现在空间用途管制上。与宏观层面的空间规划权相比较，由于市县乡级的国土空间规划尺度较小，是可以具体到地块用途管制要求、开发强度的微观层面详细规划的依据，那么它的空间规划权的参与方也就不同于宏观层面的空间规划权基本存在于中央政府与地方政府之间，市县乡级层面的空间规划权参与方更多是存在于政府与市场之间以及地方政府对开发与保护的效益平衡之间，属于中观层面。

根据自然资源部于 2019 年 5 月印发的《自然资源部关于全面开展国土空间规划工作的通知》中提到的国务院审批市级国土空间总体规划的审查要点，市级规划是对省级规划的深化、细化，还涉及用途管制规则、基础设施、生态空间、文化空间的布局，以及开发强度等内容，这些规划内容较宏观层面规划内容更为具体，直接影响到空间资源的开发利用，而此时虽然空间规划由政府主导编制，但是已经不似区域级规划，其权力的边界在内部博弈之间产生。此时的空间规划权外延更多反映市场对政府主导空间规划的影响边界，到底是开发利用为主，还是保护修复为主。

3.2.2　空间规划权分类概述

国土空间规划体系按类别分为总体规划、详细规划和专项规划，对应的空间规划权力也各不相同。总体规划同样也需要分级，宏观层面的国家及区域级国土空间规划属于总体规划范畴，中观层面的市县级国土空间规划包括总体规划、详细规划等层次。这里为了说明与详细规划、专项规划的规划权区别，主要以中观层面的市县级国土空间规划来分别阐述总体规划、详细规划和专项规划的权力外延。

1. 总体规划

不论是按照现行的法律规定还是机构改革后关于国土空间规划体系顶层设计的中央文件规定，总体规划均是由本级政府组织编制，除了国家级以外均属于地方政府事权，体现的是对所辖行政区发展的战略性、科学性、协调性、权威性、操作性的总体安排。总体规划的权力包括对本级行政区域内整体国土空间资源的总体统筹安排，这种安排主要针对开发权。总体规划的规划权是整体的统筹安排，权力的划分也偏向于宏观，更多倾向于控制指标的整体平衡、协调，控制线的划定落地。也正由于它的权力划分偏向于宏观，也不涉及所针对的权力主体、客体的具体限定，因此，并未与市场产生直接关联，但却直接影响下一级空间规划权的行使。这里提到的影响，不仅包括纵向的不同层级的宏观到微观规划权的传导，还包括了横向的同一层级的总体规划到详细规划的权力传导。

2. 详细规划

详细规划相对于总体规划而言，规划内容更加具体、细致，此时空间规划权将对下一步所针对的权力主体、客体产生更为直接的影响，因此，详细规划权对外产生作用也更为复杂、多元。详细规划直接体现在国土空间的用途管制上，详细规划中对开发强度、绿地率、退界距离、停车位、出入口甚至建筑型制、色彩等的规定，其实就是用途管制的具体内容，也体现了空间资源的外部性特征，无论是开发强度，抑或是其他诸如建筑色彩、型制等设计范畴内容，都会对空间外部、邻里关系产生一定的影响，这也是用途管制的基本要义。每一个建筑都不是孤立存在的，一定会对环境产生影响，也一定会被周围环境所影响。因此，具体地块的开发建设活动，特别是具体的建筑物、构筑物的设计需要国土空间规划对其提出规划条件，对其进行一定的限制与引导，也是基于这个重要的影响要素。

3. 专项规划

专项规划权更多体现在政府部门间的相互关系上。对于各类基础设施、公共服务设施等，一些行业的主管部门都有制定近期、中长期规划，而这样的规划由于最终需要在空间实体上予以落地，就面临着与国土空间规划相衔接的问题。具体到某块地，该留给学校、医院，还是地铁站、变电站、垃圾转运站，都是部门间进行博弈、妥协的一个过程，其中主持协调的主管部门更要充分去考虑各方面的因素，综合衡量各方面利弊，最终达成共识。专项规划权相对于总体规划权、详细规划权，具有一对多的特性。这取决于专项规划越来越多样的发展趋势，每个行业主管部门都在争取本部门的话语权，因此制定专项规划也是一种提高话语权的方式。但是，尽管在大政府、小市场时可以通过规划、计划来向外界传递本行业的重要性，进行行业发展、建设的安排，但在空间实体的落地上，仍然需要通过综合协调部门来具体协调保障用地，那么这个协调的过程就是政府部门间对权力的一个博弈的过程。

3.2.3　空间规划权作用

空间规划权的作用是一个较大的概念范畴。从广义概念而言，空间规划是对物质世界空间资源开发利用的社会性安排，允许空间资源在空间规划所规定的范畴内进行开发利用。由于其为公共利益的公权力属性，其权力主体是政府，权力客体是对空间资源的开发利用行为，对于作出开发利用行为的所有权人、使用权人、邻近关系权人本身并不作限定。因此，广义上的空间规划权作用是反映在广域空间的保护与发展上的，包括生态空间、生产空间和生活空间的统筹划定、合理安排，体现为国土空间开发保护制度。

从狭义概念而言，空间规划是对空间资源的用途管制，狭义的空间规划权作用将体现在对生活空间、生产空间的开发利用，体现为城镇开发边界内的国土空间用途管制制度。通过用途管制对空间资源的开发权，其实也是对土地开发权进行限定和引导，这将影响开发土地资源所产生的用益物权的收益，也将对经济社会中物质空间之间的各种关系产生影响。

而这种表现形式不是一步到位的，既不是通过宏观层面的空间规划权直接体现，也不是通过总体规划权直接体现，它是通过层层传导，从宏观到微观，从总体规划逐级传递，最终由详细规划层面的用途管制表现出来，最终以政府的行政许可、行政审批等形式对市场个体的开发行为进行限定。从规划实施的流程链条上可以看出，空间规划权最终作用于空间资源的开发方式、外部空间的相互关系上，这是空间规划权产生作用的范畴。划定作用范畴是厘清空间规划权作用的前提条件，也是避免国土空间规划成为大包大揽的"万金油"或"背锅侠"的根本保证。

而随着治理体系的逐步完善和治理能力的逐步提高，单纯以行政许可、行政审批的"大政府"管理模式并不能完全解决所有在规划实施中存在的问题，如空间使用权人与周边利害关系人之间在对空间资源开发利用时的各类权益分配等，社会治理的引入也就势在必行。如何平衡空间规划权的作用、协调政府与市场的关系，成为治理背景下亟待解决的实践性问题。

3.3 空间规划权国内外综述

3.3.1 我国空间规划权历史综述

谈到空间规划权，不得不谈到土地权利，因为本书研究的空间规划权是指对空间资源的规划权，这是依附于土地之上的空间资源。因此，应当从土地权利的历史变迁观察研究空间规划权的发展沿革。

1. 新中国成立前的空间规划权演进

赵俪生（2013）在《中国土地制度史》一书中总结道："大体古老的人类，从经营农业的一开始，就有个规划的问题"。他在书中将古代的空间规划划分成两步，第一步是调查现状资源，《周礼·大司徒》中有"以土圭之法测土深，正日景以求地中"，然后"辨其山林、川泽、丘陵、坟衍、原隰"。因此，这也是空间规划权的前置条件，摸清所有自然资源，这里当然也包括空间资源。第二步是把土地大体划成整齐的方块，并且筑成疆界。《孟子·滕文公》中有"经界不正，井正不均，谷禄不平"。这是有贵族阶层出现后的不平均，此前古老的平均主义带来整齐的土地划分，逐渐形成井田。在划分出来的土地上分配各种关于土地的权利，这些权利并不集中而是处于分散状态。例如，农业劳动者在自家"份地"上有使用权和收益权，在此之外的"份地"上只有提供无偿剩余劳动的义务，收益权则归贵族。

研究空间资源规划权的演进，不得不从空间资源的本底——土地制度的演进入手。魏天安（2003）将中国古代的土地制度以战国中叶的商鞅变法、魏晋时期的占田荫客制和中唐两税法为标界，分为四个发展阶段。第一阶段是西周以村社为基础的多层次的贵族所有制；第二阶段是秦，商鞅变法"公私分离"，将土地所有权过渡为单级所有制；第三阶段是西晋，占田制后由法外转向规范，即和平转移土地所有权代替暴力抢占土地；第四阶段是唐，"两税法"后国家将土地所有权从各种限制改为尊重和放纵并行，兼并与反兼并斗争转向匿田漏税和查田均税的斗争。国家建立以来，我国古老的土地制度从国家所有制逐渐发展为个人所有制。吴春岐（2012）将我国土地所有制分为实行单一土地国有制、私有土地开始出现、土地国有制与土地私有制并存、逐步消除封建土地私有制四个阶段。下面结合土地制度的变迁对城市的空间规划权演进展开研究，分析国有制与私有制对其影响。

夏、商、周从游农社会进入定居的农业社会，土地使用方面逐步形成井田制，包括没有所有权的私田和以国有为表象、层层分割多级贵族所有制的公田。土地的所有权形式也决定了对土地空间的分配权，土地私有制的产生催生了城市的产生，通过城廓沟池保护私有财产，因此早期形态的城市即都城，是为了保护贵族及君主所拥有的土地。

《周礼·考工记》中记载："匠人营国，方九里，旁三门。国中九经九纬，经涂九轨。左祖右社，面朝后市。市朝一夫"。文献记载的营国主体虽是匠人，但体现的是都城主人思维。国指的是都城，这个阶段的空间规划权基本上体现在都城之上的王权，空间分配权、使用权归属于都城的所有者。《周礼·天官冢宰》中记载："惟王建国，辨方正位，体国经野，设官分职，以为民极。乃立天官冢宰，使帅其属而掌邦治，以佐王均邦国。"从中也可以看出这一点。王对城制拥有一整套制度，都城按照封建等级进行划分，"环涂以为诸侯经涂，野涂以为都经涂"[1]，对道路的宽度也有规定，"经涂九轨，环涂七轨，野涂五轨"[2]。

商鞅变法废除分封领主制，加强了地主和个体农民的土地所有权，私有土地所有权的主导地位得以确立。商鞅通过确立授田制以实现国家对土地和人口的全面支配，但"开阡陌封疆"[3]所建立的土地所有权仍然不完整、不明晰。秦始皇统一六国，颁布"使黔首自实田"法令，承认了私有土地的合法性，土地多级所有制转向单级所有制，地权流转更多在法外，地主兼并与国家反兼并斗争激烈。

汉袭秦制，为巩固中央集权建设了长安城（图3-4）。长安城的修建由军匠出身的杨城延主持，汉长安最盛时人口约 30 万，有九市，"六市在道东，三市在道西"[4]。集中设市反映当时商业已较发达，需要集中管理。城内各宫殿之间的一半居住地段称闾里。据文献记载，长安共有 160 个闾里，里内设专管弹压平民的"弹室"。同时，汉代加强了中央集权，在皇城周围的帝陵处设陵城，用以管理各地的贵族富豪，这些给贵族居住的陵城都属于消费性城市。

三国时期曹操实行屯田制，并严禁大地主豪强兼并，生产力迅速恢复。曹魏邺城的规划布局在古代城市的规划中有重要影响，如城市中统治阶级和一般居民严格分开，整个城市采用中轴线对称布局手法，这些都对以后的都城布局有很大影响（图3-5）。

士族地主在西晋国家政权中占有支配的主导地位，"王者不得制人之私"[5]，地主政治特权和土地占有相结合深化了土地私有权，此时出现的占田制，就是一种既保证国家收入，又保护士族特权的土地制度，它规定按照士族品位的高低占田，使其已占有

---

① 语出《周礼·考工记》。
② 语出《周礼·考工记》。
③ 语出《史记·商君列传》。
④ 语出陈直《三辅黄图》卷之二《庙记》。
⑤ 语出《晋书·李重传》。

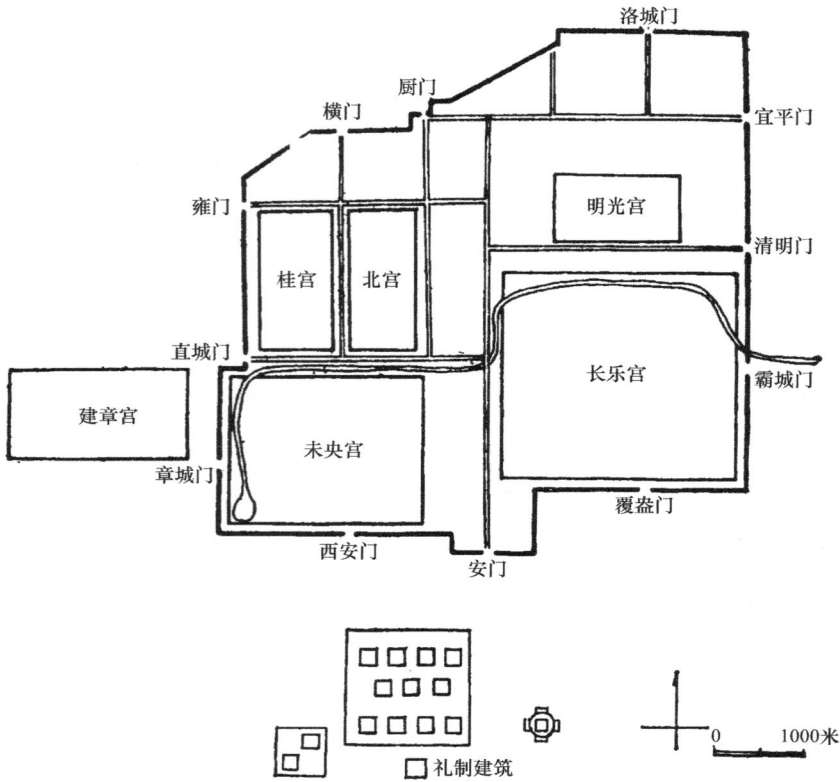

图 3-4　汉长安复原想象图

（资料来源：董鉴泓 . 中国城市建设史［M］. 北京：中国建筑工业出版社，1989.）

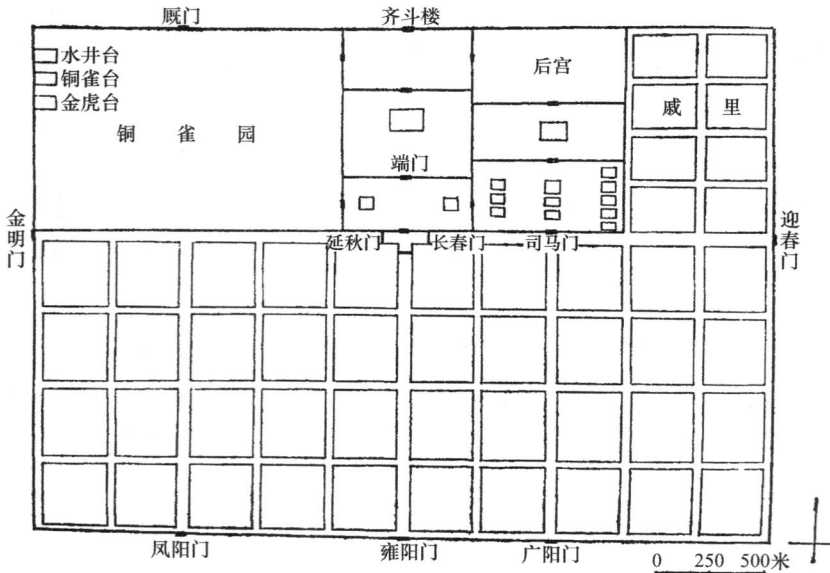

图 3-5　曹魏邺城复原想象图

（资料来源：董鉴泓 . 中国城市建设史［M］. 北京：中国建筑工业出版社，1989.）

的大土地私有制法典化。另外，在屯田制被破坏的前提下，允许农民占垦荒地，也就承认了小农土地私有的合法性。

北魏、隋唐的均田制提高了小农土地所有权的地位并对其加以保护，以稳定土地产权结构，允许授田"不足者买所不足"[①]。但地主限外买田和未经官府认可的私相交易均受限制，国家对私田占有进行限制，土地买卖不发达，私田的所有权不明晰。隋、唐发展成东、西都城——长安与洛阳，是当时世界上最大的城市，规划布局严整，具有规则方正的坊里，也有市肆制度。宇文恺主持规划了长安和洛阳二城。唐长安全城共划分 109 个坊里，对坊里的管理也是相当严格（图 3-6）。建城之初，长安只划分了坊里，将土地分给建造者，由建造者自主规划建设。

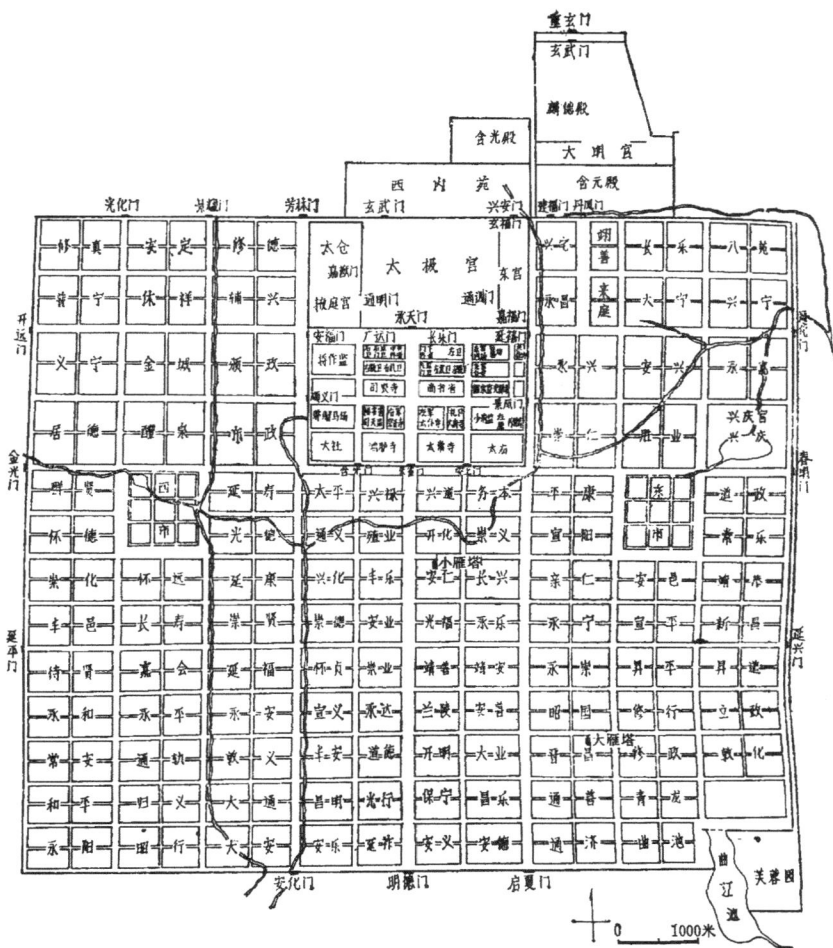

图 3-6　唐长安复原想象图

（资料来源：董鉴泓．中国城市建设史［M］．北京：中国建筑工业出版社，1989.）

———————

① 语出《魏书·食货志》。

两税法将各种杂税统一归并为户税和地税两种，征税标准由以人丁为主逐渐向田亩为主过渡，反映了中国封建社会经济关系特别是土地关系的变化。

两宋时期社会经济发展水平很高，尤其是商品经济发展水平相当高。在土地制度方面，产权结构再次发生巨大变化，产生了可以买卖、典质、继承的土地永佃权，"不抑兼并"政策促进了屯田在内的国有土地发展成土地私有制。国家的土地所有制形态日渐衰落，私人土地所有制形态迅速发展，以致两宋官田趋于私田化和官租趋于私租化。土地买卖手续的严密有助于减少法外侵夺和产权不明等弊端。随后的明、清在法律上都延续了"不抑兼并"的政策，允许土地自由交易流转，国有土地进一步减少，土地私有制主要是指封建地主土地所有制成为主导。例如，明弘治年间（1488～1505年）官田数量仅占民田的七分之一[①]。

唐、宋之后，随着农业和农副业发展，一些交通要道上经常有定期举办的集市，流转交易各种商品，这样的集市逐渐扩大、固定，最后发展为市镇。这种市镇多为自发形成，始于流转商品的交易繁荣，商业成为支撑市镇发展的内在动力。同样的情形也出现在都城内部，特别是宋代的商业空前繁荣，《清明上河图》呈现出来的就是当时北宋都城汴京商业街模式。繁荣的商业发展偶尔突破城垣限制，在水运交通便利的沿河沿江地区形成带状商业区。而此后大多数城市都是源自于商业、手工业扩张，城市布局多不规则。这种扩张多是顺应经济社会阶段自发发展起来的，并没有来自于统治阶层规划权的干预，当然统治阶级也不会完全放任规划的自由发展。

后周世宗（柴荣）显德二年（955年）的诏书是我国古代由帝王颁发的关于城市建设的重要文献，对后世影响巨大。它主要是为了适应城市生产和生活方式发展提出的规划要求，未受旧城市规划制度束缚，不同于以往都城规划。从中可以看出当时的空间规划权是分级设置的，加筑罗城（外城）、新扩建城市用地、疏浚运河以及制定防火、改善公共卫生、划定沿街植树带等涉及公共事务的具体措施几乎全控制在帝王手中，先整体规划，再按照是否属于公共事项先次建造，如"街巷、军营、仓场、诸司公廨"等由侯官擘划，但是涉及百姓生活及商业活动的事项，则"即任百姓营造"，给了普通民众更多的空间规划权。正是由于这种整体性与灵活性的有机结合，这个诏书被称为世界上第一部具有现代意义的城市规划法规，比英国1848年的《公共卫生法》早了近900年。

宋以后直至明、清，随着经济水平的提高，除了都城，其他城市也大有发展，如古代苏州的平江府作为一个以水系河道支撑起来的府城，河道就是城市的骨架，虽几

---

① 引自《明史 卷七十七 志第五十三 食货一》。

经兵火，但格局未发生大的改变（图 3-7）。它不是传统都城的规则街巷，而是依托纵横交错的自然河道地形，这主要也是因为宋代手工业和商业发达，平江府作为大地主、官僚及商人大量集中居住的府城，经济因素较政治及军事因素更为主导，河道是城市经济发展和人民生活的主要命脉。

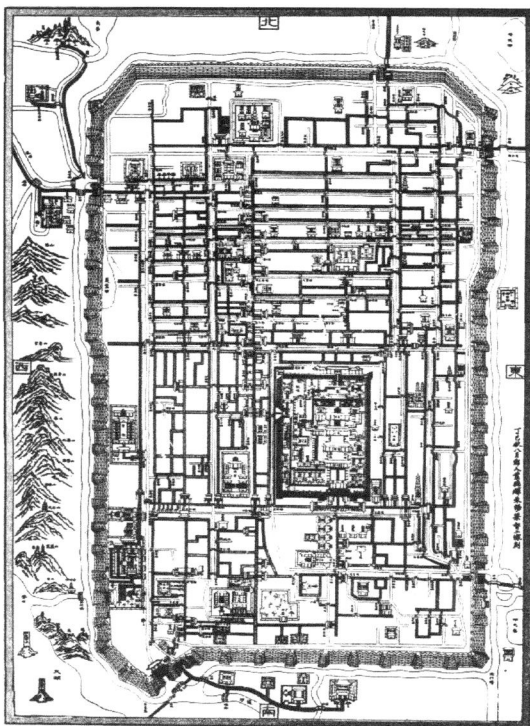

图 3-7　平江府图碑

（南宋绍定二年（1229 年）平江府城，今江苏省苏州平面图，现存苏州文庙）

（资料来源：《中国城市建设史（第二版）》）

2. 新中国成立后的空间规划权演进

近现代，伴随资本主义生产方式逐步进入我国，各种不同的生产关系交织相错，封建地主土地所有制逐渐瓦解，直至新中国成立建立了土地公有制。

简单回顾一下新中国成立以来空间规划的发展史，从《城市规划编制暂行办法》（1956 年）、《城市规划编制审批暂行办法》（1980 年）、《城市规划条例》（1984 年）、《中华人民共和国城市规划法》（1990 年）直到《中华人民共和国城乡规划法》（2008 年），空间规划的发展主线可以说就是城乡规划（前身为城市规划）的发展过程。其他空间类规划发展历程相对较短，1986 年颁布的《中华人民共和国土地管理法》才规定了土地利用规划的相关内容，主体功能区规划则更晚，2011 年才以国务院发文的形式出现。下面以城乡规划为主线阐述空间规划权的演进。

自新中国成立以来城乡规划一直由建设部门主管，从国家建委、国家城市建设总局、城乡建设环境保护部、建设部直到住房和城乡建设部，一直隶属于建设口，甚至有的地市，直到2018年机构改革前仍为建委的二级局。就算曾经由计委联合分管过，也一直都没有离开建设口的管辖。常说的"规建管"，即规划、建设、管理，基本是三位一体，联系紧密。

此次机构改革"多规合一"，国土空间规划职能由自然资源部管辖，意味着国土空间规划将更加宏观，统领空间资源开发利用的配置，"强化国土空间规划对各专项规划的指导约束作用，推进'多规合一'，实现土地利用规划、城乡规划等有机融合"①。指导城市具体建设的规划面临重新构建，原来在《中华人民共和国城乡规划法》话语权下构建的城市总体规划—控制性详细规划—修建性详细规划或建设工程设计方案的体系就需要继续改革，以适应新的国土空间规划统领各专项规划、详细规划的新体系。

新中国成立后，我国的空间规划经过70年的发展，逐步由平面规划走向空间规划，由静态规划走向动态规划，由形象规划走向调控规划，由模式规划走向特色规划，由专家规划走向"开门"规划，由经验管理走向依法行政。空间规划权也从计划经济时代的政府安排，逐渐演化到市场经济时代的政府主导、市场配置；从一家独大无须博弈，到博弈参与方多元化、博弈树分叉复杂化，博弈策略也随之不断调整。

"一书两证"的城市规划实施管理制度是1978年以后伴随改革开放逐步建立起来的。2008年《中华人民共和国城乡规划法》开始施行，在"一书两证"的基础上进一步强化形成了城乡二元的"一书三证"制度，对城乡保障规划落地起到了非常重要的作用。

1978年国家计委、国家建委、财政部共同颁布《关于基本建设程序的若干规定》，文件首次明确了城市规划部门的审批职责。1985年国家计委、城乡建设环境保护部共同发出的《关于加强重点项目建设中城市规划和前期工作的通知》又强调了规划部门在建设项目的审批作用。随后在1990年《中华人民共和国城市规划法》第三十条再次明确，形成了"一书两证"制度。

从《中华人民共和国城市规划法》到《中华人民共和国城乡规划法》基本奠定了规划编制审批分级、分类的基本框架。《中华人民共和国城市规划法》的规划体系②包

---

① 引自《深化党和国家机构改革方案》，2018年3月，新华社，http://www.xinhuanet.com/2018-03/21/c_1122570517.htm.
② 引自《中华人民共和国城市规划法》第十一、十二、十八条。

括了全国和省、自治区、直辖市的城镇体系规划和城市规划，城市规划分为总体规划和详细规划。《中华人民共和国城乡规划法》在《中华人民共和国城市规划法》的基础上予以深化、细化，规定"城乡规划包括城镇体系规划、城市规划、镇规划、乡规划和村庄规划"[①]。

从整体结构上看，《中华人民共和国城乡规划法》的层次更细，一直延伸到乡和村庄，但也取消了直辖市的城镇体系规划和大中城市的分区规划。类别上除了明确已有的总体规划和详细规划以外，还将详细规划分为控制性和修建性两种，不过对于修建性详细规划，《中华人民共和国城乡规划法》并没有规定其审批权。另外，控制性详细规划作为规划实施许可依据的法定地位在这部法中予以确立。但是这两部法律并没有将专项规划单列，而是包含在总体规划中，《中华人民共和国城市规划法》规定城市总体规划应当包括各项专业规划，《中华人民共和国城乡规划法》规定总体规划应当包括各专项规划。在与其他规划的衔接上，《中华人民共和国城市规划法》规定"城市规划的编制应当依据国民经济和社会发展规划"[②]，"城市总体规划应当和国土规划、区域规划、江河流域规划、土地利用总体规划相协调"[③]；《中华人民共和国城乡规划法》则规定城市总体规划、镇总体规划以及乡规划和村庄规划的编制，应当依据国民经济和社会发展规划，并与土地利用总体规划相衔接。城乡规划与国民经济和社会发展规划（前身是国民经济计划）的关系可以溯源自计划经济时代，城市规划落实国民经济计划。从其与土地利用总体规划的关系可以看出，土地利用总体规划作为建设用地指标规模控制的规划，对城市规划的约束越来越大，从"相协调"到"相衔接"。

从以上梳理可以看出城乡规划是从新中国成立后逐步建立起空间规划体系，涵盖编制、审批、实施、监督四个环节，也是分别对应各时期经济发展阶段，从计划经济时期的"计划—规划"，到改革开放后的"规划—许可"，一步步将空间规划权的作用范畴进行拓展延伸，纵向从国家直抵村庄，横向涵盖总体规划到修建性详细规划，权力的覆盖面也基本包括了所有建设用地，通过"先规划，后建设"的基本原则确立起规划的权威地位。此时的空间规划权体现了城镇化快速发展阶段背景下规划对建设的约束与引导，这种关系基本奠定了高速发展时期的空间规划权的内涵，及其与建设的紧密关系。而机构改革后国土空间规划的登场，从内涵上来说，又将空间规划权的涵盖范围进行延伸，囊括全域、全要素的国土空间规划。这不仅是为建设

---

① 引自《中华人民共和国城乡规划法》第二条。
② 引自《中华人民共和国城市规划法》第六条。
③ 引自《中华人民共和国城市规划法》第七条。

的约束引导，更是为保护、修复的指引，为从高速发展转向高质量发展的空间治理保障。

3. 我国空间规划权发展特点总结

"以史为鉴可以知兴衰"。研究我国历史上直至现代空间规划权发展脉络，以及与国家政体、土地所有制等基本社会机制的关联，对分析现阶段空间规划权的运行机制具有一定的意义。从我国空间规划权发展的整个历史脉络来看，土地产权所有制从单一国有制，到出现私有制，国有制与私有制并存，直至新中国成立后重新回归国有制为主导。在生产力低下的古代，只有在人口较为集中的城内土地资源的开发利用受到限制，大部分城外的土地资源并没有开发利用方面的管制要求，即不受土地的空间规划约束，更多的是与土地的产权制度、税收制度相挂钩，是土地资源作为生产资料的主导作用的具体表现。城市的产生伴随着私有制和阶级的产生，城廓的出现是为了保卫奴隶主的私有财产，城内的土地属于奴隶主的私有财产，土地的管理属于所有权人的基本权力。因此，虽然出现了一定型制的规划，如《周礼·考工记》所记载的周代城制，但与现代空间规划权所内含的土地空间资源的开发权并无关联，纯粹是王城主对礼制的要求在空间上的表现，此时的空间规划权与土地所有权也是一体的。但伴随着奴隶制转向封建制，地主阶级、土地私有制的出现，城内的土地并不都属于王城主所有，那么不同所有者的土地空间资源的开发利用就不可能再像奴隶制时期那样随心所欲，空间规划权与土地所有权出现了分离，空间规划权也不再是土地所有权人所拥有的基本权力。逐渐地，我国空间规划权与国家机器牢牢绑定在一起，特别是皇城（即首都）的空间规划权。皇城的空间规划权上收，到了唐代至顶峰，这不仅在空间规划权上，更体现在后续的管理上。即使到了宋、元、明、清时期，土地国有制与私有制并存，空间规划权分级设置，整体空间规划的权力也属于帝王。这与空间规划是对空间资源开发利用具体安排的本质有关。

新中国成立后我国空间规划权的内涵与外延也在不断拓展，这与我国生产力快速发展、高速城镇化进程也存在关联，空间资源作为生产资料不断地被加入社会财富创造的加工厂中，建设用地不断向外扩张，对于中央政府在生产空间、生活空间、生态空间三者中如何取得平衡的认知也处于不断加深的过程，因此赋予空间规划的权力也处于不断的博弈之中。这一认识有助于分析空间规划权的演进。

3.3.2 国外空间规划权综述

"资本的发展离不开对空间的不断扩张，而空间的发展也离不开资本积累"（冉璐，2017）。城市的兴起是资本原始积累的重要手段，促进了资本主义产生和发展，也是资本要素在全球范围内对空间资源的一种重构。资本要素流动到哪里，哪里的城市必然萌芽、兴起。

1. 欧盟

1965 年 4 月《布鲁塞尔条约》宣告欧洲共同体成立。1993 年 11 月，在欧共体的基础上欧盟正式成立。欧洲一体化空间规划的发展对欧洲的城乡体系、社会经济发展产生了较大影响，对世界各国的空间规划理念也产生了较大影响。

"超国家"① 模式的欧盟空间规划体系是由一系列经济政策组成的，源于欧洲结构发展基金和凝聚力基金资助项目，是对这些项目的区域分布的安排，对区域空间协调发展产生了较大影响。欧盟空间规划的诞生从客观上说得益于两大基金中相当一部分被资助用于环境质量保护、交通网络、电信网络和能源网络等关键基础设施项目的建设和改进上。

欧盟的决策机关是部长理事会，与欧洲议会分担部分立法职责，它不是由选举产生，而是由各成员国派代表组成，也体现了欧盟作为主权国家联合体的特征，即复杂谈判之上的协调。部长理事会没有正式的小组或分委会负责规划事务，但从 1991 年起每年两次举行非正式部长会议讨论空间规划，即欧盟空间发展委员会，它负责"协调欧盟空间政策相关活动，这也标志着欧盟空间规划的编制正式启动"（景娟 等，2011）。欧盟的执行机关是欧盟委员会，其与空间规划有关联的部门是区域政策部、环境部和能源交通部，其中区域政策部主要负责空间规划和结构发展基金资助（图 3-8）。

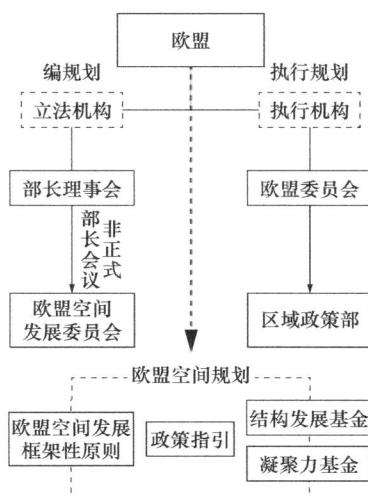

图 3-8 欧盟空间规划与欧盟机构关系图

---

① 英文为"supranational"，"超国家组织"是承担各主权国家主动让渡出的一部分主权的国际组织。

　　欧盟国家建立形成空间规划体系主要可以归纳为四种模式：第一种是空间规划体系，主要以法国、葡萄牙和德国等国家为主，是以区域经济发展政策为核心；第二种是综合规划以英国、爱尔兰为典型代表，在空间发展中依靠国家强制力指导城乡经济社会等各方面的发展；第三种是土地利用规划；第四种规划以西班牙、意大利等为代表，侧重于城市设计和景观控制。后加入欧盟的东欧各国则通常采用混合模式规划。这些国家原有体系以计划经济为主，历史悠久，其规划体系分级类似于荷兰，"国家投资空间化"的目标类似于法国，市场经济改革后逐步放松计划管制的模式更接近英国。简而言之，作为国家改革的重要组成部分，东欧国家的规划体系正在发生变化，寻找新的发展方向。

　　欧盟空间规划体系有别于常规的空间规划体系，不具有强制性，是在充分尊重各成员国国内原有空间规划体系独立性和权威性的基础上，重点提出整个欧盟空间发展的框架性原则与政策指引，引导各成员国实施跨越国家的区域社会经济政策与项目，促进欧洲一体化进程向更均衡、更稳定的方向发展。其发展虽然较为缓慢，但也取得了一定的进展，其中一大突破是《欧盟空间发展战略》于 1999 年编制完成，以及据此制定的欧盟空间规划行动计划。前者是欧盟空间规划体系的初步且非常重要的成果，但是由于欧盟并不是一个主权政体，因此发展战略不是凌驾、脱离于各主权国的"欧洲总体规划"，而是指导欧盟成员国空间发展的框架性规划，是非法定的指导性文件，充分尊重成员国原有空间规划体系，从欧洲一体化出发来补充完善，并希望各经济体在未来本地区的空间规划中体现发展战略的各项原则。战略规划虽然不是强制性规划，只起到引导性作用，但它对欧盟各成员国的城乡空间向均衡化发展产生了较大的积极作用，并且由于其结合了区域经济政策，能更好、更方便地资助实施规划的成员国项目，达到互惠互利的双赢局面。该战略规划制定的时间较早，考虑并不详细周全，所以自欧盟迅速扩张以来发展战略及配套的政策、行动计划等的许多内容已逐渐起不到应有的作用，失去了存在的意义。不过其也留下了宝贵的研究成果，即在编制欧盟空间规划时所开展的关于欧洲地区整体及各国的经济和社会状况的前期研究报告，这些成果为欧洲空间规划体系未来发展方向的确立奠定了基础。随着后来如《欧盟国土议程》和《欧盟现状及展望》等研究的出台，欧盟空间规划所提出的一体化概念得以继承和发扬。

　　2. 英国

　　1066 年之后，英国法律上或者说是名义上的土地所有权是属于英国国王的，但是拥有永业权（freehold）的土地持有人才是土地的实际所有人。土地持有人拥有的土地产业权按程度分为两种，一种是自由保有地产权，又称永业权，包括"无条件继承"限定继承""终身保有"三类；另一种是租赁保有地产权，又称租业权（leasehold），即"限期保有"。租业权的期限一般依协议而产生，有 10 年、20 年、40 年、125 年不等，土地权利和内容也是通过合同或协议来确定，在租赁期内不得随意更改，自由保有地产权人也不能随意干涉。从全英国来看，私有土地占比达到 84.6%，其中个人达到 65.5%；公有土地占比 15.4%，其中中央政府达到 2.6%。

英国实行土地分类管理体制，中央没有统一的管理机构，分散给社区和地方政府部、环境食品和农村事务部、森林委员会、土地登记局四个管理机构分别管辖。英国的土地规划机构分为中央、地区和地方三个级别。其中，中央规划由环境部负责，地区规划由地区议会代表地方当局负责，地方规划由郡县政府负责。

空间规划权责部门的演进经过了以下过程。2002 年之后，英国（此处主要讨论英格兰，威尔士、苏格兰、北爱尔兰暂不讨论，如图 3-9 所示）的空间规划主管部门在中央层级主要是副首相办公室，但也涉及环境粮食乡村事务部和文化传媒体育部的职责。2000～2002 年，负责空间规划的中央部门是交通、地方政府和区域部；1997～2000 年，是由环境、交通和区域部负责；再往前追溯，负责城市开发和土地利用规划的部门有 1919 年开始的卫生部，1942 年开始的建设工程与规划部，1943 年分离为城乡规划部和建设工程部，1951 年城乡规划部改为住房和地方政府部，1962 年建设工程部改为公共建筑和工程部，1964～1967 年住房和地方政府部曾短暂地分离出土地和自然资源部，1970 年开始大部制改革统一为环境部，1976～1997 年又分离出交通部。从一个世纪以来英国中央层面分管空间规划的主管部门更迭可以看出，空间规划从最早发源于解决公共卫生问题，也历经了大建设时期，再转为关注生态环境问题的解决，直到现在以协调部门职能为主的更高职能。空间规划权不断更迭的背后是空间规划关注点的变化，从基础的卫生问题解决到各方空间资源发展权的协调，背后是经济社会的不断发展。这一点从副首相办公室的职责也可以看出来，尤其体现在可持续社区规划的协调上，对下则体现在规划抽审，以达到对城镇可持续发展的协调。

空间规划法律方面的演进方面，从 19 世纪中叶第一部涉及空间规划规制、安排的法规《公共卫生法》开始，一个半世纪以来，英国的空间规划法规不断完善，特别是 1990 年专门针对城乡规划的法律《城乡规划法》颁布，还有《土地分类令》（1987年）、《总开发令》（1988 年）、《等级建筑物法》（1990 年）、《规划和强制性收购法》（2004 年）、《规划法》（2008 年）、《地方主义法案》（2011 年）、《城市和地方政府权力下放法案》（2016 年）、《住房和规划法》（2016 年）等法律法规不断完善，目前英国已经形成一整套空间规划法规体系。

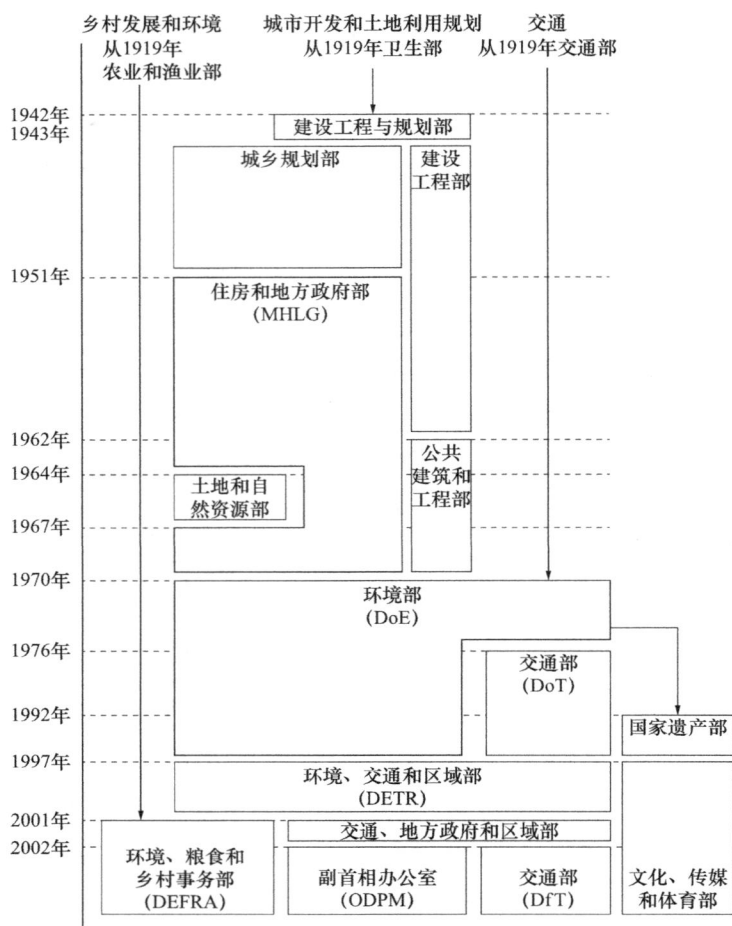

图3-9 英国（英格兰）规划部门结构的演变

（资料来源：巴里卡林沃思，文森特纳丁. 英国城乡规划［M］. 周剑云，戚冬瑾，周国艳，等，译.
南京：东南大学出版社，2011.）

空间规划专注点转变的演进中，英国的空间规划权经历了从被动审批转向主动引导，"专注平面的土地利用规划转向关注立体的空间规划，作为政府土地管理工具转向建立空间治理制度的过程"（罗超 等，2017）。2004～2010 年，随着环境恶化、人地矛盾、资源紧缺等问题的加剧，英国政府的核心议题逐渐转为全球化和可持续发展，由土地利用规划转向空间规划，国家规划控制权增强，区域规划法定化，地方规划系统化。2010～2016 年，全球金融危机爆发，英国经济再次陷入衰退，推动经济的复兴成为英国可持续发展的重要目标，国家规划纲领化，区域规划废除，区域发展自下而上化，邻里发展规划出现，地方规划重心下移。

所有这些空间规划法中最具有里程碑式意义的是英国1947 年颁布的《城乡规划法》，其也为后来整个英国空间规划体系奠定了基础。唐子来（2000）曾经对此作了总结，并给予很高的评价，认为它明确了城市规划是政府的法定义务，所有建设开发均需办理规划许可，提出实行土地开发权的国有化，成立中央政府的城乡规划主管部门来统筹地方发展规划以达到区域协调。这是对政府空间规划权的确立，也明确了利用空间规划来控制影响土地开发价值的基本路径。其对其他国家的空间规划权发展产生了巨大影响。

3. 德国

德国的土地所有权是混合所有制，但其中绝大部分归私人所有，也有部分为公有，归国家、州、市镇所有，当然这部分面积较小。德国 18 世纪末颁布的《普鲁士通法》确定"一般情况下，每个所有者都允许拥有自己的建筑和地产，允许改建其建筑，但是不允许任何损害和危害公共利益、破坏城市和公共广场外貌形式的建设、改建"。除了道路外，城市的公共利益还包括城市的开敞绿地以及提供公共活动服务的建设用地。《民法大典》第 94 条规定："土地上的房屋建筑是土地的组成部分，房屋建筑从属于土地，为土地所有权者所有"。《土地使用权条例》第 1 款规定"土地使用权是可以买卖、可以继承、在土地的地上或地下拥有建筑物的权利"。通过在公证处签订土地所有权合同，土地所有者将使用权转让出去，地方法院的地籍登记所将给土地使用权者发放地籍簿，同时在土地所有者的地籍簿权益和限制中载明土地使用权出让、每年土地使用金的情况。土地使用权合同中还将约定年限，通常居住用地为 99 年，工业用地为 70 年，试用期到期后土地使用权返回土地所有者，附着于土地之上的建筑物将随土地一起返回，但由于建筑物的所有者并不等同于土地所有者，因此土地所有者在得到附着的建筑物时需向土地使用权者支付赔偿费。

德国是具有分权传统的联邦制国家，行政管理分联邦、州、市县三级。德国的土地管理职能分散在州测量局、地方法院土地登记局、土地整理司等多个部门，规划管理职能归属于联邦层面上在联邦内政建设与社区部（一级国家机构）、联邦建设与空间秩序局（二级国家机构）及其下设的联邦建筑城市与空间研究所。通过立法，各部门分工合作。在《宪法》（基本法）中明确规定了联邦在空间规划方面的立法权限。《宪法》第 70 条规定，只要宪法没授予联邦立法的事项，州都有立法权。联邦和州的立法权分为联邦专属立法权与联邦和州共同立法权。《宪法》第 74 条规定，空间规划是联邦和州共同立法的领域。《宪法》第 72 条第 1 款规定，在共同立法领域，州仅在联邦不制定法律以行使其立法权的方面和范围之外有立法权。德国的国家规划体系由空间规划法《空间秩序法》（1965 年颁布）和城市规划法《建设法典》（由 1960 年颁布的《联邦建设法》和 1971 年颁布的《城市建设促进法》于 20 世纪 80 年代合并而成）构成。

德国城市政府定规则、立法。由于规则过细，国家并没有统一的法律要求，城市的关系不是特别清晰。国家统一各区的标准，特别的地方再点明。德国形成此局面很大原因是国家空间资源匮乏，造成普遍存在生存空间恐慌。德国在战前就已开展研究如何利用有限的空间资源，建设开发要算大总账，进而如何分配到各州。联邦作为主体的政策诉求，各州不仅包括实操层面的空间规划，也包括管制行为的法律。《空间秩序法》规定了分区规划与城市规划、详细规划的关系，进行总量调控。《建设法典》赋予城市规划管辖和约束所有建设行为的权力，规定除一些特殊项目外的建设都必须符合城市规划，获得建设项目许可。

4. 国外空间规划权体制的启示

"他山之石可以攻玉"，虽然国外政体、土地所有制等基本社会机制与我国大相径庭，但空间规划权形成的机制一样是基于对空间资源的开发利用上，其实施过程中的矛盾冲突、博弈策略背后的机理具有相似性、可借鉴性。通过对以上各国或经济共同体空间规划权特征的分析，可以看出空间规划权成为政府的一种基本权力，并逐步成为以公共利益为目的的公权力，不是天然为之，而是通过不断实践最终以立法形式达成的，同样，空间规划的权力和义务也是通过法律进行明确的。空间资源作为一种重要的资源，空间规划权与国家机器关系紧密，不论是哪种主权、政体、土地制度的国家或经济体，空间规划权的本质也都是为国家上层建筑服务的，将开发权转移出来收归政府形成空间规划权，对所有权人或使用权人开发利用空间资源进行限定和引导。大部分主权国家都通过立法明确了空间规划权对空间资源开发利用的约束与引导，只是在约束和引导的模式上经历过转变，包括约束范围的大小、约束程度的深浅、权力重心的上下、引导方向的左右等方面。从各国的空间规划权发展变迁可以看出，"空间规划权的关注重心也随着经济社会发展在不断地发生变化"（周姝天 等，2018）。不同层级的空间规划权对空间资源开发利用的限定引导也是不同的，大格局的空间规划权、基层的空间规划权在对象、内涵、作用、范围等方面的表现形式也各不相同。

欧盟的空间规划体系所设定的空间规划权有别于普通主权国家的空间规划权。由于欧盟是非主权的联盟机制，既不承担空间的所有权，又无对使用权明确约束管制的权力，因此空间规划不具有强制性，欧盟影响空间规划权的主要方式是通过基金和政策上给予优惠或引导，通过基金会的资金投入与项目安排去引导空间规划的实施，去规范相应的标准。当然由于不具有强制性，欧盟的空间规划起到的约束性作用也有限，更多是利用资金引导、提供指导帮助，当然这种附带资金的项目可以直抵基层空间规划权的实现，反而使各成员国的中央政府在这个架构中被架空，如英国肯特郡绕开大伦敦地区直接与欧盟合作,争取项目资金支持。随后由于双方都意识到中央政府在博弈中的尴尬地位,2011 年欧盟启动改革,将各中央政府重新拉回合作的框架。因此,对于没有事权的空间资源开发利用方式可以采用何种方式去引导,欧盟空间规划权的行使方式对区域型或大尺度的空间规划权具有一定启示。

3.4　空间规划权现状问题分析

我国目前还处于计划经济向市场经济转型阶段,市场配置作用未被完全发挥出来,政府调控作用过度强化,市场与政府之间的博弈呈现出一种单边态势,导致空间规划权在发展过程中产生了许多问题。

3.4.1　空间规划职责多头管理

随着我国空间资源用途性质的不断丰富,空间规划权的专业性变得越来越强,在总体规划层面就演化出城乡规划、土地利用总体规划、主体功能区规划等多种类型的规划;在专项规划和详细规划层面,则出现了各式各样的规划,诸如某某新区总体规划、某某片区建设规划,以及轨道交通专项规划、垃圾处理点专项规划等。虽然有关规划的法律只有《中华人民共和国城乡规划法》和《中华人民共和国土地管理法》,真正具有法定性的空间规划仅城乡规划和土地利用规划,但是各部门在批准核准项目时却依旧要依据本部门的规划,这就造成了规划名目繁多、彼此之间缺乏衔接的状况。

这样,各部门的各类专项规划在占用空间资源时,就自然会出现相互之间不衔接甚至相互矛盾的情况,导致空间资源的规划权博弈完全依赖于主管部门的强势与否,而不是从系统性、整体性去考虑空间资源的开发利用保护方式等问题。当空间规划权被多头行使时,政策措施就可能出现相互掣肘的情况。从部门利益角度出发,也必然无法做到全面考虑、统筹综合。因此拥有相关空间规划权的行政主管部门出于部门的发展考虑,竞争多过合作,在政策措施的制定上,只从部门发展角度考虑。

各主管部门都想在空间规划领域占据主导权、领导权,就必须依靠在管理权上的竞争提升其话语权,因此各部门之间就变成了博弈竞争关系。从博弈角度出发,只有自己的领地范围多向外扩张一点,才能多扩大势力范围,占据主导权。这也是空间规划权"九龙治水"导致的混乱局面。

各类基础性标准的不一致,如用地分类标准城乡规划和土地利用无法一一对应,导致某些地块用地性质矛盾,无法真正叠合成"一张图",更无法实施,这些都阻碍了规划的落地实现。坐标系、制图标准、制图工具不一,使得相互转化的行政成本、纠错成本增加。还有一些专项规划的标准由行业主管部门制定,与总体规划的衔接不畅,也导致实施落地的障碍,这也是造成规划的实施率一直以来都不高的重要原因。标准问题从本质上说仍是管理权分散导致的,标准不一是表,管理权分散是本。因此,解决标准不一的问题,其本质也是解决"九龙治水"多头管理的问题。

虽然现今从中央政府的顶层制度设计上已经实现了"多规合一",但是在空间规划权执行阶段的多头管理问题还未完全解决,这与制度建立需要一定的时间周期有关,也与解决问题的道路上障碍重重,无法迅速解决有关。因此,这一问题的解决还有赖于博弈规则的逐步改进。

3.4.2 空间规划权上下权责不对等

城乡规划体系在实施监督时面临的一个重要问题就是规划依据问题,按照《中华人民共和国城乡规划法》,规划许可的依据是经批准的控制性详细规划,《城市、镇控制性详细规划编制审批办法》明确了控制性详细规划的编制权在城市、县人民政府城乡规划主管部门或镇人民政府,审批权在城市、县人民政府。因此,中央政府并不掌握城市的控制性详细规划,那么监督的规划依据便出现问题。事实上,多年来国务院城乡规划主管部门对地方城乡规划实施监督的依据一直是城市总体规划。城市总体规划与控制性详细规划之间不仅存在比例尺的精度差距,更存在规划的精度差距。

城市总体规划本身偏重于宏观性、战略性,不同于控制性详细规划的控制性、约束性,同时控制性详细规划是对总体规划的落实,也明确了地块红线的坐标,这才能使监督落到具体。而依据总体规划来监督地方的城乡规划实施情况,两者精度的差距也使地方政府倍感委屈,通常会有"线画粗了"或者"线画偏了"的理由。这一问题反映出空间规划权严重的权责不对等、监管权与审批权的不对应。

土地利用规划体系在建设用地与非建设用地的管控监督方面具有刚性优势。近年来,由于土地利用规划用地分类标准和规则简单,数字化也较城乡规划先行一步,国务院土地主管部门掌握了小到乡镇的土地利用规划数据,同时卫星照片的全域覆盖对于实施监督而言也具有天然的优势。因此,近年来土地督察、卫星照片执法的威慑力极大。

但是土地利用规划也存在两方面问题:一是用地分类标准简单,土地督察没有"进城",更多关注点在集体土地、城市外围的农村农用地上,特别是在基本农田的监督上；二是规划修改频繁，土地利用规划自上而下地分指标规模，自下而上地汇规划地块，因此真正落实在空间坐标上的规划其实是乡镇一级的土地利用规划，换句话说，土地利用规划的审批权限最高就到市县一级。这就带来一个问题，有一些规模指标在市县一级是掌握在政府手中的，需要的时候落地或腾挪位置，审批权都在市县一级人民政府。指标管理与地理空间不对应这种情况造成监督表面看似刚性，实际上也存在随意性。空间规划权与指标最终下达的计划分配权在具体地理空间上的错位，造成权责不对应。

3.4.3 空间规划权实施环节太冗余且未形成闭环

1. 建设用地规划许可证作用弱化

建设用地规划许可证是依据控制性详细规划对用地位置、面积和范围作出要求，给予建设单位的一个法律凭证，但实际工作中，土地出让方式更多从划拨转向招拍挂之后，土地出让合同开始更多地通过附件中规划条件承担了一部分确认的职能。按照此前大部分地方的机构设置，规划与国土还分属两个部门，土地出让合同的签订双方不含规划部门，如果规划部门提供给国土部门的规划条件与国土部门给土地取得方的合同附件的规划条件出现了不同或矛盾，而又缺少建设用地规划许可证的确认，规划部门就无法进行监管，进而无法将规划条件继续传导下去，完成规划条件控制开发建设行为的使命，真正体现控制性详细规划的"控制性"特性。这也使得建设用地规划许可证的行政确认功能被弱化，一些地方甚至出现拿到土地使用权证后再去领取建设用地规划许可证的情况，而《中华人民共和国城乡规划法》第三十九条和《中华人民共和国土地管理法》第五十三条对此都是明确禁止的。

2. 建设工程规划许可证功能越位

建设工程规划许可证是经城乡规划主管部门依法审核、建设工程符合城乡规划要求的法定凭证，是进行工程建设的法律凭证。依据《中华人民共和国城乡规划法》，只要是建筑工程，包括市政设施、线性工程，都是需要申请核发建设工程规划许可证的。在实际建设程序中，建设工程规划许可证最重要的附件或者说是组成内容是建设工程设计方案总平面图，通过审查方案总平面图是否符合规划条件，向上确认对规划的落实，也是控制性详细规划指标具体化的一个重要手段，向下指导施工图的设计，最终达到将规划传导到建设的目的。因此，从规划实施的角度而言，建设工程规划许可证是规划指导建设、保证符合规划的重要环节。同时，从规划核实的基准是建设工程规划许可证也可以看得出来，建设工程规划许可证担负着保障建设依规划实施的重要责任。正是由于它的特殊地位，方案总平面图的审查通常会征求相关多个部门的意见，如园林、市政、消防、人防等部门，承载其对技术性把关的职责。

而一些地方索性强化了建设工程规划许可证的建设工程设计方案，深度甚至要求达到施工图程度，将流程改成由规划部门先批施工图，再核发建设工程规划许可证，用施工图替代了建设工程设计方案。从一定角度来说，这是合并了一些环节，只审查施工图，但实际却是规划部门越位，代替建设部门把关施工图的结果，这背后反映的是规划部门与建设部门的博弈。

3. 规划核实的功能缺失

规划核实是在建设完工后对是否符合控制性详细规划的规划条件予以核实的行政行为，核实之后才允许建设单位进行竣工验收及之后的流程。规划核实是为了确保规划实施的效果，因此规划核实参照系是建设工程规划许可证的证载内容，也是控制性详细规划中提取出的规划条件，重要指标包括建筑面积、建筑密度、建筑限高、绿地率、容积率等。规划核实作为规划实施的一个闭环收口环节，在规划部门把控规划实施效果的最后一步，本应该起到至关重要的作用，但是由于规划核实不是一个行政许可，仅作为行政行为，是行政确认，约束性不足，留给规划部门的自由裁量空间也大，规划核实不合格的情况下依法处理后如何处置的问题也没有明文规定，因此大多大事化小、小事化了，没有充分利用规划核实这一行政手段起到保障建设依规划实施的作用，造成规划核实的功能缺失。

4. 规划实施监督评估缺位

对空间规划实施的监管一直缺乏强硬手段，土地的非法使用占有在刑法上有相应的衔接，但空间规划实施的违法性并不仅仅体现在非法占用土地，更多表现于建筑物、构筑物形态未按照规划实施上，而这一类型的违法行为表面上看并没有非法占用土地，但却占用了立体空间资源，也对周边其他利害关系人产生了影响。从地块整体博弈角度出发，这实际上是影响了地役权、景观权等相关权益，也破坏了公平公正的社会规则。由于目前刑法并未将其纳入，也造成违法建设成本过低、震慑力不足的情况。

虽然法律层面规定的规划修改应先做评估，但并没有形成一套强制性定期评估的机制。没有定期的、来自实施效果的评估与反馈，只是在为项目落地倒逼修改规划时才提上议事日程，评估的目的也只是为修改，目标导向造成评估形式大于内涵，评估结论也围绕修改。正是评估的缺位，造成规划实施没有可以定期动态反馈的调整机制。

各层级对规划监督内容的博弈直接反映了中央与地方在行使空间规划权时的博

弈，不仅源于中央与地方的事权划分，也受财政权、行政管辖权等方面的博弈影响。一直以来，中央具有法律授予的行政监管权，但是由于督察体系建立的不完善，对地方的督察缺乏有效性。例如，城乡规划督察员制度虽然自 2004 年即由建设部建立，但是由于督察员为非在职的退休领导担任，财政拨付非常有限，派驻地方时，大多需被督察城市协调住宿、办公、交通等条件，造成了督察与被督察关系的异位，督察完全凭借督察人员的信念、素质，未从制度上给予强化，督察效果大打折扣。在土地督察方面，虽然体制建立较为完善，但一样存在前面提到的一个问题，即土地督察的关注点在于土地的使用，更具体地说，即耕地保护方面，因此对于空间资源特别是城市内部的空间资源的开发利用则完全没有涉及。可以说，过去的体制模式对空间规划的实施、监督、评估是缺位的。

3.4.4　问题原因分析

以上这些问题出现的原因，可以从体制、机制上去分析。

在体制上，我国的土地制度是国有土地所有制和集体土地所有制并行，建筑物、构筑物作为附着物与土地的所有权是分离的，这造成空间资源开发利用的权力也被割裂开，土地的使用归国土资源主管部门管理，建筑物、构筑物的规划归城乡规划主管部门管理。由于分属不同主管部门，权力得到了一定的制衡，从预防腐败角度具有积极作用，但从实施效率来说却造成规划差异图斑多、实施执行难等问题。

在机制上，空间规划权不断分化的背景是城镇化快速发展，各类建设快速铺开，特别是跨行政区的基础设施需要建设。这需要区域性专项规划进行支撑，各行业主管部门纷纷自起炉灶编制专项规划。当这类强势部门开始介入专项规划时，对于地方政府而言，并没有多少博弈的筹码，不仅在级别上无法平起平坐、共同商办，在政策、资金等的使用上也没有可以谈判的余地。这在一定程度上造成专项规划比由地方人民政府组织编制的总体规划强势，总体规划让位于国家项目，其综合协调能力被削弱，总体规划也被肢解。

另外，城乡规划体系中的全国城镇体系规划迟迟没有得到批准，省域城镇体系规划缺乏上下传导的约束性指标，形同虚设，土地利用规划体系的全国国土规划纲要主要涉及建设用地总量规模指标的分配，这些都从客观上造成宏观层面规划协调、解决各项专项规划冲突的作用被削弱直至丧失。不过，显然体制上的原因通过这次机构改革在形式上被解决了，但真正完全解决内在问题还有待于顶层制度的设计、完善；而机制上的问题显然也不是短期内可以解决的，这与中央地方的事权、财权划分、部门话语权争夺长期存在也有着重要关系。

3.5　理论应用于空间规划权

治理涉及实现政府目标的过程，跨越地理或行政管辖界线、更为宽泛的过程，通过政府、市场、志愿者、社区等结成的网络和合作关系来开展行动，它是基于协商和信任而非法律诉求。这与过去强调的政府管理有着本质上的不同，后者是正式的政府体系活动，是有界线地发生在具体区域或行政管辖范围内的制度安排。

管理注重民主制度，并注意在特定地区建立正式的运行机制，且主要致力于提供公共服务，是提供和产生安全环境的渠道。治理指的是在管理的基础上，再加上一个影响大众及私人利益相关人并与他们进行协商的、更为松散的过程，特点是涉及在多种利益中进行协调和协商，而非仅仅依靠行政命令。

社会治理理论出现了"有限政府"的概念，改变了原有中心—边缘结构。张康之（2014）认为在近代工业化过程中生成的现代政府所面对的一直是一个低度复杂性和低度不确定性的社会，并在这种社会背景下扮演着管理者的角色、开展社会管理活动的。而伴随着时代变迁、社会发展，社会的复杂性、不确定性也随之提升。为与之相适应，"社会治理模式应当是一种合作行动模式"（张康之，2014）。社会不再是原来一切按照集权政府、权威机构制定的规则来运转，社会呼唤规则解绑、希望得到宽松的发展环境，旧有系统的规则看起来有些阻碍发展。但是，如果一下子废除规则，作为社会的每一分子在完全没有约束的环境下，能够井然有序地继续高速发展吗？显然政府不放心，社会组织也没信心。此刻的社会治理理论就开始发挥作用，社会组织、独立个体作为社会的分子，与政府一样开始参与规则的制定，制定过程中各方利益博弈影响了最终规则的形成。这也就是共建共治共享的社会治理体系重新构建的过程。

国土空间规划权作用的形成，背后存在着博弈策略。每一种行政行为的背后、每一种个体应对的表现，都可以找到内在的博弈策略理论工具去解释。分析这些博弈理论工具的应用范式，也是为在制定国土空间规划权的相关制度政策时提供基础性理论依据。

3.5.1　空间规划权作用形成的复杂化

国土空间规划一般可以分为编制、审批、实施、监督四个阶段，前两个编制审批阶段还可以合称为决策，第三个实施阶段还可以称为执行。狭义上的空间规划实施仅指执行阶段，广义上的空间规划实施则泛指从决策到执行直至监督全过程，因为不论是前端的决策还是后端的监督，都是为了保障规划能够顺利执行。

对应每个阶段的空间规划权力，决策阶段的博弈相对而言没有执行阶段的博弈来得影响面广，主要是因为前者的对象不明确，是无特定对象的空间规划权，更多存在于内部博弈，而后者由于落地实施，除了政府还存在建设单位、施工方、相关利害人等多方参与主体，如果是在城市更新，涉及的相关方就更多，如转让就出现原产权方、现产权方，若有租赁就涉及所有权人、租赁权人等，更多存在于外部博弈。执行阶段多种形式的空间规划权给多方参与主体带来的也是不同的利益。对于多方参与主体来说，一定是追求个体的利益最大化，当每个参与主体都追求自身利益最大化时便产生了博弈，每个主体都会根据现实中掌握的信息作出博弈策略。

空间规划权执行阶段，在对各部门多规博弈的基础上，扩大博弈论的适用范围，不仅包括中央与地方政府的博弈、政府各职能部门间的博弈，还包括政府与市场的博弈、市场中主体与利害关系人之间的各种博弈，甚至包括更大范畴、更高视野的建成区开发利用与生态环境保护的博弈（图 3-10）。

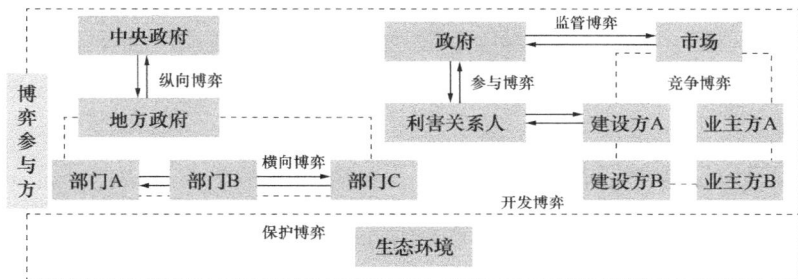

图 3-10 空间规划权的博弈类型

特别是后城镇化阶段，经历了快速发展之后，大量的城市建设基本完成，城市内部将更多的转向城市更新，城市更新则意味着业主与周边邻里的博弈将在空间规划权执行阶段博弈中占主导位置。因此，依据《中华人民共和国城乡规划法》，若要修改建设工程规划许可证所附的工程设计方案总平面图，有一个很重要的环节就是征求利害关系人意见。目前这个博弈过程并不充分，多受制于行政命令，作为弱势的普通利害关系人，并无可以参与博弈的筹码。但在治理的大背景下，公众参与、合作治理的概念将越来越得到强化、现实化，参照国外发达国家的现阶段情况，这个过程将逐步得到更为充分的动态博弈竞争。

从上面的分析可以看出，博弈参与方越来越多元、类型越来越多维，涉及内部博弈与外部博弈，纵向博弈与横向博弈，参与博弈、竞争博弈与监管博弈。由于博弈类型不断变化，国土空间规划权在执行阶段的博弈多向度发展形成了不同的博弈组合，每种组合都会产生不同的博弈的解。

"通过找到获得稳态所需要的条件来预测事物的发展趋势"（汤姆·齐格弗里德，2017）。纳什均衡是指每个人在其他人状态给定的条件下尽量做到最好的情态。多人博弈解指存在一组策略，使得没有任何参与方能通过单方面改变其策略而获得更多的收益。单个人的最佳选择并不能导致团队的最佳选择。

内部博弈中，按空间规划权的不同阶段，依据参与方数量的多少选择不同的博弈策略开展分析研究，利用支付矩阵等方式两两分析对局策略，对于处于同阶段、同环境的多方参与主体可以尝试用霍特林模型分析多人博弈策略，以寻求纳什均衡。外部博弈中，对空间规划权主客体采取对局策略分析，与利害关系方采取多种博弈策略分析，如智猪博弈、猎人博弈等，以寻求帕累托最优状态。

策略型博弈结构用来表示静态博弈，有三个基本要素——博弈方、可选择的策略、支付结构。其中，博弈方即博弈的参与者，是博弈的决策主体，他在博弈中的行动是以最大化自己效用为目标的，这个主体可以是个人、单位，也可以是政府。策略是博弈中存在博弈方给定信息集的情况下的特定行动规则，以指导博弈参与方在博弈每一阶段中的行动。支付结构是对应于每一种选择得到的策略组合所能带来的确定收益或者期望效用。

3.5.2 政府以监管的形式参与博弈

在国家治理体系中，政府治理是重要的组成部分。政府治理是通过转变政府职能发挥政府的作用，进行对经济和市场的治理活动。政府治理与政府管理相比，形式、方式都发生了变化。但是对于政府本身而言，它的本职要务还是维护社会运行秩序，对经济活动和市场活动进行监管。

监管的本质是改变博弈的报偿。有了有效的监管，不合作就不但没有好处，而且还会受到惩罚，那么不合作的行为自然就会大幅减少。有一种困境叫自由，有一种解放叫禁止。例如，教条主义的拥护自由市场的经济学家会认为行业限薪令是政府在干预市场正常运行。但博弈论是比经济学教条更基础的逻辑，从博弈论角度出发，就算限薪，如果该行业的从业人员别无选择，便只能接受，行业的整体薪酬水平并不会降低。在这种被资方完全掌控的市场里进行限薪是很常见的做法。例如 NBA 有工资帽，要点就在于就算有限薪，明星们也只能留在这个市场里。像这样的监管不是统治和被统治的关系，而是玩家们避免恶性竞争的协作手段。

经济学家对公地悲剧有三个办法。以渔场为例，左派经济学家的办法是让政府监管，市场原教旨主义经济学家的办法是把渔场私有化，一个更高级的办法，即 2009 年诺贝尔经济学奖得主埃莉诺·奥斯特罗姆（Elinor Ostrom）提出的观点则是社区可以自己管理自己。在博弈论看来这三个办法没有本质区别，其实都是监管。问题只不过是由政府监管、由拥有者监管，还是大家互相监管。但这三种监管手段都可能失灵。第四个较新颖的办法是让渔民和政府之外的"第四方"参与监管。这个第四方就是没有执法权的统计机构。例如，美国政府要做人口普查，但是担心非法移民躲避普查，就干脆规定统计部门只负责统计而不执法，而且也不会把信息跟移民局共享，这样至少能获得真实的数据。也就是说，就算不知道哪家违规捕捞了，只要监管者知道捕捞的总数，就对这片海区能做到心里有数，实在不行至少还可以强制休渔。监管也许是很多人心目中没有办法的办法，但是监管形式也可以很高级。

例如美国政府的环保部门的一个新思路，就是监管要与企业合作。过去环保部门要了解各家企业的污染排放情况，都得亲自使用技术手段检测。政府没有足够的人力、物力，只能搞抽检，而抽检的比例连 1% 都不到，可以说是高成本、低效率。不但如此，环保部门和企业之间还是尖锐对立的关系，动不动就要打各种官司，苦不堪言。这个新思维要求政府干脆放权给企业，让企业自查，自己排污多少，是否违反了规定，自己向政府报告，自己主动整改。而作为回报，对企业自己上报的违规行为，政府就不对其进行处罚。但这是一个政府和企业之间的"囚徒"困境。理想的局面是企业自觉、政府宽松，双方合作，而现实的局面是企业想作弊，政府想严惩，双方都有不合作的冲动。

对此可以重复博弈，将监管转变为长期。表现好的企业，政府可以对它有更高的信任度，甚至免检，企业踏踏实实生产，政府也轻松。还可以承诺，政府单方面承诺凡是企业主动报告的违规行为一律都不处罚。企业也可以联合起来给政府一个承诺，表态自愿加入自我监管计划，在工厂内部设立专门的环保管理人员，自我管理。而美国环保部门的实践证明，监管者和被监管者的合作关系还是有可能达成的。

经济学家和普通民众对"政府"有截然不同的认识。普通民众认为政府是个本来应该"万能"，可是常常"不能"的机构，什么都想指望政府，又常常都指望不上。而经济学家最拥护的力量不是政府，而是市场，有些市场原教旨主义经济学家甚至认为任何政府监管都是不好的。可是从博弈论的角度，政府并非特殊存在。根据不同的具体情况，政府只是几个可能的监管者中的一个，而且因为执法有成本，政府的监管力量很有限。

最好的办法是把政府也当作一个博弈参与者，而且政府也需要把自己视为一个博弈参与者。既然是参加博弈参与者，政府也要应用到博弈论，"政府不是外生变量"。寻常的设定总是把政府虚幻成一个密不透风、独立作用的神秘整体，是市场博弈的外部输入、过程监管和分配工具，处处透着万能的气息。但实际上，如果把政府简单看作外生变量，就忽略了两个问题点：一是政府职能的多样性，既可以是规则制定的外生变量，作为供应方颁布规则，又可以是参与买卖的内生变量，作为消费方参与监管竞争；二是即便是单纯作为政策制定者的政府，所制定的规则也无法单纯作为输入、发挥作用。规则改变，对策也相应出现变化。政府的一举一动，一个监管、一个倡导都会引发内生和外延。规则可以带来如此的巨大利益，而成本却小得多。政府通过制定法律来进行监管，在部分经济学家看来是"恶"，常常事与愿违；在另一部分经济学家看来是"善"，因为它降低了整体成本。因此，政府也是不可或缺的、有其自身重要价值的参与者。

一方面，博弈论并非只是策略与方法，它更是人类理性运作的底层逻辑，而且视具体领域不同，这一逻辑还可以适用于一些"非理性"的场合；另一方面，既然博弈论是底层逻辑，博弈是普遍的，那么任何一个社会的参与者实际上都可以在某种角度下被视作博弈的参与者，哪怕是制定规则的政府。政府是博弈中很特殊的参与者，政府通常是游戏规则的制定者，而在经济学的视角下，政府并不产生价值，而是进行价值再分配的一方。

其中，政府制定规则这一点尤为重要，因为在博弈论中，规则才是研究的重点，因而政府其实是博弈中占据主动性的一方。参考"囚徒"困境，转变视角，将政府视作博弈的参与者，像是长期监管、听证会等鼓励长期博弈与沟通交流的措施，就有了更强的理论依据。不论是仅依靠政府还是仅依靠市场，都难以达到最佳监管效果，因此要强调监管主体和监管手段的多元化，放弃一维的"政府监督"范式，建立政府与其他社会团体合作的新监管治理模式。这种监管治理体系通常包括政府监督、自我监督以及第三方监督三种，根据监管权的分配情况，政府要把一部分监管权让渡于行业企业自我监管和第三方非政府组织。

在多边合作监管治理体系中，政府的角色发生了变化，承担了不同的职责，"不再仅是监督者，更是规则建构者，通过搭建合理、有效的制度平台来激发培养市场参与主体的主人翁意识，以提升改善他们的自我监管能力和水平"。在这种体系中，"政府外的其他社会团体不仅要履行责任，还可以成为监管主体"（徐鸣，2016）。还市场以自我监督、自我调节、自我治理的权力，社会自治力越强，政府应该做的事就越少，形成良性循环。例如，针对上海自贸区，政府出台了《促进社会力量参与市场监督的若干意见》，鼓励社会力量参与市场监管，支持专业非政府组织与政府分享监管权，形成事中事后监管网络，社会运行成本降低，效率提高[①]。

---

① 引自《上海自贸区将建社会力量监督制度，社会参与委员会已经设立》，2014年10月28日，澎湃新闻。参见https://www.thepaper.cn/newsDetail_forward_1273885.

博弈论的思想确实比经济学的内生和外生性讨论更加基层，因为博弈论本质上是讨论各种矛盾力量"正反合"的哲学问题。从市场规律中看政府似乎是外生变量，如果把政府纳入讨论的范畴，把边界进一步外延，会发现整个自然环境也在起调节作用，那么人与自然又会形成新的博弈关系，即使能做到天人合一，尊重自然规律，与自然协调发展，也还会出现一个新变量，那就是技术。技术会逐渐形成自己的主体性，也就是凯文·凯利（Kevin Kelly）说的"失控"，这样人与技术也是一种博弈关系，长期看合作是唯一的选择。

政府只是众多的宏观变量之一，它无法统摄全局，只能说在某些局部问题上作用更明显。因此首先我们要认清不同现象的不同底层规律，并通过选择合理的监管形式、采用适度的干预去尊重规律，把制度、协同、调控、文化等这些不同的宏观变量按需配合起来使用才行。

3.5.3　信用社会的健全与完善

信用是人类社会的发明，它是基于过去、面向未来的。例如，货币就是信用体系的一个载体，重要的不是货币本身价值，而在于货币背后一套由信用记录以及信用记录清算构成的体系。中国传统社会也是讲究信用，但是一直没有建立起相关制度，仍处于人治社会的信用。现在，伴随法治社会的来临，仅靠人治的信用已经无法起到应有的作用。行政许可就是法治社会应运而生的产物，通过提交各种资料、各种保证取得政府的许可，获得从事某种活动的权利，这是将信用前置，在事前予以规范。但是通过长期的实践，某些行政许可对行为的规范并不能完全起到作用。因为许可是对过去行为的认定，对未来行为的允许，而非对未来行为的限定。

2007 年 3 月，国务院办公厅印发《关于社会信用体系建设的若干意见》，是我国从国家层面首次作出社会信用体系建设的全国性部署，明确了"市场经济是信用经济"，要求"健全负面信息披露制度和守信激励制度"[①]。随后，社会信用体系的建设规划纲要出炉，指导意见发布，顶层设计基本完成。2015 年 6 月 1 日，"信用中国"网站正式上线运行。以上都是举国之力建设信用体系的历程。

信用体系建设已经逐步网络化、立体化，网罗了各行各业、全国各地的信用信息，开始逐渐发挥出作用。如果只是建立某个行业在某一地的信用档案，对于某些市场参与者而言，便可以"打一枪换一地"，其交易成本远小于其违法行为所获取的收益，博弈成了单次博弈。只有建立起网络化的信用体系，变博弈为无限次的重复博

---

① 引自《关于社会信用体系建设的若干意见》，2007 年 3 月。参见 http://www.gov.cn/xxgk/pub/govpublic/mrlm/200803/t20080328_32550.html。

弈，博弈参与方无法确定地知道其重复博弈的次数，就不可能采取背叛策略，无论其放弃与否、是否从本行业转行，都无法摆脱信用档案黑名单，这就对其起到了一定的震慑作用，迫使他采取合作的博弈策略，以降低博弈的交易成本。

信用体系的建立，牵涉经济学的另外一个理论，即信用经济学。信用的广义，即可信资本，是社会和经济的结合，包括诚信资本、合规资本和践约资本三部分。诚信资本是指信用主体的诚信道德文化观念和精神素养，合规资本是指信用主体遵守社会行政法规、行业规则和民间惯例。践约资本是指信用主体开展和交易信贷活动的能力。建立社会信用体系就是指这种广义信用，即建立诚信道德文化，建立合规社会活动，建立践约经济交易。这也揭示出信用的经济学内涵：信守合约，诚实交易，摒弃机会主义行为。而狭义的信用是指与信用制度相区别，以征信和信用评级为中心的社会信用体系。对于经济社会各领域而言，信用体系建立完善、横向纵向全面贯通，对社会治理能力的不断提升具有直接的促进作用。社会信用体系要发挥作用，有赖于国家层面去协调各部门、各领域的联合，由国家发展改革委和最高人民法院牵头，共 44 家单位于 2016 年 1 月联合签署了《关于对失信被执行人实施联合惩戒的合作备忘录》，共提出 32 项惩戒措施，对失信被执行人多方面进行限制，更大范围惩戒。例如，法院裁决的经济方面的信用黑名单在发往各部门后，致使被执行人日常生活中处处受限，不能乘高铁、飞机等，最终不得不主动执行裁决决定。广东省 2016 年印发《城乡规划编制单位乙级和丙级资信等级认定办法（试行）》，在省内暂停规划编制单位的许可事项，取而代之以资信等级认定，这是行政许可向信用体系建设转变的一次尝试。虽然 2 年后即 2018 年由于法律层面的授权、上下位法规衔接问题再度恢复为行政许可，但也从另一个角度试验并证明了行政许可向信用体系转变的可行性。

以取消事前审批代之以承诺制，并加强事中事后监管，是近年来地方在推进"放管服"改革工作中的探索。事中事后监管一定是与信用体系相结合的，不能仅以罚代管解决了事，降低违法成本并不能起到遏制违法行为的作用，只有通过健全全社会、全行业、全覆盖的信用体系，"一处违法处处受制"，建立起自觉的信用社会，才能起到震慑作用，完善监管。

3.5.4 重复博弈降低背叛收益

从前面论述的博弈论出发，如果每次空间规划权在执行阶段都是单次博弈，那么作为博弈参与一方的建设单位选择背叛的策略就是他的压倒性策略。由于是单次博弈，并不与后续的行为挂钩，不会产生多余的交易成本，违法背叛的成本接近零，背叛获得的收益远大于其付出的交易成本，这就导致了背叛是压倒性策略。根据博弈理论，将单次博弈转化为重复博弈，博弈参与方就要考虑背叛的收益与成本。如果建设单位在参与空间规划权博弈时已经知道这是重复博弈，后面每次参与都将与前面的每次参与挂钩，每次博弈行为都会作为信用档案记录下来，那么其为背叛付出的交易成本便会大增，而每次采取合作的交易成本便会分摊到每一次博弈中，为实现总收益的最大化，建设单位自然也就愿意采取合作策略，放弃背叛策略。

这就不难解释，西方发达国家在法制体系已经基本健全的情况下很少出现违法建设的行为。这是因为所有的违法建设行为都将与公司、组织及个人的信用档案体系挂钩，一次的背叛所获取的收益抵消不了其为此付出的失信交易成本，其无法再参与以后建设行为的市场竞争，甚至无法参与所有的市场竞争。建设单位或个人完全没有必要为了一次的背叛收益，牺牲将来预期的合作收益。

显然，近年来我国政府也逐步意识到重复博弈带来的交易成本改变，通过在各行各业中建立信用体系网络，将其违法行为记录进向全社会各行各业公开的信用档案中，使其一处失信处处难行，增加了其背叛的交易成本，降低了其背叛的收益，那么其一定也会选择合作，按照既定的空间规划实施，行使在一定规制内的空间规划权。

3.5.5　非对称信息与政府管制

由于信息的不对称，每个博弈参与方作出博弈策略时就需要按照最差情形进行考虑，这样对于条件较差的选项，成本更低，则收益更高，最终造成"劣币驱逐良币"。此刻，政府的管制就起到关键性作用，抬高进入门槛与信誉成本，无形之中也就将"劣币"挡在市场之外；公开涉及隐私之外的企业诚信信息，给社会获得对称信息更高的几率，让博弈不再是盲人摸象。这样便打破非对称信息造成的壁垒，留给市场更加充分的博弈。

非对称信息对邻避设施的影响也相当巨大。邻避设施的规划实施是空间规划权在执行过程中博弈程度最为激烈的一种，其中一大部分是源自于信息的不对称。周边利害关系人对于邻避设施实际影响的了解往往来自于非官方渠道，都是凭借自己有限的常识或者口口相传的其他案例，得出了邻避设施不利于己方的论断。政府一方往往为了防止邻避设施遭到大规模反对，遮遮掩掩，没有将邻避设施的全面情况提前公开，希望以此躲过与利害关系人的正面冲突。但是信息的不对称往往催生更大对抗，从一些地方建设化工厂、垃圾焚烧厂、填埋场所引发的大规模抗议事件就可以看出这个博弈局的结果。政府越是管制，越会造成信息的非对称性，越会加剧博弈程度，往往无法达成双方的共识。

这方面的正面案例有日本大阪舞洲垃圾焚烧厂（图3-11）。舞洲垃圾焚烧厂由奥地利著名艺术家、生态建筑师百水（Friedensreich Hundertwasse）先生设计。厂房建筑与自然巧妙融合，成为大阪市独树一帜的地标性建筑。焚烧厂内一共有两座焚烧炉，日处理垃圾900吨，建设之初遭到周边居民强烈反对。其设计充分利用垃圾焚烧产生热能建造了温水游泳池，利用蒸汽热能发电也带来一笔不菲且稳定的财政收入，让原本财政全额拨款的焚烧厂也能产生经济效益。为了宣传及信息透明，所有的大阪小学都开设了一门包括讲解垃圾分类和垃圾处理的"环境科学"课程，焚烧厂还专门设计了一条参观学习路线，开设了科普游戏区。

外观　　　　　　　　　　　　　　居民参观

图3-11　日本大阪舞洲垃圾焚烧厂

（资料来源：https://huanbao.bjx.com.cn/news/20180314/885443.shtml.）

在上面的例子中，对于日本的这个垃圾焚烧厂的规划建设，政府改变了以往遮遮掩掩的态度，邀请居民、学生参观垃圾焚烧厂，了解垃圾焚烧的工作原理、最后产生的物质、附带的经济效益，使周边居民获得的信息得到了充分对称，不再有谣言滋生，也就避免了博弈中的冲突与对抗，最终达成共识，取得了共赢的结果。

3.5.6　信号正向筛选与设定许可门槛

行政许可是政府管理社会事务的一种重要手段。《中华人民共和国行政许可法》第二条定义了行政许可，第十二条（二）明确了自然资源领域可以设定行政许可的事项。显然，空间资源的开发利用属于此种情况。因此，对空间资源的开发利用也纳入了行政许可的事项，"前空间规划"时期的城乡规划管理以及土地利用管理都设定了相关的行政许可，通过行政许可对能否使用空间资源、如何使用空间资源、空间资源开发利用的强度方式等作了明确规定。这在城镇化快速发展阶段起到了关键性的约束指导作用，在某种程度上对将空间资源开发利用控制在一定的强度、程度、范围内都起到了不可替代的作用。

　　但是随着以用户为中心的新时代来临，许可的强制性、管理性受到一些声音的质疑，特别是国务院"放管服"改革要求和世界银行每年的《营商环境报告》给予的内部、外部环境压力，都在不同程度上给予政府转变管理方式的压力，对于现行的行政许可制度是否限定引导空间资源利用开发的最优模式，后面的章节也将从空间规划权博弈的角度去分析研究。本节先粗略地介绍一些行政许可以外的社会治理模式转变的范式。

　　行政许可是一种事前审批，也是一种事前的约束规定，是政府机关的事前行为。如果取消事前审批，由于空间资源的开发利用具有一定的可逆难度，纠错成本高，经济效益、环境效益、社会效益都将遭受一定的损失，那么配套的信用体系建设以及政府机关的事中事后监管便显得尤为重要，在没有完全建立起相关的体系制度之前，简单地取消行政许可具有较大的环境风险，也是一种政府在社会治理体系中角色缺失的不负责任的行政行为，其危害甚至大于社会管理体系下集权政府的傲慢。

　　从博弈论看来，人们制定很多规则都是为了解决信息不对称问题。一种常见的博弈局面是有一方参与者知道一个关键信息，而另外一方不知道；一方强烈地想让另一方知道他的信息，但是又怕对方不信；一方强烈地想知道对方的信息，但是又怕对方说谎。经济学家乔治·阿克洛夫（George A Akerlof）就因为用数学语言说明了信息不对称会导致旧车交易市场的失灵而获得 2001 年的诺贝尔经济学奖。2001 年诺贝尔经济学奖的主题即"信息不对称"，同时得奖的还有约瑟夫·斯蒂格利茨（Joseph Stiglitz）和迈克尔·斯彭斯（Michael Spence）。斯蒂格利茨认为既然市场失灵，就应该指望政府，必须让政府检查产品的质量，惩罚质量差的商家。但是斯彭斯则提出，其实市场也有自己的办法。斯彭斯的学说叫"发信号"（signaling），这里的"信号"指的是采取行动，而且必须是信息真实情况下的合理行动。斯彭斯从"发信号"引申出来的学说研究的是如果别人没主动发信号，如何让他发出信号，即"信号筛选"（screening）。例如，对于医疗保险，保险公司通过制定不同的计划筛选被保人，或者月缴保费低，年自费总额上限也低，但是每次费用比较高，或者月缴保费高，年自费总额上限也高，但是每次费用比较低。通过这种"信号筛选"，保险公司没有直接询问谁是病人，但通过对选项发出的信号自动识别不同的病人类别。

　　策略的优劣不是永恒的，所有参与者必须考虑当前社会的博弈格局，特别是其他参与者都在使用什么策略，再作出自己的最佳策略。信号的正向筛选是提高博弈效率的一种重要方式。博弈本身是一件低效的事情，特别是当信息不对称、不透明时，博弈参与方只能通过做最坏打算的策略达到降低交易成本的目的。例如，二手车交易时，当买主无法获取车辆真实的车况时，只能把车当成坏车进行出价，以避免高价买到了坏车局面的出现。而好车的卖主显然不愿意低价成交，只有坏车的卖主愿意低价成交。因此最终导致的结果就是坏车在二手车市场中才能成交，从整体市场来说"劣币驱逐良币"。通过各种方式对信号进行正向筛选，降低博弈的交易成本，从而得到使供求双方合理匹配的结果。

在空间规划实施时，"招拍挂"出让土地，明确规划条件，其实就是一种信号正向筛选手段，规划条件规定得越细致，各专业部门对出让宗地的规划建设要求提得越明确，对参与竞争博弈的各建设方竞拍者的筛选就越明确，能够达到要求的参与方自己会跟进博弈，而没有能力达到要求的参与方也会主动放弃。这样就相当于给签订合同后的各项许可办理设定了门槛，利用信号的正向筛选，剔除了无法达到这些规划条件要求的博弈参与方，降低博弈成本，提高博弈效率。在签订土地出让合同时将所有规划条件载明，以合同的方式确定法律意义上的义务与责任，也意在此，即将博弈提前。这样可以降低拿地后行政主管部门对建设方事中事后监管的行政成本，以及对不符合规划条件违法建设行为的执法成本，避免在监管中去博弈。

3.6　本章小结

本章是对空间规划权的总述，主要从空间规划权的内涵、外延、作用，以及空间规划权的国内外发展沿革对比、现状问题分析、理论应用等方面展开阐述。首先，厘清了空间规划权与所有权、使用权，以及与土地开发（发展）权之间的关系。空间规划权是一项公权力，具有协调的作用。其次，对空间规划权在机构改革新时期的外延进行了分类、分级讨论，并探讨了空间规划权产生的作用，特别阐述了空间规划权如何传导至国土空间用途管制，指出空间规划权的作用范畴是研究的重点前提。再次，通过空间规划权在我国的历史沿革对比、与国外空间规划权的对比，多方位、多角度分析空间规划权的发展历程，为下面空间规划权的理论应用奠定基础。研究我国空间规划权发展的历史脉络，是为了发现空间规划权是如何为国家机器所用、对外产生作用的。同样，研究国外空间规划权的发展演进，也能够较为清晰地发现空间规划权成为"为公共利益"的公权力的形成过程。另外，特别参考了欧盟这类非主权的联盟机制下，空间规划权影响运作的方式与途径。这些都对我国空间规划权作用形成机制的研究提供了可参照系。

然后，通过对空间规划权发展过程中存在问题的分析，找到现有空间规划体系在实施监督时需要改进的不足之处，分析问题形成的体制、机制原因，指出体制原因通过机构改革后制度设计可以解决，但机制原因还可能长期存在。其对后续切入分析治理视角下各环节、各种行政工具背后的博弈策略具有导向性作用，同时对分析重构国土空间规划的编制审批、实施监督、法规政策和技术标准四大支撑体系更加具有理论意义。特别是针对实操层面的空间规划权实施监督阶段，以问题分析为导向探讨博弈逻辑，既要兼顾监督的法定规划依据，又要兼顾规划指标在空间的具体落地；既要有刚性的底线，又要有弹性的引领；既要监督实质问题，又要监督程序问题；更要使城乡规划监督体系与土地利用规划监督体系取长补短。

我国现阶段全面深化改革的总目标是"推进国家治理体系和治理能力现代化"。当前，具有公共政策属性的国土空间规划在面临国土空间资源开发权再分配时，治理是必然要考虑到的首要背景要素。管理向治理的转变，背后也暗藏着博弈方式、形式、参与方、策略等各种要素的变化，需要通过结合空间规划权在执行阶段的各种表现形式，分析政府参与博弈的各种手段背后的底层逻辑。博弈是权力之间的博弈，也是争取权利的博弈。前者权力的博弈主要存在于内部博弈之中，是各级政府以及政府部门之间权力的博弈；后者权利的博弈主要存在于外部博弈之中，是政府与市场之间、市场各主体之间为了争取权利所发生的博弈。空间规划权作用的形成机制也变得更加复杂，在国家治理体系的构建中，政府治理模式的转变是重要内容，能够通过博弈分析找到转变的方向。重复博弈降低背叛效益，是信用社会健全、信用体系建立的底层逻辑。非对称信息与政府管制、信号正向筛选与设定许可门槛，这些都可以在博弈策略模型中找到解释。这也为后续章节开展实证研究进行理论应用探索，也是为了找到外在表现的内在逻辑。

第4章 空间规划权实证研究：内部博弈

第3章说过博弈不仅是权力之间的博弈，也是争取权利的博弈；不仅存在于内部博弈之中，也存在于外部博弈之中。面对越来越复杂的社会背景，越来越多元化的参与主体，博弈也不可能简单地进行分类，很多时候，发生的每一场博弈都混杂了多种博弈形式。在内部博弈中，中央政府与地方政府之间，中央政府各部门之间，地方政府各部门之间，都可能同时发生博弈，对最终的博弈策略结果产生作用。这种博弈形式可以称为"交叉博弈"。但是为了更好地分析每一种博弈的策略，笔者仍将这种"交叉博弈"依其主导博弈类型简化，进行简要划分。本章聚焦内部博弈，并将内部博弈分为纵向央地博弈和横向部门博弈。

4.1 纵向央地博弈

博弈是权力之间的博弈，因此研究博弈就得先搞清楚各级政府以及政府部门之间的权力配置问题。《中华人民共和国宪法》第三条第四款对中央与地方关系作出了总体性规定，也界定了中央和地方权力配置的基本原则、基本框架；第八十九条第（四）项确定了国务院在行政权力配置上对中央和地方的决定权。

各级政府间权力划分的核心在于财权和事权的划分。财权源自于税权分配，换而言之，税权分配的宪政意义涉及央地核心权力的划分，税收对政府财政收入具有根本性意义，也直接决定了央地关系。1993年之前，我国是地方财政包干制，1993年中央财政收入占总财政收入的比重仅22%，地方财政收入占比78%。1994年1月1日开始实施的《国务院关于实行分税制财政管理体制的决定》对地方财政包干体制进行了改革，自此，中央的宏观调控能力得以增强，央地关系发生了重大变化。至2018年中央财政收入占财政收入的比重基本平衡在47%左右，中央在央地关系中是属于强势的支配方。"中央财政收入的稳定与强势对于区域经济发展、宏观调控、公共治理方面确实也起到了平衡与协调的作用"（冯辉，2015）。

另外，行政审批制度改革要求中央政府下放行政审批权限给基层，给地方更大的发展空间。这一目标导向从初衷来说是好的，但相对应地，大部分行政审批的责任也下放到了地方，中央政府仅起到监管责任。事权与财权的不对应，反而成为央地权力配置的核心矛盾。由于分税制直接关系的财权与央地之间事权的划分并非一一对应，也导致中央与地方之间博弈的不均衡，地方承担的事责（权）大于财权，地方在履行公共事务上的被动迫使其更多选择消极应对、"懒政"。

"财权上收、事权下放"是我国行政权力配置的重要特征，也决定了社会治理的方式。这种"权力错配"在一定时期内对平衡区域发展、激发地方活力起到了一定的积极作用，但伴随经济发展阶段的演化，资源扩张型发展受到环境承载力的制约，中央政府开始意识到生态文明建设、可持续发展的重要性，地方政府以经济发展为单一目标的发展模式已经难以为继，"权力错配"引发的体制、机制问题摆到了中央政府的面前，也成为中央政府不得不面对、去解决的问题。

但是也必须看到中国经济高速发展的这几十年，促成这种发展的重要原因是"县际竞争"。中央政府也为这种竞争提供了空间，对于一些自上而下的政策，中央政府默许地方政府的灵活执行，特别是对于土地使用的权力。张五常（2009）认为"没有土地就没有什么可以发展，土地得到有效率的运用，其他皆次要"。这种事权上的宽松划定，给予央地间更多的博弈空间。对于空间规划权而言也具有一定的博弈空间。

如何合理划分事权，本身就是央地关系的一种博弈，各国同样存在中央集权和地方分权的博弈。中央政府的组成部门肩负行政监督权，而行政监督权本身也是事权的一部分，更反映了其中的博弈关系。

4.1.1　空间规划体系的央地博弈

国土空间规划体系在顶层设计时就明确了"谁审批、谁监管""批什么、管什么"的基本原则。这是从事权的划分原则上明确央地关系，中央政府监管地方政府时，应该秉承这一原则，在制度设计初期就明确中央政府应该监管的内容。审批监管的规划内容其实就是央地博弈中的一个焦点，由于我国"先规划、后建设"的基本遵循，规划审批监管内容直接影响到具体项目工程建设的管理事权。谁对"在哪建设""能否建设"说了算，这是空间规划权博弈的重点。

新中国成立后、改革开放前，中央政府分别于 1962 年 9 月、1963 年 10 月、1978 年 3 月召开了三次全国城市工作会议。改革开放后直到 2015 年 12 月召开了第四次中央城市工作会议，发布了《中共中央 国务院关于进一步加强城市规划建设管理工作的若干意见》。这四次中央政府主导召开的城市工作会议反映了不同时期中央政府对城市工作的考虑，也是在重要转折期召开的指导城市发展的会议。

1956 年 7 月，当时的中央政府负责空间规划权事务的国家建委颁布了《城市规划编制暂行办法》，这是新中国成立后第一部规划领域的法规，对城市规划的指导思想、基础资料、阶段与内容、文件的制定、部门间协议作出了明确规定。这一时期对应我国"一五"计划，在计划经济时代，城市规划是在"五年计划"框架下落实各类建设任务，国民经济计划自上而下分配工业建设和城市建设的任务，城市规划实行具体项目落实，中央政府占据主导权。法规层面也未设置相对应的规划管理一系列的制度，因为所有的建设行为都是政府行为，不存在市场行为，因此，此时的博弈关系只存在内部博弈，甚至连央地博弈都基本不存在，只存在部门间的横向博弈，地方只是在执行中央的计划，城市规划更只是计划执行的一部分。

1962年和1963年"二五"计划期间的两次城市工作会议，指导思想均是压缩城市人口和降低城市建设标准，这与1958～1960年"大跃进""大炼钢铁"之后，城市人口急剧增长，城市负担过大，粮食供应紧张有着直接关系。中央政府发现经济发展与城市建设不相匹配，城市建设无法承载人口增长之后，作出了相应的政策调整。"三五"至"五五"计划期间，"文化大革命"令基本建设停摆，甚至中央层级的主管机构都停止了工作。因此，空间规划权在此时期基本呈现空白，政府无暇顾及规划，社会也没有意识要去搞建设，毕竟当时经济水平还比较低。

"文化大革命"结束后社会秩序逐渐回归正常，中央政府也开始考虑规划建设问题。1978年的第三次城市工作会议作为破冰船"撞开"了冰冻10年的规划建设领域。随后，1980年国家建委印发《城市规划编制审批暂行办法》和《城市规划定额指标暂行规定》，对规划的开展进行了规定。

相较于1956年颁布的《城市规划编制暂行办法》，《城市规划编制审批暂行办法》除了关注规划的编制也开始关注审批，这从另一个角度说明，城市规划权慢慢发生了一些改变。原先完全处于五年计划框架之下、自上而下的计划转换落实为规划的模式，其关注重点在于如何将五年计划中重大的工业建设、城市建设方面的项目安排落实到空间上，反映到规划编制上，却不在乎到底是谁审批的。而1980年颁布的《城市规划编制审批暂行办法》显然开始关注规划审批，并设置了分级审批制度，这也是后来历版城市规划法律的基本原则。这种编制权下放至城市、审批权分级下放的模式与日本走的是不一样的路径。

专栏：日本空间规划权的央地博弈案例

1999年7月日本通过了《关于为推进地方分权构建相关法律体系的法律》，这是一部关于地方分权的法律，随之而来的是近500部法律相应调整。其中，也涉及城市规划。也正是这部法律彻底改变了日本出现现代城市规划以来一直是中央政府主导的格局，城市规划开始被作为地方政府的自治事务得以执行。但是这一过程并非一部法律可以一下子颠覆的，而是经过百余年的历程，一步一步通过中央政府和地方政府之间的博弈，由一部部法律的修订最终完成转变的。而现在的局面也不过是适应当下的环境，其未来怎样发展也有待时间给出一个答案。

1888 年颁布的《东京市区改正条例》明确"对规划设计以及年度实施计划具有决定权的是设在中央政府内务省内的东京市区改正委员会，""市区改正设计方案必须获得内阁的批准，""从事城市规划编制和管理工作的人员隶属于中央政府"。

1888 年颁布的《东京市区改正条例》明确了中央政府对城市规划的集权，其中都是对东京城市规划事权的集权，但地方的质疑声音并没有成为主流，央地关系表现为地方依附于中央。之后 1919 年颁布的《都市计画法》《市街地建筑物法》将中央政府在城市规划和建筑事权上的主导权扩大到了全国范围，而不仅是东京市区，从而奠定了之后长达半个世纪的日本中央集权的城市规划、建筑法律体系，造成深远影响。

1919 年颁布的《都市计画法》第三条明确"城市规划、城市规划实施项目以及城市规划年度实施计划须经城市规划委员会审议，由内务大臣决定，并报请内阁批准"。

但随着经济社会的发展，特别是第二次世界大战后受美国影响，1947 年日本颁布的《宪法》和《地方自治法》强调民主和分权，城市规划和建筑领域也启动了相应法律的修订工作。但直至 1968 年颁布的《都市计画法》和 1970 年颁布的《建筑基准法》才有了实质性的进展。

1968 年新颁布的《都市计画法》规定"城市规划的决定权仍是中央政府，但将其委托给作为国家机关的地方政府首脑，按照不同的规划内容授予不同层级的都道府县和市町村，都道府县拥有更大的权力，""城市规划编制及决定过程中增加公众参与"。

这是一个重要的转折点，中央集权走向地方分权，虽然在分权上还不彻底，仍给中央集权保留了一些空间，但是显然也是因为中央集权在很大程度上不适应当时地方追求发展的诉求，在效率和效益面前，央地博弈发生了一定的倾斜。1980 年颁布的《都市计画法》和《建筑基准法》再次修订，这次在城市规划的法定内容里增设了地区规划，对应到我国的规划体系相当于详细规划。地区规划的事权属于基层地方政府的市町村。由于地区规划是详细规划的属性，是规划的具体落实，也与市民关系更为紧密，直接影响了市民建造私房的具体事务，所以此前的公众参与就显得有意义了。

1999 年新颁布的《都市计画法》规定"除少数情况外，城市规划被作为地方政府的自治事务，中央政府不再直接干预；""上级政府对城市规划的批准由单方面的批准改为协商后同意，须经上级政府同意的规划内容限定在需要在下级政府之间进行协调以及需要与上级政府规划内容相符合的范围内；""基层地方政府市町村决定的城市规划内容增加，中央政府干预的内容缩减"等内容。

　　1999 颁布的《都市计画法》的修订是根据《地方分权法》的规定进行的。很明确地将城市规划列为地方事权。可以说，日本的这一个多世纪城市规划事权的变化是伴随日本的整个社会经济发展。19 世纪 60 年代的明治维新为日本打开了通往现代资本主义社会的大门，资本要发展需要空间的扩张，空间的发展也离不开资本的聚集。日本的资本主义化不是自下而上自发发育起来的，而是自上而下由君主主动革新引领起来的。君主立宪制的政治体制本身仍带有封建君主制的残余，因此中央集权的优势也影响了城市发展方面。另外，首都作为资本集聚的主要流动方向，自然是最先要发展起来的，但仅靠地方政府，集中调配能力不行，显然无法满足中央政府的要求，因此城市规划事权需要中央集权也是必然的选择。

　　随后日本经济快速发展，空间快速扩张，中央集权的环境条件并没有改变。直至第二次世界大战日本战败投降，给日本社会带来不同的理念。宪法修订、地方自治法出台，这些举措都说明了一个问题：当社会经济发展到一定阶段，基本建设达到一定规模，各地逐步开始差异化发展，有各自的诉求时，中央政府无法全面兼顾，也没必要将地方事权全部揽收在中央身上，这种集权向分权的转化是必然趋势。同时，经济社会的发展也带来公民意识的觉醒，民众对于关系切身利益的事项具有强烈的参与意识，这也成为分权的一部分源动力。分权的源动力一旦启动，就会缓慢且不断地推动事权划分的重新博弈，每一次的博弈都会带来制度层面基础法律的修订，伴随相应规则的改变。

　　可以说，日本城市规划权这百余年集权到分权的变化过程集中体现了城市化和民主化的进程，也是央地博弈过程的真实再现。

　　日本的空间规划权中央集权是从编制开始就完全归属中央，而我国由于幅员辽阔、城市众多，中央政府的规划专业人士编制有限，所以从一开始编制就交给了地方，无法做到规划编制的中央集权。但由于规划的定位问题，"一五"等国民经济发展计划的制定权在中央手里，作为落实具体空间安排的城市规划的地位较弱，规划跟着项目走，且国家整体经济实力不足，项目的安排落地需求也没那么大。因此，可以说党的十一届三中全会之前城市规划权基本属于中央事权。十一届三中全会后，中央政府把工作重点转移到经济建设上，1978 年，城市工作会议出台了《关于加强城市建设工作的意见》，说明中央意识到城市规划对城市发展的重要性，提出"城市中的各项建设，都应按照城市总体规划进行安排，服从城市有关部门的统一管理"的要求。

随后 1980 年颁布的《城市规划编制审批暂行办法》以及 1984 年颁布的《城市规划条例》都作了相应的规定。特别是《城市规划条例》作为 1990 年施行的《中华人民共和国城市规划法》的前身，是真正意义上新中国成立后规划领域的第一部法律法规。《城市规划条例》除了沿用《城市规划编制审批暂行办法》的总体规划分级审批制度，还增加了规划管理的内容。随着经济社会的发展，出现了除政府之外的建设主体，需要在法律法规层面对其进行规定。1987 年，《国务院关于加强城市建设工作的通知》再次明确城市规划的定位。

另外，央地博弈的重点也转向规划审批权，这具体反映在国务院审批城市规划的城市数量上。《城市规划条例》第十九条明确国务院审批的城市范围，包括了百万以上人口城市。1984 年，全国人口百万的城市数量仅 17 个，除了直辖市、省会城市，也仅重庆、大连、青岛 3 个城市，因此国务院审批城市规划的城市数量总体不多。

1990 年《城市规划条例》升格为《中华人民共和国城市规划法》，其中第二十一条对应条例分级审批权进行了调整，其中国务院审批权的城市范围发生了变化，增加了"国务院指定的其他城市"。1996 年《国务院关于加强城市规划工作的通知》确定了国务院审批城市总体规划的其他城市，即"非农业人口 50 万以上的大城市"。这是中央在空间规划权上的扩权，国务院审批权的城市一下子扩容到了 86 个。随着经济发展、城市人口增长，国务院审批权的城市数量逐步增加，2009 年增加 20 个，2010年增加三亚市，2013年增加三沙市[1]，至此国务院有城市总体规划审批权的城市达到了 108 个。其中包括 4 个直辖市、27 个省会城市、较大的市[2]18 个、经济特区 4 个、其他大城市 55 个。在这场空间规划权的央地博弈中，中央政府以审批权上收的方式占据了主动。

《中华人民共和国城市规划法》确定的另一个重要的制度，就是"一书两证"规划实施管理制度的建立。规划实施的依据只是笼统地明确是城市规划，并没有明确是哪一个层级的城市规划，彼时城市规划已经包括了总体规划和详细规划两个层级，对于大、中城市还可以增设分区规划。而详细规划和分区规划的审批权都在地方政府，甚至"编制分区规划的详细规划除重要的详细规划外，均由地方政府的城市规划主管

---

[1]　三亚市和三沙市的城市总体规划审批权上收具有战略意义，与人口数量关联度不大。
[2]　"较大的市"专指经国务院《地方组织法》规定在1984年到1993年间已经批准的"较大的市"，共19个，1997年重庆设直辖市后，现有18个。《地方组织法》2015年修正后不再有"较大的市"概念。

部门审批"①。不同层级城市规划的审批权归属不同层级的政府，而实际落地的实施管理"一书两证"的审批权均授予了地方的城市规划主管部门。因此，这给了中央政府和城市政府很大的博弈空间，到底在空间规划权的博弈中谁占据上风，也随时伴随经济发展对财权、事权的变化而变化。

2008年《中华人民共和国城乡规划法》实施，与《中华人民共和国城市规划法》相比重大变化在于明确了城乡规划实施管理机制是依据控制性详细规划作出的，也就是说，最后一步建设环节核发规划许可的依据明确是控制性详细规划。控制性详细规划属于详细规划序列，其审批权归属地方政府，这体现了在执行阶段的空间规划权博弈中地方政府话语权的提升，给了地方政府很大的自主空间。

另外，1994年的分税制改革中，中央政府通过征收增值税方式改变了税收体制，增值税的75%收归中央，地方只有25%的收益。地方财权的上收，造成地方缺乏可持续的财政增长，最终将眼光投向土地开发，这也是"土地财政"的由来。结合这一重大转变不难判断，地方政府一旦有机会主导空间规划权的实施，必然会想方设法绕过中央政府对规划审批的控制，切断总体规划对详细规划的绝对控制权。表面上是详细规划对总体规划的深化、细化落实，本质却变成详细规划为项目落地而服务，抛开了总体规划的约束。从《中华人民共和国城市规划法》的"暧昧不清"到《中华人民共和国城乡规划法》的明确，控制性详细规划法定主导地位的确立，是空间规划权实施央地博弈中地方政府的胜利，当然也可以看作中央政府为了给地方经济发展空间作出的让步。地方政府通过控制性详细规划的审批权直接控制了规划实施的核心要素，"先规划后建设"变成了"按建设编规划"，地方政府自主自治空间不断扩大。这一切制度设计助力经济高速发展的同时，带来的负面影响是地方政府越来越依赖土地财政，城市规模无序扩张，房价飞涨。

基于这种制度设计，之后中央政府逐步发现在监督方面其与地方政府的博弈中越来越缺乏主导性，便一边上收规划的审批权，一边加大对地方政府的督察力度，试图扭转这一局面，但似乎并没有改变博弈局。和财政货币政策一样，经济过热则政策趋紧，经济滞缓则政策宽松，空间规划权的央地博弈也是如此，也受经济发展周期影响。

2018年国家机构改革推行"多规合一"，一个融合多个空间型规划的全新的国土空间规划体系建立起来。对于中央政府而言，显然是想在体系建立之初便理顺中央与地方的事权，解决过去几个空间型规划存在的问题。于是缩减国务院审批权的城市

---

① 引自《中华人民共和国城市规划法》第二十一条。

数量，减少国务院审批的总体规划的内容，既然无法事无巨细、面面俱到、完全控制，不如管住能管住的，审批能管住的；给地方松绑，也给央地博弈找到一个新的平衡点。

4.1.2　土地管理的央地博弈

我国是土地公有制国家，实行土地国家所有制、集体所有制，所有个体、组织拥有的都是土地的使用权，并且使用权是有期限的、有偿的。因此，对土地的管理就显得尤为重要，决定了其是否能有序使用、收益归公。土地作为国家机器运行最基本的要素，《中华人民共和国宪法》总纲第十条对土地制度作出了最基本的定义，但并无细化规定。《中华人民共和国土地管理法》作为《中华人民共和国宪法》的落实，是土地制度的基本法，颁布于 1986 年，并分别于 1988 年、1998 年、2004 年、2019 年作了四次修订。第一部《中华人民共和国土地管理法》诞生于 20 世纪 80 年代，与当时改革开放初期、经济高速发展、城市规模迅速扩张、滥用土地、耕地被大量占用的乱相有关，为了规范土地的管理，填补土地管理方面基本法的空白，制定了《中华人民共和国土地管理法》。

1988 年、1998 年、2004 年的三次修订，分别为土地资源管理进入市场化快车道、保护被征地农民的利益提供了法律层面的保障，新增了"国有土地和集体所有的土地的使用权可以依法转让"[①]以及"国家依法实行国有土地有偿使用制度"[②]等内容。为了呼应《中华人民共和国宪法》修订，《中华人民共和国土地管理法》把"征用"全部修改为"征收"[③]。这些修订为土地作为生产要素进入市场、城镇化高速发展、利益与农民共享奠定了法律基础。

1. 规划计划审批权限的央地博弈

不过《中华人民共和国土地管理法》前面三次修订对于占用农用地转建设用地的审批权和监督并没有涉及。2019 年修订的《中华人民共和国土地管理法》在这些方面有了重大突破，对中央和地方的土地审批权限进行了调整，"国务院只审批涉及永久基本农田的农用地转用，其他的由国务院授权省级政府审批"，同时"按照谁审批谁负责的原则，取消省级征地批准报国务院备案的规定"[④]。2020 年 3 月，国务院正

---

① 引自《中华人民共和国土地管理法》（1988年版）第二条。
② 引自《中华人民共和国土地管理法》（1998年版）第二条。
③ 引自《中华人民共和国土地管理法》2004年修正案，全文32处涉及"征收"。参见"百度律师"之"法律法规"栏目https://duxiaofa.baidu.com/detail?cid=9f1494192d5238ba9fd928b083c09bd8_law&searchType=statute.
④ 引自自然资源部法规司负责人解读新版《中华人民共和国土地管理法》，2019年，中国自然资源报。

式发文授权和委托用地审批权，对《中华人民共和国土地管理法》第四十四条第三款的土地利用年度计划分批次农用地专用的审批权授权给省级，将第四款的建设用地规模范围以外、永久基本农田以外的农用地专用审批权授权给省级；另外，还宣布对第四十四条第二款的永久基本农田转用，以及征收永久基本农田、永久基本农田外超35公顷的耕地、超70公顷的其他土地的审批权，授权给8个试点省市，期限1年。这是对新版《中华人民共和国土地管理法》合理划分中央和地方土地审批权限的落实，更是对进一步下放永久基本农田转用和征收审批权试水。

对于影响建设用地指标的规划审批权以及年度计划的审批权来说，中央政府仍按原有的方式，此次改革授权委托并不涉及。土地管理的执行实施层面和城乡规划的模式一样，都在市县级地方政府，相对应地，土地利用总体规划对应城市总体规划，土地供应使用对应规划许可，市县级地方政府作为执行者，直接面向市场主体，省级地方政府均作为审批权者和监管权者出现。土地管理的制度设计中与城乡规划编审实施的制度设计相比较，多了农用地专用审批和建设用地计划指标下达环节，这与我国土地所有制二元结构有关，也与我国耕地保护压力大有关。

市县级地方政府拥有规划的编制权，上一级政府拥有审批权，对于一些大城市，土地利用总体规划也是由国务院审批，这个名单与城市总体规划的国务院审批权大体是一致的[①]。土地利用总体规划是严格地按照全国、省、市、县、乡五级渐次编制审批的，并且全国各省市基本保持同样的时间进度编制审批，这也保证了建设用地规模与指标层层传导、级次下达。城市总体规划的编制审批则给地方更多自主权，虽然也划定了统一的规划期限，但是在编制审批的环节并未严格统一、限定时间进度。相比较而言，城市总体规划的刚性传导就不如土地利用总体规划。这也与其规划定位有关，城市总体规划更注重空间布局安排，土地利用总体规划更注重规模指标控制，即常说的"土规管指标，城规管坐标"。土地利用总体规划与城市总体规划之间的衔接接口就是建设用地规模，这一点是通过部际联席会制度由土地利用总体规划所决定的。

由于规划和计划的审批权仍牢牢地掌握在中央政府手里，因此，前面所述的国务院对用地审批权的授权委托并没有给地方政府在用地规模上的自主空间，而更多反映在审批效率的提升上，即"增效而非增量"。

2. 城市建设用地审批的央地博弈

新增建设用地计划指标是土地利用年度计划指标的核心内容，也是地方政府每年

---

① 由国务院审批土地利用总体规划的城市共106个，与由国务院审批的城市总体规划的城市相比，少了三亚、三沙2个城市。

最为关心的指标。地方政府想通过多要新增建设用地计划指标，取得安排建设项目用地的主动权。中央政府有耕地保有量的基本要求，每年的新增建设用地总盘子均是在土地利用总体规划的总指标中分年度下达，每年年度再分批次报批。

　　建设用地审批制度是源于 1998 年颁布的《中华人民共和国土地管理法》和 1999 年颁布的《中华人民共和国土地管理法实施条例》，从原来的分级限额审批改为用途管制，加强了对新增建设用地的从严从紧控制，并区分城市和村庄、集镇建设用地规模范围内和范围外用地，其中范围内用地可分批次报批，批准后按具体项目分别供地。中央政府批准城市建设用地也经历了央地博弈，开始地方政府向中央政府报批时将城市用地规模落在土地利用总体规划图上，显然这种方式对于地方政府束缚较大，地方政府的自主空间很小。2011 年后中央政府逐步放权，不再管新增建设用地的具体位置，只管规模。但在赋予地方政府更大自主权的同时，中央政府从制度设计上又增加了一些环节，从批准地块到只批规模，增加了实施方案审核环节并下放给下一级政府，这本是一种放权后对地方政府的制度约束，但却在一定程度上延长了审批链条，客观上增加了建设用地中批而未供的比例。另外，中央政府在强化地方政府责任和自主性的同时缺乏对地方政府建设用地批而未供的制约，在下一步用地审批环节并没有实质性的反制手段。因此，地方政府在建设用地测算时并没有强制性地去进行可行性、合理性论证，或有意夸大项目真实性和招商进度，或有意虚报项目，或进行土地储备有意增加申报规模，均是为了获取更多的新增建设用地规模，从用地的角度取得更大主动权。

　　但是地方政府千方百计争取到的新增建设用地规模，在申报时并不与项目、地块相对接，执行时却可能遇到各种情况造成无法执行，如难以实施征地拆迁，地类结构不匹配无法落地等。实际上，根据自然资源部数据显示 2009~2017 年已批全国城市建设用地供地率不足七成半。

　　针对各种类型的闲置土地，其实《中华人民共和国土地管理法》第三十八条、《中华人民共和国城市房地产管理法》第二十六条已有明确规定，但是近年来地方各类土地闲置的问题仍十分严重。根据 2015 年发布的《2014 年全国土地督察公告》，2014 年第三季度国家土地督察机构在全国范围内组织开展的节约集约用地专项督察发现，截至 2014 年 9 月 30 日，近五年内全国批而未供土地 1300.99 万亩，闲置土地 105.27 万亩；而 2017 年的全国新增建设用地计划指标也不过 600 万亩。

　　这种匹配错位，也促使 2018 年自然资源部办公厅下发《关于批而未供土地处置有关问题的通知》和《关于健全建设用地"增存挂钩"机制的通知》，重点处置、消化存量建设用地闲置问题。这些都体现了建设用地的"批供用补察"各环节的央地博弈。

3. 土地督察的央地博弈

2004年《国务院关于深化改革严格土地管理的决定》宣布"建立国家土地督察制度，设立国家土地总督察，向地方派驻土地督察专员"①。随后2006年正式"授权国土资源部代表国务院对各省、自治区、直辖市，以及计划单列市人民政府土地利用和管理情况进行监督检查"②。这是中央政府通过建立国家土地督察制度加强对地方土地违法行为的监督。但是在2006～2019年长达13年的时间里，国家土地督察制度并没有在法律层面确立，仅是通过国务院文件的授权设立国家土地总督察并派驻地方，从依法行政的角度尚有不充分的地方。于是，2019年新修订的《中华人民共和国土地管理法》增加了土地督察制度的规定。国家土地督察制度正式纳入土地管理的整体制度框架之下形成了闭环。土地督察制度主要面向地方政府，对象更是明确为省级政府和计划单列市政府，督察的政府行为主要涉及耕地保护、审批、执法等事项。制度设立的初衷与我国人多地少的国情密切相关，也与2004年前后圈占土地、乱占滥用耕地等问题较为突出有关。而这些问题产生的主体并不是市场，恰恰是地方政府，原有《中华人民共和国土地管理法》中对地方政府违法行为的督察并不明确，也没有相应的机制去督察。因此，国家土地督察制度是对地方政府，特别是省级政府责任的强化，既然土地管理的部分权限已经下放给省级政府，那么省级政府就应当担负其责任，不仅包括执行，也包括对下一层级的监督。

一个管违法占用土地，一个管违法建设，土地督察制度与城乡规划督察员制度是截然不同的两条路径。土地督察制度由国务院授权，向地方派驻了9个督察局，分片区对省级政府和计划单列市政府开展督察。城乡规划督察为原建设部于2014年自行建立，从一开始就没有相关的人员配置，都是聘的退休领导干部，以个体督察员的身份派驻城市。这种先天不足最终导致这项制度在2018年机构改革中无疾而终，相关督察内容也随着机构改革合并纳入自然资源督察内容。

对于土地管理的央地博弈，中央政府通过下放审批权限，给地方政府更大的发展空间，也通过派驻督察局给地方政府一定的约束，刚柔并济。近期中央政府的职能主管部门自然资源部印发的两个文件也就是这种做法的具体表现，即《国家自然资源总督察办公室关于严格自然资源督察工作的通知》和《自然资源部关于贯彻落实国务院关于授权和委托用地审批权的决定的通知》，"一手胡萝卜，一手大棒"。这与中央政府一直在推行的"放管服"的核心也是契合的，放权的同时更要加强监管。

---

① 参见http://www.people.com.cn/GB/shizheng/1027/3075834.html。
② 参见《国务院办公厅关于建立国家土地督察制度有关问题的通知》，http://www.gov.cn/zwgk/2006-07/24/content_343671.htm。

土地管理的核心是保量，保 18 亿亩耕地红线的任务，因此土地利用总体规划、年度计划以指标为核心要素也是必然的路径。土地管理的央地博弈说到底核心也就是建设用地指标的博弈，其他事项的博弈均服从于这一核心要素。"多规合一"后，国土空间规划代替土地利用总体规划和城乡规划登上历史舞台，关注的焦点将不再局限于数量，而是扩展到质量，这与国家治理高质量发展的总目标也是契合的。这从中央政府在政府治理中的倾向也可以看出，如高标准农田、土地计划管理中"土地要素支撑跟着项目走"① "优化国土空间结构和布局"等工作的部署。接下来，土地管理中的央地博弈也将在关注量的同时关注质。

4.1.3　北京市工程建设领域审批制度改革案例中的央地博弈

1. 背景

现阶段我国的大背景是改革，包括落实"放管服"、工程建设领域审批制度改革、机构改革等。改革涉及空间规划权执行阶段的重要手段——规划许可审批改革，其改革本质就是博弈的一个过程，博弈主体的变化、博弈策略的转变都会对最终的均衡起到不同影响。正如在工程项目行政审批改革过程中，自上而下的中央政府施加的压力推进了空间规划权执行阶段的行使方式转变，导致原有的博弈均衡被打破，并通过动态博弈调整，逐步达成新的博弈均衡。

世界银行每年 10 月都会发布下一年度的《营商环境报告》，是对未来一年各经济体营商环境的总体评估，对投资者的可量化建议。其采集的数据一般截至当年 5 月 1 日前，包括 10 个方面的指标，每个指标由几个分指标组成，得出一个分值进行排名，再通过对 10 个指标的总分进行排序来确定总排名，得出综合的营商环境便利度分数，每个指标权重相同。其中，办理建筑许可的指标分为程序、时间、成本和建筑质量控制 4 个分指标，每个分指标权重均为 25%。《营商环境报告》首次发布于 2003 年，当时包括 5 项指标，涉及 133 个经济体，2019 年的报告包括 11 项指标（其中劳动力市场监管的指标不包含在排名中），涉及 190 个经济体。对于大部分经济体，只选择 1 个最大的商业城市采集数据，而对于人口超过 1 亿的经济体则扩大采集数据范围到第二大商业城市。我国作为人口超过 1 亿的经济体，世界银行选择了北京和上海作为样本城市，按照数据情况，北京占比 45%，上海占比 55%。

2017 年发布的《2018 年营商环境报告》中，中国的营商环境便利度分数为 65，排名 78，其中北京分数为 64.99，上海分数为 65；办理建筑许可在 10 个指标中排名

---

① 2020 年 3 月 30 日，中央印发《关于构建更加完善的要素市场化配置体制机制的意见》，将土地要素作为五大要素之首重点推动市场化配置体制机制。

最低，为172。2018年发布的《2019年营商环境报告》中，中国的营商环境便利分数73.64，排名46，较上年度提升32位，其中北京分数为73.59，上海分数为73.68；办理建筑许可的排名为121，较上年度有较大提升，达51位，但仍是全部10个指标中排名最低的。2019年10月发布的《2020年营商环境报告》中，中国的营商环境便利分数为77.9，排名31，再度提升15位，为世界银行发布《营商环境报告》以来最好的名次，其中北京分数为78.2，上海分数为77.7；办理建筑许可的排名33，较上年度再次大幅度提升，达88位（表4-1）。

世界银行《营商环境报告》2018～2020年对比　　　　　表4-1

国家	评估结果	2018年报告	2019年报告	2020年报告
中国	营商环境便利分数	65	74	78
	总排名	78	46	31
	建筑许可指标排名	172	121	33
城市	指标	2018年报告	2019年报告	2020年报告
北京	建筑许可（程序：个）	23	22	18
	建筑许可（时间：天）	208	137.5	93
上海	建筑许可（程序：个）	23	19	18
	建筑许可（时间：天）	279	169.5	125.5

（数据来源：世界银行《营商环境报告》官方网站，https://chinese.doingbusiness.org.）

自世界银行《2018年营商环境报告》被中央政府关注以来，探索优化、简化建筑许可的任务就落到了两个样本城市——北京和上海的肩上。因此，本节选取了北京的改革案例，针对其在规划许可审批阶段的改革试点方案，开展博弈策略分析研究。流程调整、合并环节后，内部博弈的平衡被打破，相关利益部门重新调整行政审批及监管的方式，在动态博弈之中重新达到平衡。承诺制、信用体系建设等打破了外部博弈的平衡，政府与市场、业主与周边利害关系人的平衡也需重新构建。以下以北京为例开展案例研究。

北京从2018年初开始陆续出台相关政策，合并相关环节，简化申请要件，优化审批流程，做了很多工作。程序从2018年的23个减少到2019年的22个，再到2020年的18个，时间从2018年的208天减少到2019年的137.5天，再到2020年的93天。从环节上看，从2018年到2019年程序内容上有增有减，减少5项，增加4项，总计减少1项；从2019年到2020年程序内容均为减少，共计4项。从办理时间上看，从2018年到2019年减少了70.5天，缩减34%；从2019年到2020年减少了44.5天，缩减32%，均缩减1/3左右，力度还是很大的（图4-1、表4-2）。

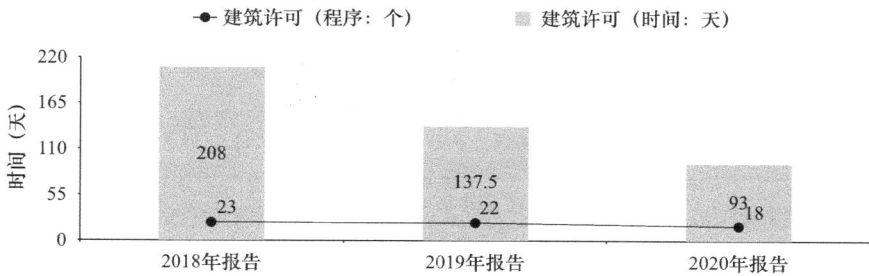

图 4-1　北京世界银行《营商环境报告》2018～2020 年建筑许可指标变化图

北京世界银行《营商环境报告》2018～2020年建筑许可变化表　　　表4-2

2018年报告		2019年报告		2020年报告	
程序（个）	时间（天）	程序（个）	时间（天）	程序（个）	时间（天）
1．申请并获得环境评估	20	1．申请并获得土地使用和各项规划条件的批准	14	1．向发展改革委登记建设项目	1
2．获得岩土勘测/土壤测试*	11	2．向发展改革委登记建设项目	1	2．获得岩土勘测/土壤测试*	11
3．申请并获得土地使用及各项规划条件的批准	14	3．完成在线环境影响登记	0.5	3．由建设委授权的建筑图纸审查员对建筑设计图纸进行审查，并取得通知单	20
4．申请并获得建筑项目规划许可证	20	4．获得岩土勘测/土壤测试*	11	4．申请并取得建设工程规划许可证*	20
5．由建设委授权的建筑图纸审查员对建筑设计图纸进行审查，并取得通知单	20	5．由建设委授权的建筑图纸审查员对建筑设计图纸进行审查，并取得通知单	20	5．雇佣一个授权监督机构*	1
6．民防办登记施工图*	10	6．申请并取得建设工程规划许可证*	20	6．申请并获得建筑许可证	14
7．申请并获得银行的资信证明*	1	7．雇佣一个授权监督机构*	1	7．接受北京市建设工程安全质量监督站定期检查	1
8．雇佣一个授权监督机构*	1	8．设计施工直接承包登记册*	1	8．接受北京市建设工程安全质量监督站一级抽查	1
9．注册直接外包设计和建筑服务*	1	9．向建设委备案并公布承包商信息*	1	9．接受北京市建设工程安全质量监督站二级抽查	1
10．建筑商及主管封印申请表*	1	10．申请并获得建筑许可证	14	10．获取供水连接查询并请求供水和污水连接	7
11．申请并获得建筑许可证	14	11．接受北京市建设工程安全质量监督站定期检查	1	11．接受水和污水检查	1

2018年报告		2019年报告		2020年报告	
程序（个）	时间（天）	程序（个）	时间（天）	程序（个）	时间（天）
12. 在大楼竣工时申请并接受消防局的检查	9	12. 接受北京市建设工程安全质量监督站一级抽查	1	12. 接受规划自然资源委竣工验收	10
13. 向消防局申请并获得工程竣工验收认证	9	13. 接受北京市建设工程安全质量监督站二级抽查	1	13. 建筑竣工后要求并接受消防部门检查*	9
14. 接受北京规土部门工程竣工验收	10	14. 获取供水连接查询并请求供水和污水连接	7	14. 接受"四方"检查*	1
15. 接受"四方"检查*	1	15. 接受水和污水检查	1	15. 向建设委申请并接受竣工检验*	1
16. 申请关于建筑项目防雷接地的意见*	10	16. 建筑竣工后要求并接受消防部门检查	9	16. 向建设委申请并取得竣工证书和最终检验证书	5
17. 接受环保局的工程竣工验收	14	17. 接受规划自然资源委竣工验收*	10	17. 接至供水和污水设施	20
18. 申请住房建设委进行工程竣工验收*	1	18. 接受"四方"检查*	1	18. 向房地产登记处登记建筑物*	5
19. 从建委申请并获得完工证书及工程最终验收证书	21	19. 向建设委申请并接受竣工检验*	1		
20. 进行配水查询并申请供水和污水系统的连接	7	20. 向建设委申请并取得竣工证书和最终检验证书	5		
21. 接受给排水检查	1	21. 接至供水和污水设施	49		
22. 与城市给排水系统相连	49	22. 向房地产登记处登记建筑物*	5		
23. 向房地产登记局登记房屋*	30				
总　计					
23	208	22	137.5	18	93

注：*为与前项同步办理；
（数据来源：世界银行《营商环境报告》官方网站，https://chinese.doingbusiness.org）

从前面的数据变化可以看出，程序的缩减难度远大于时间的缩减，这与程序涉及各职能部门的权力有关。对于政府而言，需要对世界银行《营商环境报告》这样来自外部的压力给予回应，提升排名，对国外投资者释放出欢迎来华投资的友好信号，但对于各职能部门来说，各法律法规赋予的权力与监管职责却是无法直接绕开的，既要依法行政又要提高效能，就只能从时间上做文章，通过合并收件、并联审批、提前给意见等方式来缩减办理时间。

北京规划和国土资源管理委员会联合 8 个委、办、局于 2018 年 3 月出台了《关于进一步优化营商环境深化建设项目行政审批流程改革的意见》，同时发布的还有《关于进一步优化营商环境精简行政审批要件的通知》《关于加强建设项目全过程监督的意见》《关于发布〈建设工程规划设计技术文件办理指南〉的通知》《关于发布〈建设项目规划使用性质正面和负面清单〉的通知》《关于印发〈"多规合一"协同平台工作暂行规则〉的通知》《关于印发〈北京市社会投资建设项目联合验收暂行办法〉的通知》等一系列配套文件。北京市将建设项目分为内部改造项目、现状改建项目和新建扩建项目三类，通过"多规合一"协同平台，在签订土地出让合同前，由政府部门同步开展节能评估、环境影响评价等，并加强事中事后监管。

优化营商环境、提高工程建设项目审批效率主要涉及三方，即政府、建设单位、中介（包括从事规划、设计、审图等工作的第三方机构），由于其中的每一个环节都涉及这三方，只有三方的能力互相匹配才能达成目标，否则就不能提高效率、有效优化缩短审批时限。

"多规合一"协同平台是政府为建设单位提供预沟通、预协调性质咨询服务的系统，重点在"预"，提前提供相关"服务"，对压缩时间、简化流程效果明显。平台主要为项目策划提供咨询意见，帮助建设单位协调解决建设的各种问题，监督建设单位履行承诺，主动开展各项评价工作，按照建设工程规划许可证批准的内容进行建设。"多规合一"协同平台由规划自然资源部门统筹协调，14 个相关部门参与，目前已经延伸到区级，包括初审、会商、上报批准等环节，根据项目复杂程度，工作流程相应简化。规划自然资源部门收到建设单位申请后 5 个工作日内组织初审研究，初审意见书面告知建设单位，30 个工作日内出具规划综合实施方案，包括建设工程设计要求、城市设计要求、市政交通条件、规划指标、土地权属、供地方式、建设时序。"多规合一"协同平台具有多层次、多模块、自动触发的特点，即市、区两级的内部、外部会商模块可按照需要在研究过程中进行组合使用，涉及各处（科）室工作的应自动触发、主动开展。在整个审批流程中，"多规合一"协同平台起到了"前期咨询、集合研究"的作用，加速项目生成，减少了审批主流程中研究与审批时间，对优化审批流程起到了至关重要的作用。

北京市将项目分为内部改造项目、现状改建项目和新建扩建项目，分别接入流程的不同环节，一些不必要的环节被精简，如内部改造项目可以直接申请核发施工许可，现状改建项目可以直接申请核发建设工程规划许可，只有新建扩建项目需要从土地出让合同的环节开始进入。核发各许可证的环节之前在协同平台上启动会商机制——协同会商子平台，通过这个系统，由该环节的牵头部门在建设单位正式申请许可证前接受材料预沟通，在平台上发起会商，并征求业务相关部门的意见，同时设定了办理时限。系统自动计时，到时限后，由牵头部门汇总意见，反馈建设单位，分为同意和不同意。同意的情况下再根据建设单位实际准备情况提出流程建议，帮助建设单位推进到下一个工作环节。

2018年11月北京市印发《关于进一步完善"多规合一"协同平台工作规则的通知》，对原工作暂行规则作了补充完善。该协同平台与行政审批平台对接，已符合申报许可条件的项目在取得"'多规合一'平台综合审查意见"后，项目单位持此意见到注明的地点直接申报建设工程规划许可证。申报建设工程规划许可证需提交建设项目规划许可及其他事项申报表、办理建设工程规划许可证申请书、授权委托书、设计图、住宅小区建设时序方案，不再强制要求进行勘察、设计招投标。

按照新规定，内部改造项目和单体建筑面积小于5000平方米（不含地下）的新、改、扩建项目取消施工图审查，其设计质量安全责任按注册师负责制执行。对于其他需要施工图审查的项目，2019年1月1日起采取政府购买服务的方式进行，不再需要建设单位出钱委托进行审查。

在建设项目取得建设工程规划许可证后，规划自然资源委收到信息便启动项目全过程服务监督，与建设单位取得联系，了解项目建设情况，帮助建设单位协调解决在建设过程中出现的问题。监督内容包括工程建设是否符合规划、是否依据土地出让合同履行、是否完成施工图审查、各类评价措施落实情况、征地和供地手续办理情况，方式主要包括电话沟通、第三方测绘技术服务和部门会商。电话沟通是指核验部门指定人员不定期与建设单位取得联系，了解建设情况和存在的问题。第三方技术服务指的是委托专业测绘部门，对工程建设的灰线、正负零、结构封顶、竣工4个重要环节开展测绘技术服务，出具核测报告。这些由规划自然资源委进行委托，政府买单，不需要建设单位交纳费用。部门会商指的是当建设项目出现问题，涉及多部门的工作时，规划自然资源委核验部门会启动部门会商，帮助建设单位协调解决出现的问题。建设项目全过程服务监督过程中，需要建设单位配合规划自然资源委核验部门工作人员，及时接听电话，如实反馈项目建设情况及存在的问题。当项目有新进展或出现问题时，建设单位也应主动联系工作人员，反映情况及问题，双方保持有效沟通，配合第三方技术服务部门人员，协助进场开展测绘技术服务。当需要服务监督的五大项内容全部完成后，规划自然资源委核验部门会主动结束服务监督工作。纳入全过程服务监督的项目不需要建设单位单独向主管部门申请规划核实。在项目申请联合验收时，平台会自动关联规划核验意见。

此举引入了承诺制，加强了政府的监督，缩短了拿到许可的时限。通过量化监督内容，菜单式、按时序逐项完成，出现问题启动会商机制。监督内容包括建筑工程施工许可落实情况、灰线阶段、正负零阶段、结构封顶阶段、规划验收阶段、施工图设计文件审查落实情况、土地出让合同履行情况、水影响评价、环境影响评价、节能评估、地震安全性评价等。各环节的监督过程也在系统内留痕，包括与建设单位的联络信息，像即时聊天工具的聊天记录一样，保证有档案可追溯。监督是由政府出资委托第三方测绘单位开展实时监测，边监测边测绘，在实时监测建设单位是否按许可施工的同时，完善地理国情信息。另外，这样的安排也提高了政府行政效率。

2. 博弈策略分析

《北京城乡规划条例》（以下简称《条例》）于 2019 年 3 月 29 日修订通过，4 月 28 日起施行。《条例》修订的一个主要亮点是对优化营商环境改革成果予以固化。《条例》明确"构建全流程覆盖、全周期服务、全要素公开、全方位监管的工程建设项目审批和管理体系"[①]；明确"多规合一"协同平台的工作规则[②]；另外还对规划许可作了改革调整，如取消了建设用地规划许可[③]，还强调了规划综合实施方案的地位，只要符合实施方案，要求建设工程规划许可证在 7 个工作日内办结[④]；还规定了建设工程实施竣工联合验收[⑤]。

"推进行政审批制度改革"的修订内容一方面建立了有关行政主管部门之间的信息共享机制，构建空间资源基础信息平台，相关部门核发的审批文件信息共享，不再要求反复提交，大大减轻了建设单位的负担；另一方面，简化社会投资项目的审批流程，取消了核准备案文件作为建设用地规划许可证、建设工程规划许可证这两项审批的前置条件。同时，原来需要提供的土地权属文件由于"规土合一"而变成内部文件，不再要求建设单位提供。这些修订内容简化了行政审批的前置条件，减轻了建设单位的负担，符合建设单位的根本利益，兼顾了相关利益群体的不同需求，也保持了政策的连续性和相对稳定性，以及与相关政策的协调性，具有合理性。

北京在优化营商环境、改进建筑许可方面的举措，反映的是在可开发区域开展国

---

① 引自《北京市城乡规划条例》第三十条
② 引自《北京市城乡规划条例》第三十一条。
③ 引自《北京市城乡规划条例》第二十九条。
④ 引自《北京市城乡规划条例》第三十八条。
⑤ 引自《北京市城乡规划条例》第四十三条。

土空间用途管制的博弈。博弈的参与者分别是中央政府和地方政府，双方所处的行政背景不同，作出的博弈策略也是不同的，可以用博弈矩阵来进行分析（表4-3）。对于中央政府来说，选择压缩程序虽然可以减少监管，但还需修改法律法规，相关主管部门的权力也要重新分配，因此收益为-1；选择压缩时间从权力角度并没有变化，但外部压力可以减小，因此收益为1。对于地方政府来说，选择压缩程序会减少权力，同时也可能违反上位法律法规，有一定的风险，也会减少收益，因此收益为-5；但选择压缩时间仅造成工作压力增加，因此收益为-2。从表4-3的矩阵可以看出，基于上面的策略博弈后，双方均选择了压缩时间这个均衡策略。因此，在短期外部环境没有发生改变的情况下，博弈策略将维持不变，但长期看外部环境改变，如法律法规的修订、治理理念的转变将对博弈策略产生巨大的不确定性。

中央政府和地方政府博弈矩阵 表4-3

地方政府		中央政府	
		压缩程序	压缩时间
	压缩程序	-5，-1	-5，1
	压缩时间	-2，-1	-2，1

2019年4月北京市印发了《关于优化新建社会投资简易低风险工程建设项目审批服务的若干规定》，将一系列的简化审批服务的规定形成市政府办公厅文件，向社会公开。其中第二条作如下规定。

"本规定适用于本市行政区域内新建社会投资简易低风险工程建设项目。社会投资简易低风险工程建设项目是指：未直接使用各级公共财政投资进行建设，地上建筑面积不大于2000平方米，地下不超过一层且地下建筑面积不大于1000平方米，功能单一的办公建筑、商业建筑、公共服务设施、普通仓库和厂房。具体以简易低风险工程建设项目清单（见附件）为准。"

其中明确新建社会投资简易风险的工程建设项目的定义，将工程建设项目限定于简易、低风险，也突显了政府监管的底线思维，对于极少造成安全风险的、不会触及影响人民群众生命生产安全底线的建筑工程项目，政府就没必要"一刀切"抓死，而应下放审批层级、精简审批事项、压缩审批时限、优化质量安全管控方式、"多测合一"、联合验收。从政府和市场博弈的角度出发，对此类项目的松绑是符合双方利益的，因此这是一个纳什均衡。

对于新建项目的空间规划权实施阶段的优化模型，可以从北京的改革实例中得到一些启发。北京在优化营商环境改革中探索的一些成果通过《条例》修订的方式予以固化，这是在上位法尚未完成起草工作下，最为简便也最合适的方式。由于北京作为首都的特殊地位，《北京市城市总体规划（2016 年—2035 年）》是由党中央和国务院批准的，比其他所有城市的审批规格都要高，因此，北京有条件也有必要尽快通过地方立法方式明确各部门的要求、行政审批改革的程序。特别是"取消建设用地规划许可证"这一项，在上位法《中华人民共和国城乡规划法》还未作修订的情况下，修订《北京市城乡规划条例》在操作层面具有积极的意义。作为原来规划部门与土地部门相互钳制的一项许可，建设用地规划许可证虽然在机构改革后本身没有什么存在的价值，但是其他很多部门，如银行业办理抵押贷款，基本上都需要建设用地规划许可证作为前提条件。如果上位法不修订，地方立法也不解决，这项看似简便行政相对人的政策，反而给相对人带去不便。因此，北京市通过这种方式将改革成果固化下来，也是央地博弈的结果。

4.2　横向部门博弈

4.2.1　空间规划体系建立中的部门博弈

1．机构改革前

2018 年以前，我国的空间型规划主要包括城乡规划、土地利用规划、主体功能区规划、海洋功能区划等。由于海洋功能区划主要针对海洋，仅涉及极小的海陆交接区域，另外原主导部门的海洋主管部门属于副部级单位，因此从职能交叉矛盾的情况上来说，其存在感不强，且机构改革后海洋主管部门已经整体并入了自然资源主管部门，从行政上已经消除了另行博弈的可能。下面主要针对前三类规划开展部门博弈的实证研究。

住房和城乡建设部的城乡规划首先划定一个规划区范围。《中华人民共和国城乡规划法》第二条第三款定义了规划区，并且在第四十二条限定城乡规划的权力范围，即规划区范围，而具体空间规划权实施的范围则更小一些，即建设用地范围。接下来才是协调空间布局。从整个制度设计上来看，城乡规划是为适应城镇化高速发展阶段，将城乡建设活动控制在一定区域中，保护耕地的一种安排。

原国土资源部的土地管理的整个流程包括土地调查、土地利用规划、土地利用计划、用地预审、用地审批、供地、整治、确权登记、监督执法等环节。土地利用规划是土地管理的重要环节，其对象是土地，围绕着土地的需求、供应开展，核心是切实保护耕地，合理利用土地。因此，其规划的首要步骤是实行分类管控，划定城乡建设用地管制边界和管制区域，即"城乡建设用地规模边界、城乡建设用地扩展边界、城乡建设用地禁建边界，允许建设区、有条件建设区、限制建设区、禁止建设区"①，又称"三界四区"。土地利用规划的前提是土地调查，在第三次全国土地调查之前的两次土地调查中，对于城乡建设用地都是没有细分的整块区域，这一点也可以从土地利用规划用途分类看出。

可以判断，土地利用规划与城乡规划在过去长期的博弈中找到了平衡点，也切割了职责界面。城乡规划管规划区范围内的空间布局，对于规划区内部，城乡规划体系有一整套的决策、执行、监督的流程，包括编制总体规划、控制性详细规划的决策环节，也包括核发规划许可、开展规划核实的执行环节，还包括对前期决策、执行环节实施监督的环节。对于规划区外部，由土地利用规划统筹管理，包括建设用地计划审批、农转用审批等。这一界面的形成，虽然偶尔也会出现"公地悲剧"的局面，但总体来说，在大部分地方职责还是基本明确的。

国家发改委的主体功能区规划诞生较晚。在计划经济时代，国民经济计划承担了制定五年计划目标、确定工业建设、城市建设项目的任务，属于框架性规划。由于不涉及空间布局，在新中国成立后至改革开放前的"一五"至"五五"期间，其与城市规划形成了一套"计划—规划"落实体系，因此当时的国家计委与国家建委都对城市规划负有政策指导的职责。改革开放以后，计划经济转向市场经济，国民经济计划也转变成国民经济和社会发展规划，其涵盖面扩大到了社会、经济、文化建设各领域，属于战略性指导文件。但是由于市场化、城镇化水平的不断提升，国民经济社会发展规划的主导部门——发改部门逐渐发现，仅在战略层面上的指导与项目的落地之间还有巨大变数，产业发展需要空间的保障，不同地区的主导产业也应避免同类竞争。2011年，在国家发改委的主推下，国务院发布了全国主体功能区规划，对全国进行了功能区划，认为基于不同区域的资源环境承载能力、现有开发密度和发展潜力，一定的国土空间具有多种功能，但必有一种主体功能。出于这种考虑，主体功能区规划分为国家和省两个层面，对县级单元给予主体功能定位和管控导向，并给予配套政策和制度安排。虽然说主体功能区规划也是空间型规划，但由于其尺度大，以县级单元进行规划，关注点主要还是在主体功能定位、产业发展政策引导，未涉及中微观层面的具体空间布局。

---

① 引自原国土资源部《市（地）级土地利用总体规划编制规程》（TD/T 1023—2010）。

三者在规划定位上各有差别，管控对象上也各不相同。对于市县一级地方政府而言，具体项目的落地上，政策靠主体功能区规划，建设用地指标靠土地利用规划，具体建设行为受城乡规划许可约束，三者都对它产生了影响。但是实践中也是因为三种规划分属不同的主管部门，规划之间的衔接工作由于前述的种种原因，项目推进出现困难、"规划打架"的事时有发生。

2. 机构改革后

2018 年中央宣布机构改革，其中一大举措就是国家发展和改革委员会的组织编制主体功能区规划职责、住房和城乡建设部的城乡规划管理职责，与原国土资源部职责整合，从机构设置的角度，将多个空间规划的主管部门先进行整合，直接促成"多规合一"。这与 2014 年的市县级"多规合一"试点、2016 年中央城市规划建设管理意见提出的有条件城市探索两规机构合一具有本质区别。机构改革先于"多规合一"，也是从机制构建上的考虑，但是机构改革过程中仍然存在博弈。

2018 年 3 月机构改革的决定印发，9 月自然资源部"三定"印发，"多规合一"后国土空间规划的主管部门也明确为国土空间规划局，另设置国土空间用途管制司，将决策和执行环节分离。2018 年 11 月，中央发文统一规划体系，将国家发展规划置于整个规划体系的最顶层，指出"国家级专项规划、区域规划、空间规划，均须依据国家发展规划编制"，也就是在国家层面形成了发展规划统领的局面，专项规划与空间规划平级，均为国家发展规划的下一层级。虽然文件规定的是国家级规划的层级关系，但是文件最后提出"省级及以下各类相关规划编制实施参照本意见执行"。

2019 年 5 月，中央发文建立国土空间规划体系并监督实施，将国土空间规划体系划分为"五级三类"，其中三类包括总体规划、详细规划和专项规划。在国土空间规划的话语体系内，专项规划是组成部分；在国家发展规划的话语体系内，专项规划和空间规划是并列的。

3. 博弈分析

由于各类空间规划之间存在矛盾，空间资源也具有稀缺性，各部门为获得更多的发展权就需要进行在有限空间内的博弈。为简化分析难度，假设在此空间内存在 2 个具有空间规划权的不同部门 J 和 K，二者在同一有限空间为获得更多的发展权进行博弈。由于空间有限，可获得利益总数给定为 R，每次 J 或 K 为增加其发展权所做出的行为可以带来的收益为 r_n，r_n 随着有限空间的减少而减少，即呈现出边际收益递减的规律，且 r_n 的产生会有与之相伴随的成本 c_n 出现，与收益不同的是成本 c_n 无上限，并随着空间的减少而增加，呈现出边际成本递增的规律。除此之外，c_n 的大小还与另一规划部门未来可获得利益成反比。例如，随着 J 部门的逐渐多地占据有限空间内的发展权，K 部门会对其做出反制措施，使 J 部门每次做出行动的成本大幅度上升。由于拥有空间规划权的部门同属国家机关，在同一行政级别内，各部门的能力是相当的，即在有限空间进行发展权争夺时获得的收益是相当的，且随着空间的压缩而减少。但对于成本来说，首先，发展权的扩大本身就会带来部门内部改革的成本；其次，上级政府对于本级政府部门间的权衡有自己的衡量，本级政府某个部门过于强势会导致上级部门采取行动来缓解这种局势，给本级部门发展权的扩张带来压力；再次，有限空间的过度挤压也会招致同级另一规划部门的反制，使成本进一步增加。因此，若用曲线表示，成本曲线比收益曲线更"陡"，成本上升更快。

用横轴代表单个部门争夺发展权的程度，纵轴代表发展权扩展带来的收益、发展权扩展带来的成本，绘制有限空间内部门博弈时单个部门的收益曲线和成本曲线。以 J 部门为例，当 J 采取行动试图增加其发展权时，它会获得 r_1 的收益，承担 c_1 的成本，同理当 J 获得 r_2 的收益，需要承担 c_2 的成本。当收益与成本相同时（C 点），J 部门会停止发展权的扩展行为。可以取得净收益面积为 ABC 的净收益（图 4-2）。

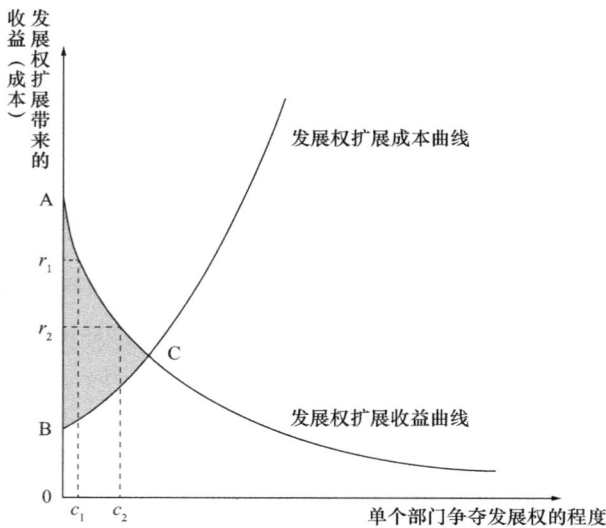

图 4-2 部门竞争时发展权扩展的成本与收益

图 4-2 为分析单一部门 J 的情况。若 J 和 K 两部门同时进行，J 部门的发展空间会被挤压，发展权扩展的收益曲线会向左下方移动；而两部门的行动会使有限空间被夺取的速度加快，使成本曲线变得更"陡峭"，从而使净收益 ABC 的面积减小。虽然发展权的扩展可以带来一定数量的净收益，但对于各部门来说，为发展权的扩展所

要做的工作远不止分析的这么简单。当前各部门的规划已经初具体系，且都有相关法律的保护，某一部门想要打破现在的平衡状态，提升自己部门的地位，势必会触及相关部门的法律。为规避这一问题，想要做出提升的部门就需要寻找当前制度中的"缝隙"，并从中扩展自己的发展权。但这种方式带来的发展权在实际规划的实施过程中仍然会受到阻碍。因此，相比于部门间的相互竞争，合作的效果会更好，这也是为何要实施"多规合一"的重要原因。

为了获得更多的净收益，规划部门之间需要进行合作，即"多规合一"。与部门间的博弈相比，部门合作共同使原先部门间的竞争内部化，即由之前较为尖锐的发展权争夺转化为较为温和的部门间合作的交易成本，虽然在合作中仍存在部门博弈的色彩，但之前由另一方反制所导致的成本增加在合作中会消失。

具体来说，在合作收益方面，之前的边际收益递减是由于一方扩展发展权，另一方也会拓展所带来的收益的挤压。但在合作中，各部门已经可以看作一个整体，以整体的方式扩展发展权，由挤压所带来的边际收益递减也不存在了。在合作成本方面，原先伴随收益增加的成本是由于内部改革、上位影响、平级反制三种因素影响的，而在合作后，成本就剩下规划协同所面临的交易成本，也可将其理解为原先内部改革成本的演化。相比之前，合作后的总成本并不受发展权扩展的程度影响，而是由合作内部影响。因此，以有限空间内的发展权扩展程度为横轴，发展权扩展可带来的收益、发展权可以带来的成本为纵轴，可以画出部门合作时发展权扩展所带来的收益和成本情况（图 4-3）。可以看出，在该情况下合作的净收益为 ABCD 区域的面积（不包含最右边界）。

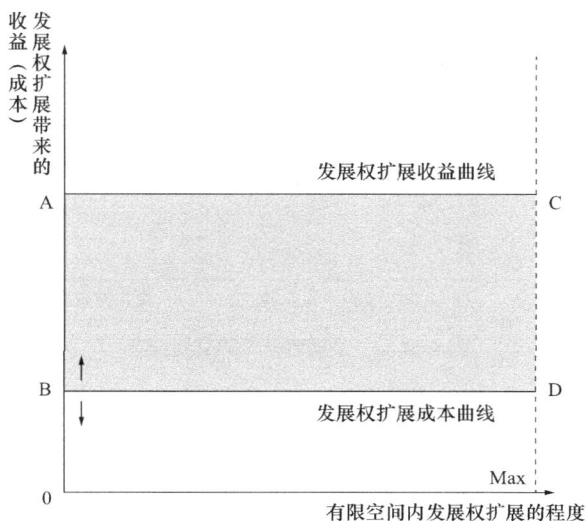

图 4-3　部门合作时发展权扩展的成本与收益

由于空间有限，发展权的扩展程度最大仅能达到 Max 位置，而不包含最右的边界。这是因为在现实情况下，中央政府不可能允许部门进行如此之大的权力扩张，但我们也很难界定到底中央政府会在部门权力扩张到何种程度时才会采取行动阻止该行为，因此发展权扩展的最大值就是 Max 值，它无限接近有限空间的最大值，但永远不会等于。并且在此情况下，成本曲线的变动并不与扩展程度有关，而与部门内部的合作有关，合作所带来的交易成本可以使发展权扩展的成本曲线（BD）上下移动，由此来影响合作的净收益。

机构改革后"多规合一"，理论上说已经完成了规划之间的融合，对外不再存在博弈情况，但是前面的实证研究证明，此次机构改革后，部门间博弈并没有停止。对于机构改革过程中由于职责界面切割不明确或部门再行创造出来的规划而言，形式上虽然已经完成了"多规合一"，但是本质上，原来几个空间型规划的主导部门仍在"多规合一"这件事上有话语权的追求，那么在"多规合一"推进过程中交易成本便会越来越大。因此，以融合的困难程度为横轴、交易成本为纵轴可以画出"多规合一"的交易成本图像（图 4-4）。在图 4-4 中的 B_0 点实际对应着图 4-3 中的 B 点，当 B_0 点移动至 B_1 时，图 4-3 中的 BD 向上移动；当 B_0 点移动至 B_2 时，图 4-3 中的 BD 向下移动。

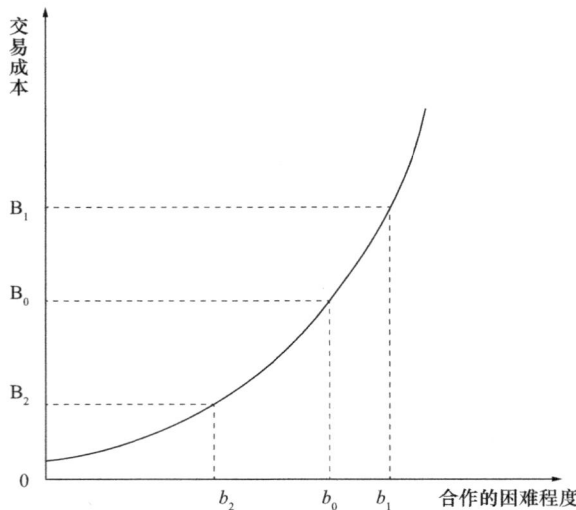

图 4-4　"多规合一"的交易成本

因此，对于这样的内部博弈，更好的解决方式应该是从顶层规则的制定上去化解这个博弈困局，避免为争夺话语权而造成部门间职责划分不清，在简化流程上制造更多障碍。按照我国目前的政治体制，只有各级人民政府切实抓起职责分工这件事，落实到底，才能够化解部门之间博弈的问题。

4.2.2　空间规划权作用形成中的部门博弈

回顾我国现行的空间规划权对外作用的形成过程，特别是城乡规划体系下空间规划权在执行阶段的作用模式，可以清晰地看到整个博弈过程，也可以从中看出国家治理体系中有关生态文明建设部分变革的历程。

"一书两证"的规划管理体制是在《中华人民共和国城市规划法》时期确立的，起源于 1984 年《城市规划条例》中的建设用地许可证（临时用地许可）和建设许可证，并在《中华人民共和国城乡规划法》时期强化为"一书三证"。它对保障规划落地起到了非常重要的作用。例如，建设用地规划许可证是依据规划对用地形式、开发强度作出要求给予土地使用权人的一个法律凭证，但实际工作中，土地出让方式从划拨转向招拍挂之后，土地出让合同开始更多地通过附件中规划条件承担了一部分确认的职能；使得建设用地规划许可证的行政确认功能被弱化，一些地方甚至出现拿到土地使用权证后再去领取建设用地规划许可证的情况，而这在《中华人民共和国城乡规划法》和《中华人民共和国土地管理法》中是不被允许的。再如，建设工程规划许可证是通过对建设方案总平面图进行审查其是否符合规划条件，向上确认对规划的落实，向下指导施工图的设计，最终达到传导规划到建设的目的。

城市总体规划—控制性详细规划—提出规划条件—建设用地规划许可证—建设工程规划许可证—施工许可证—规划核实—竣工验收构成了从规划到建设的全流程。但是在实际地方工作中，相关主管部门在执行阶段的空间规划权作用形成过程中，为了扩大部门的权力范围，从审批内容到审批深度都有了扩展。这对于建设单位，即行政相对方来说，不仅增加了许多负担，而且也未必能够真正实现规划的初衷，也就是现在"强政府、弱市场"的问题所在。

规划是对空间资源的开发分配，建设则是对空间资源的开发占有。当规划强势时，则在建设工程规划许可证阶段审查建设工程设计方案时要求更多，将一些扩初的内容一并审查；当建设强势时，则大部分设计方案可以后移至施工许可证阶段，即施工图审查时去落实。

一直以来规划、国土分离，是为了权力制衡，通过环节交错、交叉运行，构成了"提出规划条件—招拍挂出让土地—签订土地出让合同—建设用地规划许可证—建设用地批准书—办理不动产（土地权属）登记"这样的流程（图 4-5），互为前置，互相钳制，在一定阶段、一定程度上约束了一家独大及腐败的发生。但是这样的流程塑造使得审批效率降低，部门间互相扯皮推诿的事情增加，一些环节渐成鸡肋，流程重塑、提高审批效率的呼声也就越来越高。

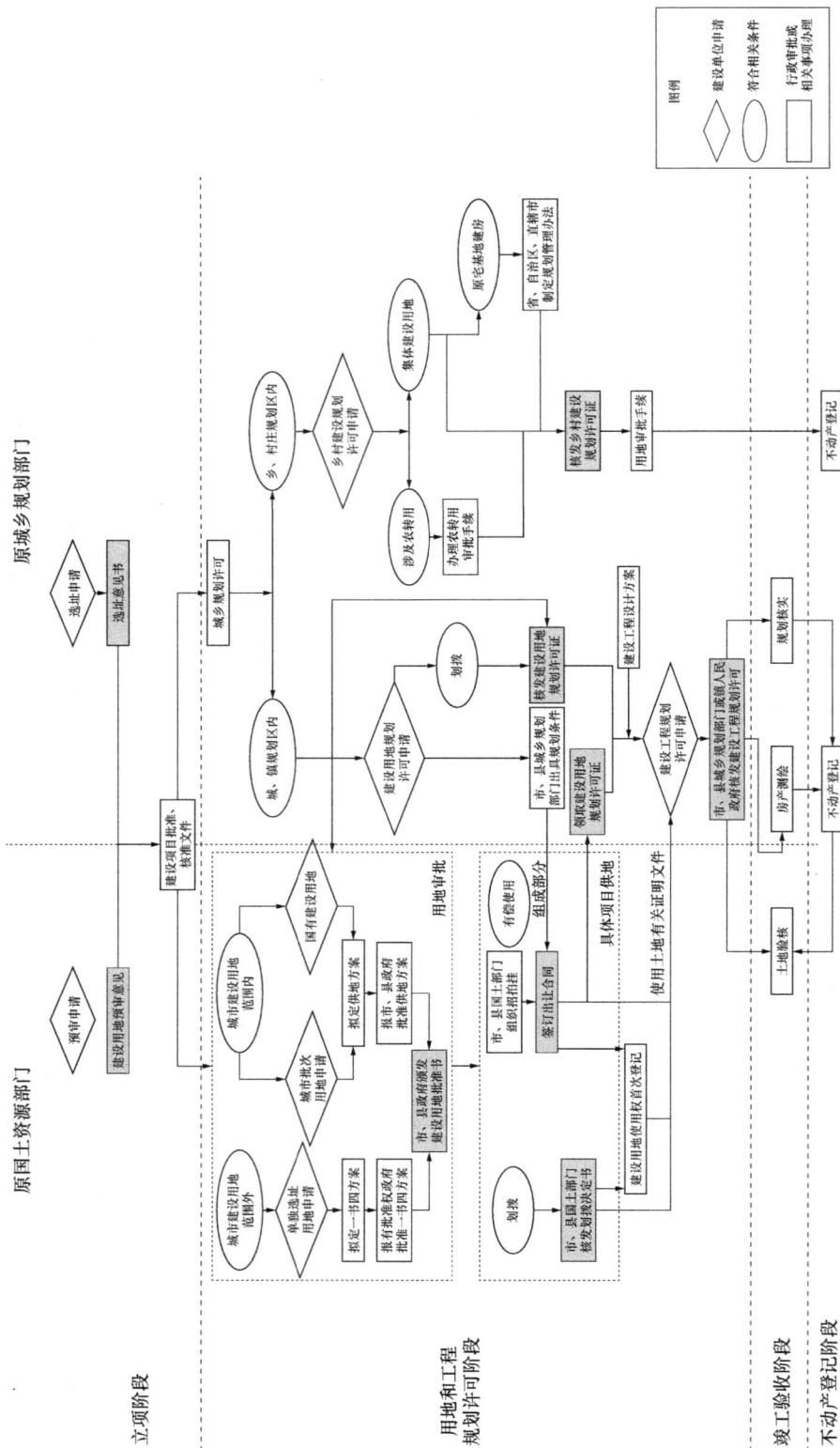

图 4-5 建设用地审批和城乡规划许可流程图（机构改革前）

国家机构改革的决定揭开了新一轮机构改革的大幕，也明确了规划、国土合一的方案，将住房和城乡建设部的城乡规划管理职责并入新组建的自然资源部，这也意味着规划与建设将分由两个部管理，"规建管"分离，规划回归对空间资源的开发分配管理，建设按照批准的规划执行。规划与建设如何衔接，这将引起一直以来在城市规划区内的"一书两证＋规划核实"这个规划管理体系的重大变革。城乡规划实施管理制度的建立，对于指导、协调和控制各项开发建设活动，保障城乡规划有效实施，维护公共利益和社会秩序具有重要意义。但规划与建设分离后，这种保障机制如何延续，会发生何种转变，也就成了规划建设过程中普遍受到关注的地方。

从上面的简述来看，空间规划权的博弈影响了治理体系的变革，当这种博弈对博弈参与方产生的作用都是负面时，也就意味着博弈的规则出现了问题，已经不适用当下的外界环境，触发了改革的边界条件。为了更好地推动国家治理体系的变革，研究空间规划权博弈具有现实意义。

政府内部各不同职能部门之间的博弈涉及部门利益、话语权，直接决定了主导空间规划权。在"多规"并行时代，空间型规划分属不同部门，尤其是与项目落地关系最为密切的土地利用规划和城乡规划分属于不同部门职权范畴，空间规划权也就被分隔成两个部门的权力，执行阶段的空间规划权便形成了交错且彼此钳制的博弈格局，此时的内部博弈存在于两种空间型规划的主管部门之间。多年的博弈最终达成了一种均衡，就是土地利用规划划定建设用地与非建设用地的边界线，确定建设用地总规模，城乡规划在规划区内再明确建设用地的具体用地性质、开发强度及不同类型建设用地的空间布局。尽管这种博弈在表面上看已经达到了均衡，但是这种均衡并不稳定，对于双方来说，自己的小小出界都能带来部门话语权的提升。因此，对于地方层级，出现"两规"不一致导致大量差异图斑的局面也是很自然的。

2016 年中央印发了《中共中央 国务院关于进一步加强城市规划建设管理工作的若干意见》，提出"在有条件的城市探索城市规划管理和国土资源管理部门合一"。这是从中央层面提出了"两规"整合的要求，但是这个中央文件只是对底层的机构改革提出探索性要求，因此文件印发后的 2 年内，地方的探索并不多，最大的机构合并也就是 2016 年北京市规划委员会和北京市国土资源管理局的合并。即使截止到 2018 年 2 月，全国规划和国土部门合并的地级及以上城市仅 8 个，即北京、上海、广州、深圳、武汉、沈阳、佛山、云浮 ①；县级市仅 5 个，即宁夏灵武、福建石狮、广西凭祥、贵州凯里、贵州盘州。由此可以判断，这一轮由城市为主的机构合并并未达到预期的

① 北京于2016年合并，上海于2008年合并，广州于2015年合并，深圳于2009年合并，武汉于2009年合并，沈阳于2007年合并，佛山于2011年合并，云浮于2009年合并。

效果，但是从北京的"规土"合并可以看出中央的意图，北京因其作为首都的特殊地位，此次首当其冲，大约是与"两规"长期相矛盾造成空间规划难以协调落地有关。另外，这也暗示了中央此次改革的决心，为2年后即2018年的中共中央 国务院的机构改革方案探索了实践基础。

2018年3月，中央于全国人大十三届一次会议通过国务院机构改革方案，将顶层规划管理部门进行了整合，交由自然资源部统一管理，这也意味着在空间规划权决策阶段部门之间的博弈将逐渐趋于稳定[1]。但是在空间规划权执行阶段，由于规划与建设的分离，两者事权分属自然资源部与住房和城乡建设部，就决定了空间规划权执行阶段的内部博弈将主要集中于规划部门与建设部门之间，其博弈焦点就在建设工程规划许可证，以及与施工许可证之间的责权边界划分上。前面也阐述过建设工程规划许可证在空间规划权执行过程中的地位、作用，在规划部门属于建设口主管时代，"规建管"的行政管理逻辑链条不存在障碍，但到了规划部门与建设部门分离的时代，怎么落实规划到建设反而成了博弈重点。

利用霍特林模型对这个内部博弈进行分析。按照建设项目审批流程，由于建设用地规划许可证承载内容一般包括用地位置、用地性质、用地规模、建设规模、容积率等，这些内容也是从控制性详细规划中提取出来的规划条件，是建设部门本身并不掌握的，所以，博弈的焦点不会在建设用地规划许可上。建设工程规划许可与建筑工程施工许可的关键都在一张图的审查上，关于这张图的审查，每个部门审查的范围边界、审查深度便成为博弈的焦点。

由图4-6可以看出，机构改革前规划部门与建设部门的管辖界线虽然也是有明确的阶段划分，但是前面也提到过，一些地方建设工程规划许可审查的对象其实是施工图。也就是说，建设部门的权责范围被压缩，仅负责核发建筑工程施工许可证这一行政行为，规划部门的审查范围深化、扩大，这是某些地方政府部门内部博弈的结果。

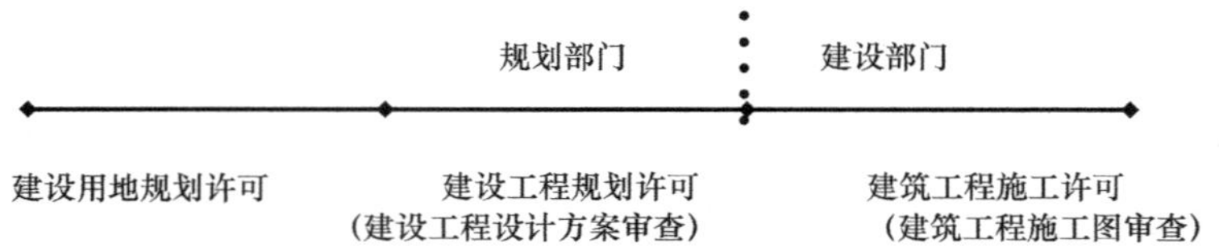

图4-6 霍特林模型的博弈分析一

① 虽然这种趋于稳定是表面上的，部门间的内部博弈由明转暗（相关博弈已在章节4.2.1中详述），但至少在机构改革后，在体制机制上已经奠定了趋于稳定的基础。

图 4-7 所示为机构改革之后，自然资源部门（原城乡规划部门）原先在城镇实施规划管理的"一书两证"与国土部门的用地预审、用地批准等环节和"一书两证"进行整合，按目前国务院"放管服""营商环境改革"及自然资源部"多证合一""多审合一"等工作部署上看，已经整合为三个环节，下一步改革趋势还将进一步整合为两个环节。原来已经达到的博弈平衡面临瓦解重构。

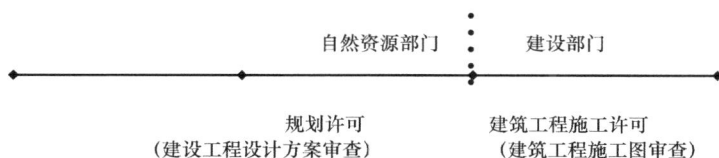

图 4-7　霍特林模型的博弈分析二

图 4-8 所示为应用霍特林模型对此前的建设工程设计方案审查与建筑工程施工图审查的边界点进行博弈推演。原来的均衡点在 O 处，由于规划部门与建设部门同属住房和城乡建设部主管，一些地方偏向 A 处，一些地方偏向 B 处，都属于内部职责调整，是很容易就稳定下来的，但现在不再有这样天然的平衡条件，于是会出现 A 点和 B 点之间的强烈拉锯，最终将再次均衡于 O 点这一明确的分界线上。此刻的 O 点也将随着此次改革的本意有所调整，取决于是否是外部性的、是否对空间资源的开发利用产生影响。其中的逻辑也是此次改革的本意，自然资源部门主管国土空间规划，原先的规划"包打天下"的格局将根据是否具有外部空间属性进行优化，规划设计方案审查深度、范围的判断标准也就简化至此。

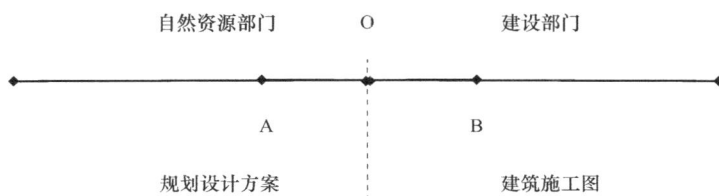

图 4-8　霍特林模型的博弈分析三

4.3　本章小结

为了更全面系统地阐述国土空间规划权博弈的类型，本书将博弈类型分为内部博弈和外部博弈。本章是内部博弈的空间规划权的实证研究，以实证结合案例的形式，分别阐述纵向央地博弈和横向部门博弈。纵向央地博弈分别从空间规划体系的央地博弈、土地管理的央地博弈两方面开展实证研究，全面梳理了整个空间规划领域央地博弈的脉络，以政策文件、法律法规的形成逻辑、背景为主要抓手，系统分析了央地博弈的内在逻辑。以北京工程建设领域审批制度改革的案例具体剖析了央地博弈的博弈策略，指出央地博弈的关注焦点。横向部门博弈分别从规划体系建立中的部门博弈、空间规划权作用形成中的部门博弈两方面开展实证研究，系统分析了机构改革前后空间规划体系建立中空间规划权的部门博弈，指出部门博弈中的成本与收益关系，并存在一定的边界。应用霍特林模型分析了执行阶段空间规划权作用形成中规划与建设的部门博弈策略，指出部门博弈最终的稳定条件。应用实证加案例的方式分析空间规划权的内部博弈，是为了全景式地描述博弈的外在表现，更是为了通过政策制定脉络的展示分析出博弈的内在逻辑，同时也是一个对空间规划权内部博弈的历史性阶段的总结。

第5章 空间规划权实证研究：外部博弈

从宏观概念上来说，外部博弈有政府与市场的博弈、自然资源保护与利用开发的平衡、生态环境与经济发展的平衡、无为而治与有为之治；从微观概念上来说，有建设方与周边利害关系人的博弈、建设方之间的市场竞争博弈，涉及对空间资源开发权分配，其中包含智猪博弈、帕累托效率，以及如何达到参与方与受影响方博弈的纳什均衡。

对于自然资源保护与利用开发的博弈，生态环境与经济发展的博弈范畴更大，是站在人类的视角，从人居环境的不断改善与自然环境的可持续发展如何达成平衡的角度出发，更关系到习近平总书记提出"绿水青山就是金山银山"理论的现实化。由于这个范畴更为宏观，本书不就全域的开发与保护博弈进行深入讨论，仅聚焦在人居环境内的开发与保护的博弈。这是在人居环境中两种不同治理理念的博弈，更是两种不同目标效益的博弈，也是对可持续发展不同理解方式的博弈。

因此，本章主要通过政府与市场的博弈、开发与保护的博弈两种空间规划权外部博弈类型，系统全面地开展实证研究。政府与市场博弈将选取城市更新中空间规划权博弈的案例以及违法建设与行政监管博弈的实证开展研究。开发与保护博弈将选取天津的旧城更新和城镇开发边界两个实证案例开展研究。

5.1 政府与市场博弈

5.1.1 城市更新中空间规划权博弈

改革开放 40 年来，我国城市高速发展，一、二线城市建设以前所未有的速度向外扩张，迅速铺开，经济社会水平显著提高的同时也带来许多"大城市病"。随着人们认识的提升，城市建设由追求数量逐步转向追求质量，高速发展转向高质量发展，城市的建设规模也由增量转向存量，如北京和上海的 2035 年版城市总体规划都提出了建设用地规模不增加的要求[①]。城市内部完全空白地块平地起的新建建设也逐步被修

---

① 《北京城市总体规划（2016年—2035年）》提出："到2020年全市建设用地总规模控制在3720平方公里以内，到2035年控制在3670平方公里左右。"《上海市城市总体规划（2017—2035年）》提出："至2035年，全市规划建设用地总规模控制在3200平方公里以内，并作为2050年远景控制目标。"

修补补的更新建设取代，原本由城市新建为主设定的制度规则已经不适应以更新为主的建设模式。新建建设时规划部门所要求的规划条件、审批流程等，也逐渐无法适应更新的建设模式。罗伯茨（Roberts，2000）将城市更新定义为："用一种综合的、整体性的观念和行为来解决各种各样的城市问题，应该致力于在经济、社会、物质环境等各个方面对处于变化中的城市地区做出长远的、持续性的改善和提高。"图罗克（Turok，2005）指出城市更新具有三个显著特点：一是城市更新的目的是改变当地现状，并在此过程中让社区居民参与到社区共同未来的建设中；二是城市更新可以包括多个目标和活动，不同地区问题各不相同，中央政府发挥制定规则的职能；三是城市更新的参与者通常包括不同利益相关者，合作形式可以多种多样。存量规划时代的城市物质空间形态基本已经定型，理想化设计空间越来越小，更多时候是为了达成价值观念共识（李明 等，2018）。城市更新中影响力和制约力最大的是产权、用途与容量三个因素（唐燕 等，2019）。

2018年10月25日，习近平总书记在广东调研考察广州市荔湾区西关历史文化街区永庆坊时指出，在城市规划和建设中，要高度重视历史文化的保护，不能急功近利，不搞大拆大建。不仅要突出地方特色，还要注重人居环境改善，要多多采用微改造，用足"绣花"功夫，注重文明传承和文化延续，让城市留下记忆，让人们记住乡愁[1]。这也是从中央层面再次指明了城市更新背景下，规划应该注重的方式、路径。下面以北京首钢地区城市更新为案例开展实证研究。

1. 背景

2014年，北京市石景山区的首钢地区被纳入全国城区老工业区改造试点，首先对西十筒仓区域六个筒仓、一个料仓进行改造。经过细致的研究设计，实现了对原有工业建（构）筑物的改造再利用。同时，为落实习近平总书记关于城市建筑的指示精神，首钢集团委托中国工程院等单位组织开展了城市风貌的研究工作，由徐匡迪院士牵头，吴良镛等五位院士领衔。筒仓改造项目的极大成功和风貌课题研究的优秀成果，得到了北京市领导及业内的肯定，时值北京申办冬奥会成功，便引发了将首钢工业遗存改造与冬奥会相结合的设想。2016年5月，北京2022年冬奥会组委会入驻首钢，首钢与体育产业结缘。2017年2月，首钢与国家体育总局签署合作框架协议，以首钢地区的建筑改造为国家队提供短道速滑、花样滑冰、冰壶、冰球等训练场馆。2017年9月，国际奥委会通过了冬奥会单板大跳台首钢园区选址方案。新首钢北区建设加速，各项目的设计工作得以全面铺开。

---

[1] 引自《习近平在广东考察时强调：高举新时代改革开放旗帜 把改革开放不断推向深入》，2018年10月26日，人民日报。参见http://cpc.people.com.cn/n1/2018/1026/c64094-30363600.htm.

2．更新方式

新首钢园区规划"十年磨一剑"。自 2005 年起，北京市规划委员会即开始组织编制《首钢工业区改造规划》，2007 年获得批复，并启动了 5 项专题研究。2010 年，首钢根据新形势、新条件提出了修改 2007 年版规划的要求，并主动提前研究，委托北京市建筑设计研究院等单位进行城市设计。以该城市设计成果为基础，新版《新首钢高端产业综合服务区控制性详细规划》于 2012 年 2 月正式获得批复，首钢进一步委托开展城市设计导则、绿色生态、地下空间等多个专项规划的编制和城市风貌课题的研究工作。2016 年，在北京疏解非首都功能、减量提质的大趋势下，首钢主动进行规划调整研究，结合北京 2022 年冬奥会组委会入驻需求，编制北区整体建设设计方案，作为规划调整的具体支撑，切实落实控制性详细规划指标的合理性。2017 年 10 月，《新首钢高端产业综合服务区北区详细规划》获得批复。目前以 2017 年版控制性详细规划为指导，新首钢园区各地块设计工作已全面铺开。

从新首钢园区的改造历程中可以看出，"规划"与"设计"始终是相辅相成的。规划指导设计，设计深化进一步支撑规划优化，"规划—设计—规划—设计—规划—设计"这一过程不是简单的反复，而是一个互相促进、螺旋式上升的过程。

首钢工业遗存保留与再利用工作开展并深入的过程，也是首钢对工业遗存的认识由浅入深的发展变化历程。首钢企业搬迁调整之初北京市规划和国土资源管理委员会组织的调研及规划研究，首钢企业的参与度并不高，当时企业还未停产，老工业区的改造开发还未设置专门机构。2010 年主厂区全面停产，首钢总公司成立园区开发部（即北京首钢建设投资有限公司），工业遗产的去留问题逐渐受到关注。囿于国内整体对工业遗产缺乏认识、首钢自身背负搬迁带来的大量债务等原因，"拆"成为当时首钢内部的主流声音。随着 2012 年版控制性详细规划及各专项规划编制的推进，首钢企业对工业遗产的关注和保护意识有了明显提升，"保"已基本形成共识，但首钢作为企业自身并没有放弃对高强度开发的追求。今天，首钢老工业区的规划实现了从"增量"到"减量"的创新，保护工业遗存的理念已经深入人心，首钢企业对工业遗产的保留再利用已经成为一种积极主动的行为。

延续首钢地区工业特色风貌作为一条主线贯穿各项目设计概念的核心，不仅仅因为这一与生俱来的特点将成为首钢地区的标志，带来无限的区域活力和发展潜力，还因为工业遗产改造契合存量发展这一城市发展的宏观方向，给予首钢发展机会和空间。但大规模工业遗存改造的成本不容小觑。尤其对于高炉、焦炉等典型重工业设施，其复杂的内部构造为空间利用带来诸多不便，需要采取特殊的技术措施，改造难度增加的同时带来工程造价的提升。而老工业区改造周期长，较长的投资回报期更是带来极大的开发压力。同时，首钢目前正值企业转型的关键时期，钢铁产能过剩已经使首钢发展日益艰难。如何处理好工业遗存保护与园区开发、企业转型的关系是难点。需要充分发挥首钢企业作为业主的统筹优势，不断强化工业遗存保护意识，找到合理的价值排序和平衡点，寻求经济效益、生态环境、文化传承的共赢。

首钢现状工业遗存呈现出典型的"复杂巨系统"状态，针对这一特性，分级、分层梳理是认识其复杂性的唯一路径。在2006年清华大学开展的"首钢工业区现状资源调查及其保护利用深化研究"中即将首钢工业遗存的保留分为区域和单体两个层面，将保护级别分为强制保留、建议保留和可以保留三个级别。2012年版控制性详细规划对其予以吸纳，在法定规划层面确定36项强制保留、42项建议保留和124项其他重要工业资源。在2014年启动的风貌课题研究中，以如何利用为侧重，进一步划分整体严格保护（26项）、局部重点保护（32项）和特色要素保护（48项）三个等级。首钢北区整体建设设计方案（2017年）以以往对工业遗存的研究为基础，结合具体的改造策略和设计手法，增加保留再利用的场地要素200余项，第四级"其他可利用工业要素"体现在2017年版控制性详细规划中，进一步引导具体方案设计。

针对不同工艺工业遗存的不同现状特色，结合不同的功能空间需求，须采取不同类型的改造策略。可分为表皮保留、结构保留、新旧织补、景观性保留四类，在首钢园区中均得到了实践并初见效果（图5-1）。西十筒仓为高炉上煤系统的一部分，以直径22米、高30米的圆柱形筒壁为特色，结合办公采光、通风要求保留筒壁表皮形态成为设计重点，方案采取脱开表皮、搭建新结构体系的设计策略。三高炉改造是表皮保留另一种类型，高炉属重型工业设备，因年久失修，设计重点是保留原有高炉风貌的前提下进行消隐加固，构件拆或留这一尺度的把握成为关键。同时其内部空间极为特殊，选择契合的使用功能则能得到双赢，博物馆空间灵活性高，能最大限度地保留并发挥原始空间特色。冬奥料仓以牛腿柱、人字撑等富于粗犷美的钢筋混凝土结构为特色，设计重点为如何保留并暴露结构、处理不同结构层高与空间功能的关系。首钢工舍特色酒店是新旧织补的成功案例，酒店原为三高炉空压站、返矿仓、低压配电室、N3-18转运站4个工业建筑，设计直面旧有工业风貌的保留与新功能的矛盾，在老的工业建筑内植入新的功能空间，以强烈的新旧对比突出呈现新、旧的不同特点。星巴克首钢园店是新旧织补的另一类型。其不是在老建筑内部，而是在原有工业设备外部贴建，即咖啡厅室内空间贴建于干法除尘底部。原干法除尘设备仅进行安全消隐，原汁原味地展现旧有风貌，新的咖啡厅则呈现为由混凝土包边的玻璃盒子，设计重点在于处理新、旧体量的比例和尺度关系，以"轻介入"的手法实现良好的设计效果。其他更多零碎的构筑物和小型工业设备则更适合作为景观进行保留，如冬奥办公区广场的天车梁柱、火车头和铁轨，三高炉前广场的鱼雷罐等。

图 5-1 三高炉改造博物馆（左）与料仓筒改造办公室（右）

该项目创新精细化规划管控体系，实行"多规合一"的综合管控。以详细规划整合控制性详细规划、绿色生态、城市设计、地下空间等多个专项规划和分区深化设计，形成"控制性详细规划图则＋场地设计附则＋绿色生态附则＋建筑风貌附则＋地下空间附则"的管控体系，实现规划、园林、人防、交通等多部门管控要素统筹协调。其中控制性详细规划＋13 个专项规划＋分区深化设计＝详细规划（1 个图则＋4 个附则）。由中共北京市委机构编制委员会办公室牵头，北京市规划和自然资源委员会、北京市发展改革委员会、北京市住房和城乡建设委员会参与的城市更新审批办法正在制定当中，将对城市更新中各项审批事项重新制定流程，而不再局限于新建建筑的审批流程，能够解决一些实际问题。

3. 存在的问题

但实际工作推进中仍存在一些问题。第一，现行的规划指标体系、编制体系、实施体系延续计划经济的情况下"大拆大建"的方式与首钢北区原样保留、改造使用的目标难以吻合，土地供应政策完全采取市场方式，难以有效整体提高首钢北区的利用效率。这些需要解决的问题背后均存在博弈。例如土地规划性质分类问题。现行《城乡用地分类与规划建设用地标准》（GB 50137—2011）是单一分类体系，详细规划中地块划分也是以此为基础的。而实际上土地用途是实时变化的，也是复合性的，规划用地性质是消防、工商、卫生等部门办理后续使用手续的基础依据。因此，从北京市的角度出发，希望放宽土地（规划使用）性质分类标准，增加土地使用性质的灵活性、兼容性，以与后面土地供应政策（出让划拨、作价入股等）、后续土地使用功能和相关政策匹配相适应。

第二是规划实施的审批衔接问题。在规划条件（选址意见书）、规划用地许可证、规划设计方案、规划工程许可证的规划实施体系中，规划设计方案是重点。规划设计方案除需要全盘体现规划地块的相关控制性规划指标（绿地率、建筑密度），还有与其他方面强制性要求之间的衔接（建筑退线、人防、车位）等要求。首钢北区以保留现状改造为主，不存在大拆大建的可能，其规划设计方案难以同时满足控制性详细规划指标和强制性指标的要求。项目要求在总建筑规模、建筑高度不变，能够满足消防、安全等要求情况下，其他指标要求按照现状处理，同时为满足公共需要，允许绿化、停车等指标可以在一定区域内统筹安排。

第三是规划审批的规划方案建筑面积问题。首钢北区主要是既有构筑物改造成建筑物，但由于异形结构多、不规则情况多、使用效率相对低，其建筑面积难以按照现有规划设计方案要求和现在《建筑工程建筑面积计算规范》（GB/T 50353—2013）计算，也难以与《房产测量规范》（GB/T 17986—2000）对应，后期《不动产权证》难以办理。因此项目要求以实际设计方案为主从宽计算建筑面积，保证前后一致。

第四是土地供应政策问题。新首钢园区建设享受国务院关于推进城区老工业区搬迁改造的指导意见的政策，其用地可以协议出让；由于新首钢北区用地是工业用地，原以构筑物为主，建筑面积相对较小，现将构筑物改成建筑物，增减面积较大，按照《国有建设用地使用权出让地价评估技术规范》（国土资厅发〔2018〕4号），需要按照熟地价缴纳政府收益，费用相对较高，难以推动新首钢北区建设。因此该类项目中新增建筑面积按照出让金缴纳政府收益，对于用于特定用途（如冬奥会、国家体育总局）的项目，建筑规模可以暂时按照划拨方式使用。

4. 博弈关系

在北京首钢地区的城市更新中，首钢工业遗存"拆还是保"就存在博弈。首钢企业搬迁调整之初参与度并不高，当时企业还未停产。2010年主厂区全面停产，工业遗产的去留问题逐渐受到关注。当时，国内整体对工业遗产缺乏认识，加之首钢自身背负搬迁带来的大量债务，"拆"成为当时首钢内部的主流声音。当博弈的关注点发生错位时，原产权方关注资金的平衡、投入产出比，政府部门关注环境效益。如拆除原有的工业建筑将制造出大量的建筑、工业垃圾，此时博弈的支付矩阵如表5-1所示。

首钢地区更新博弈一　　　　　　　　　　　　　　　　表5-1

		空间资源的原产权方（考虑经济效益）	
		拆	保
政府部门（考虑环境效益）	拆	−2，2	−2，−2
	保	2，2	2，−2

由表 5-1 可知，博弈支付矩阵的结果发生了错位，在不可能达成一致的"政府保、产权方拆"的目标格内，双方能够达到利益最大化，但实际上这种结果在现实中是不存在的，目标错位带来的结果错位无法实现博弈均衡。因此，政府在综合评估之后，如果规划确定保留是能够达到社会效益最大化的话，就应当在配套的制度、政策上予以让步，并在城市设计中予以愿景支持，提供设计上的技术帮助，做出特色，产生效益，使原产权方的经济效益能够达到平衡，能够获得利益，才能取得最终博弈的均衡，即双方均在保留格内取得利益的最大化（表 5-2）。

首钢地区更新博弈二　　　　　　　　　　表5-2

政府部门 （考虑社会效益）		空间资源的原产权方（考虑社会效益）	
		拆	保
	拆	-2，-2	—，—
	保	—，—	2，2

在促使政府部门和空间资源的原产权方将目标调整到一致的过程中，城市设计这个手法起到了至关重要的作用，北京市规划和自然资源管理委员会将城市设计融入详细规划，并与首钢企业不断接触、博弈，共同调整，通过规划指导设计，由设计深化进一步支撑规划优化，"规划—设计—规划—设计—规划—设计"不断反复、互相促进，并呈螺旋式上升。最终其帮助政府与市场的博弈达至均衡，这同时也是信息充分沟通的作用，城市设计是促成这一作用的重要手段。当然，除了城市设计这一手段，一些标准、制度上的改进也是博弈达至均衡的保障，如前面存在问题中提到的用地性质的兼容性、建筑面积的核算、土地供应的性质等。面对这些问题，地方政府在具体操作层面应该在制度、规则上作适当调整，在法律法规允许的框架下给予市场更大的自主权，鼓励市场的创新，激发市场的活力。

5.1.2　违法建设与行政监管的博弈

在规划实施的后期阶段，由于政府部门内部已经就空间规划权达到博弈平衡，博弈类型也从内部博弈转变为外部博弈，博弈主体转变为政府部门（规划许可核发方）与建设单位（规划许可申领方）。博弈方式也变得更为直接，即建设与监管。过去的方式是政府部门（主要由规划部门代表）依据规划发放行政许可，建设单位开始建设，等建完工后，规划部门进行规划核实，即对建设工程是否符合规划条件进行验收，如果此时发现不符合规划条件、不符合规划许可内容的，通常会责令改正，但是也存在一种情况，即无法改正但对周边影响很小的情况。这种情况下，如果拆除会造成资产浪费，如果不拆除，又只能以罚代管，无法体现规划的权威性。这其实就是一种规划权实施的博弈、建设方与政府部门对规划权如何实施的博弈。这种博弈体现的是对空间使用权约束性的博弈。

从表5-3、表5-4的对比可以看出，在轻处罚条件下，建设方更倾向于不按规划实施，因为即使被政府部门监督发现，也仅需付出 –2 的代价，与未被发现下获得的收益 5 相比，其会更愿意去触碰这条法律界线，铤而走险获取更大利益。在重处罚条件下，建设方更倾向于按规划实施，因为不按规划实施付出的代价更大。这也说明了在是否按规划实施的博弈中，外部条件，即处罚规则的制定会直接影响建设方的违法成本，决定其是铤而走险，还是循规蹈矩。

外部博弈——政府部门与开发方的博弈支付矩阵（轻处罚条件下）　　　表5-3

政府部门		空间资源开发方	
		按规划实施	不按规划实施
政府部门	发现	—，—	2，–2
	未发现	0，0	–5，5

外部博弈——政府部门与开发方的博弈支付矩阵（重处罚条件下）　　　表5-4

政府部门		空间资源开发方	
		按规划实施	不按规划实施
政府部门	发现	—，—	10，–10
	未发现	0，0	–5，5

在现行的法律中，关于违法占用土地的入刑条款，如非法占用农用地罪，即违法建设过程中因为触犯了《中华人民共和国土地管理法》第七十四条和《中华人民共和国刑法》第三百四十二条的规定破坏了土地资源时可构成犯罪。例如，非法转让、倒卖土地使用权罪是违法建设当事人在违法建设的过程中涉及土地使用权的非法交易，可以依据《中华人民共和国刑法》第二百二十八条判定其构成犯罪。但是对于在土地使用方面无违法行为但违反规划的建设行为，却没有直接的刑法处罚条款。这也是违反规划行为无法得到震慑的重要原因。

专栏：美国、英国关于违反规划的司法处罚规定

1926 年美国颁布的《标准州区划授权法案》（*Standard State Zoning Enabling Act*）中第八部分规定，违反区划条例的行为被认为是轻罪（misdemeanor），处罚的方式包

括罚金（fine）或监禁（imprisonment）或两者兼有。大多数州的授权法案中也对刑事处罚作了规定。而且多数区划条例都包含处罚的部分，在很多案例中刑事处罚被认为是能够确保区划和分区法律执行的合理手段。例如，在《芝加哥区划条例》（*Chicago Zoning Ordinance*）"16-0511 Penalties"一节中规定，对于没有特殊规定的违反区划条例的行为处以 500～1000 美元的罚款，通告过后如果违法行为继续发生，则每天将构成一次单独的违法行为，罚款也将累加。

英国 1990 年版《城乡规划法》对于未执行通知的处罚为在通知规定期限内并未采取通知要求的措施，则依照本条，上述所有人应被追究刑事责任。如属当场处罚，应处于不超过法定最高限的罚金；如被起诉后并定罪，应处以裁定的罚金。如已被判定负刑事责任的人员未尽快采取所有可行的措施以确保遵守执行通知的规定，则其应被继续追究刑事责任：如属当场处罚，则从第一次被追究刑事责任算起，就未履行的措施处以每天不超过 200 英镑的罚金；如属被诉并被定罪，则处以裁定的罚金。如果考虑到有必要在执行期限前防止活动或构成违反事实的行为进一步实施，则其可在通知生效前随时发出通知禁止在规定的土地或部分土地上从事相关活动。如果违反终止通知，相关人员可被追究刑事责任。如属当场处罚，应处以不超过法定最高限的罚金；如被起诉定罪，应处以裁定的罚金（李国海 等，2005）。

从英国司法实践处理的流程中可以看出，只有在行政手段已经用尽仍无法解决违法建筑时，刑法才介入其中，而且处罚也较为轻缓，体现了"行政手段用尽"和刑法的"谦抑性"。从以上英美两国的立法实践和司法实践来看，英美法律体系下更注重行政处罚（带有刑事处罚的性质），强调刑事处罚对行政处罚的补充作用。但总体而言，由于刑事处罚的震慑作用，虽然其更强调对行政处罚的补充作用，但正是由于这种震慑在博弈中起到了巨大作用，使建设方作为博弈参与方时，不得不考虑背叛的收益能否抵扣背叛的损失，才使其作出更为理性的选择。这一点也是国内现有法律制度层面对违法建设行为所欠缺的。

在此次改革之后，自然资源部门由于统管包括土地、空间资源等方面的自然资源，职责关注重点不再是追求高速发展时期的城市建设本身，而是更多关注在追求高质量发展时期对土地、空间资源如何合理地开发利用而不破坏生态环境。因此，对空间资源开发方的底线约束就应该更严格，《中华人民共和国城乡规划法》规定的不按规划实施的处罚范围、标准也应该进行优化。判定是否需要处罚的准则应是看不按规划实施是否侵占了外部公共生态空间资源、影响了他人对外部公共空间资源的使用，质量安全是否影响到他人生命健康等，处罚的标准也应当向原土地方面的处罚靠拢，严罚、重罚，从经济上、刑事上、信用上等多维度使违法者付出高于他获取利益数倍的代价。

当博弈双方政府和市场均对市场管制边界存在不确定性时，政府应当尽量缩小管制边界，守住底线。但由于我国的经济体制是近40年来逐步由计划经济转向市场经济的，政府管制一直属于较为全面严格的状态，也一直存在"一管就死、一放就乱"的现象，这其实与政府对市场的管制手段过于单一存在一定的关联。政府通常认为市场行为前端的管制才算是真正的管制，因此大多数管制手段集中在行政许可、行政审批等上，忽略了事中和事后的管制手段。实际上，这反映出在政府层面利用一些博弈原理去设计的对市场行为后端的管制手段较为缺乏。为了打破这种局面，在推进"放管服"改革时，政府的重点不应仅放在"放"上，更多应放在"管"和"服"上，从规则与制度设计上去统筹"管"与"服"。

那么，通过对外部博弈的分析可以得出结论，要想构建一个外部博弈达到均衡的局面，应从法规层面、制度层面、保障机制层面三个层面着手，具体包括通过立法形式整合审批事项，优化审批流程，简化规划许可，强化验收合格，配套信用体系以实现承诺制的推行。只有将"放管服"三者有效结合，才能在政府与市场的外部博弈中适当地划分政府管制的边界。

5.2 开发与保护博弈

外部博弈中，其实除了政府与市场的博弈、开发与保护的博弈，还有市场自身各主体的博弈。本书是基于治理的视角，更多考虑的是从政府出发的视角，认为对于市场自身各主体的博弈可以交由市场去解决，只需要在政府与市场博弈中划定好边界、框架，给予市场更大的自由度，更大地激发市场的主动性与活力。因此，这一类外部博弈不是本书研究的重点。

对于开发与保护的博弈，开发与保护的对象可以是自然生态环境，也可以是历史人文环境。增量规划时期，城镇的开发边界在不断地向外拓展中，体现的是开发与保护自然生态环境的博弈。到了存量规划时期，在城市更新中，当然也存在开发与保护自然生态环境的博弈，但更大的矛盾焦点体现在关于历史人文环境的开发利用与保护的模式博弈上。历史文脉该如何传承，纯粹的博物馆式的保护更能发挥保护的效益，还是注重生活场景的累积沉淀更能发挥保护的效益。这其中，由于博弈参与方的多元化，面临着不同目标、效益追求的矛盾，博弈也更加复杂。

5.2.1 旧城更新博弈案例

这里用天津西沽南旧城更新的案例来分析空间规划权中开发与保护博弈。

1. 背景

追溯天津 600 年历史，红桥区的西沽南地区代表着天津本土文化和大运河的历史印记，是代表天津全域本土文化历史脉络的街区。其坐落于北运河畔，东南起北运河，北至西沽公园，西至红桥北大街，是津门七十二沽中西沽的核心，有史料记载的历史最早为明万历十六年（1588 年），是目前仅存的天津城建城时期古村落之一。它是《天津历史城区保护规划》划定的"传统特色风貌片区"，也是世界文化遗产——京杭大运河的一个重要节点，是大运河申遗时天津市确定的项目之一。该片区面积 0.73 平方公里，拥有各种街巷 47 条，住户近 7800 户，建筑面积 16 余万平方米，街道肌理、居民生活方式基本保持比较原始的状态，是天津市基本保持原生态风貌的仅存的历史地段。

西沽南作为京杭大运河的重要节点，地处子牙河、北运河、三岔河口，因漕运而起，借漕运而兴，是天津市目前仅存的体现天津卫风格，既有传承又有更替，较完整地保存了清末到现代不同时期的建筑形态、街道肌理和生活状态，展示老城外运河文化的街区。同时 1949 年后的时代印记也使之历史层次感更加分明、厚重。与"开发性"重建的老城厢地区、历次"创造性"修葺的租界地区相比，西沽南片区更兼具原真性与历史感，与前两者共同展示出立体、完整的天津城市文化。因此，对西沽南地段的保护，与其说是保护这一地段，更不如说是保护天津本土文化的根。一旦西沽南地区实施拆迁，代表着天津卫传统文化风貌将彻底消失。因此，重新认识西沽，深入挖掘西沽的文化，整体保护西沽，展示西沽所代表的"老天津"文化，不仅具有现实的紧迫感，也有着深厚的历史意义和文化意义。

随着漕运衰落，功能逐步退化，街区内原来的四合院逐渐变为大杂院。特别是 1976 年大地震后，该地区大量房屋毁坏倒塌，居民自行插建大量平房。目前街区内生活环境恶劣，房屋破旧，户均使用面积 $15m^2$，街巷胡同狭窄，无法通车，公共设施严重不足，燃气、有线电视、暖气均未入户，存在很大的安全隐患，医疗急救、火灾救援基本不具备条件，居民生活居住条件极其恶劣，产权关系复杂，原住民迁出较多，缺乏生活活力（图 5-2）。该片区被列入天津市区棚户区改造"三年清零"计划，棚户区改造片区占地面积 19.3 万 m^2，总户数 7800 户。红桥区政府于 2018 年 9 月 10 日决定在西沽南地区先行启动货币协商搬迁工作。

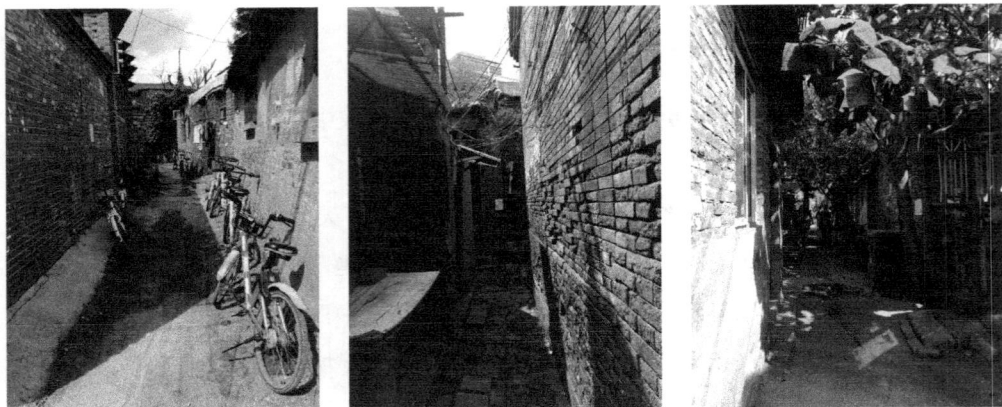

图 5-2　西沽南片区街巷内景

西沽地区不是法定规划中认定的保护性历史文化街区，但是在 2013 年天津市政府批复的《天津境内京杭大运河保护与发展规划》中是中心城区运河重点地区[①]。2008 年，全国第三次文物普查工作中，通过调查核实，在该片区发现 10 处具有保护意义的历史建筑，但相对于整体 16 万平方米的建筑面积来说，显得十分苍白无力。

2. 存在的问题

地方缺乏改造明确思路。天津市迫切需要完成市区棚户区改造"三年清零"计划和到 2019 年年底全面完成棚户区改造任务的目标，2018 年年底，红桥区政府对西沽南片区进行摸底，首先转移安置居民，改善居民居住环境，使街区具备拆除条件，计划年底前开始动迁，至于下一步怎么拆、怎么建、如何改造的方式还正在研究。

相关规划滞后。2006 年，国务院批复的《天津市城市总体规划（2005—2020 年）》中，西沽南地区为适宜建设区，属于中心城市建设用地。2012 年，天津市人民政府批复的中心城区控制性详细规划中，用地性质以商业性公共设施用地和居住用地为主，居住用地容积率为 3.0，已不适应当前中央对大运河文化遗产保护的要求。

2014 年中国大运河项目成功入选世界文化遗产名录。2013 年天津市人民政府批复了天津市规划局、文物局组织编制的《天津境内京杭大运河保护与发展规划》，将西沽地区列为中心城区运河重点地区，批复要求"有关区县人民政府要在 1 年内组织编制完成运河两岸地区控制性详细规划"。西沽南地块属于西于庄地区的一部分，西于庄地区控制性详细规划于 2012 年 5 月经天津市人民政府批复，但截至 2019 年年底，并未按批复要求完成该地区控制性详细规划的修编。

---

① 《天津境内京杭大运河保护与发展规划》提出，西沽地区"在严格保护的前提下，强化历史街区布局肌理，修缮传统院落和民居，进行环境整治，将西沽地区发展成为中心城区具有代表性的传统中式生活社区"。

自 2017 年起，红桥区政府、天津市规划和自然资源局组织开展了西于庄地区城市设计方案的编制工作，方案中将西沽南地区作为重点片区进行专项研究，提出了规划思路和保护要求，对西沽南片区的定位是民俗体验区，显然从定位来看，开发利用的程度大于保护（图 5-3）。截至 2020 年 6 月，该城市设计方案尚未得到正式批复。

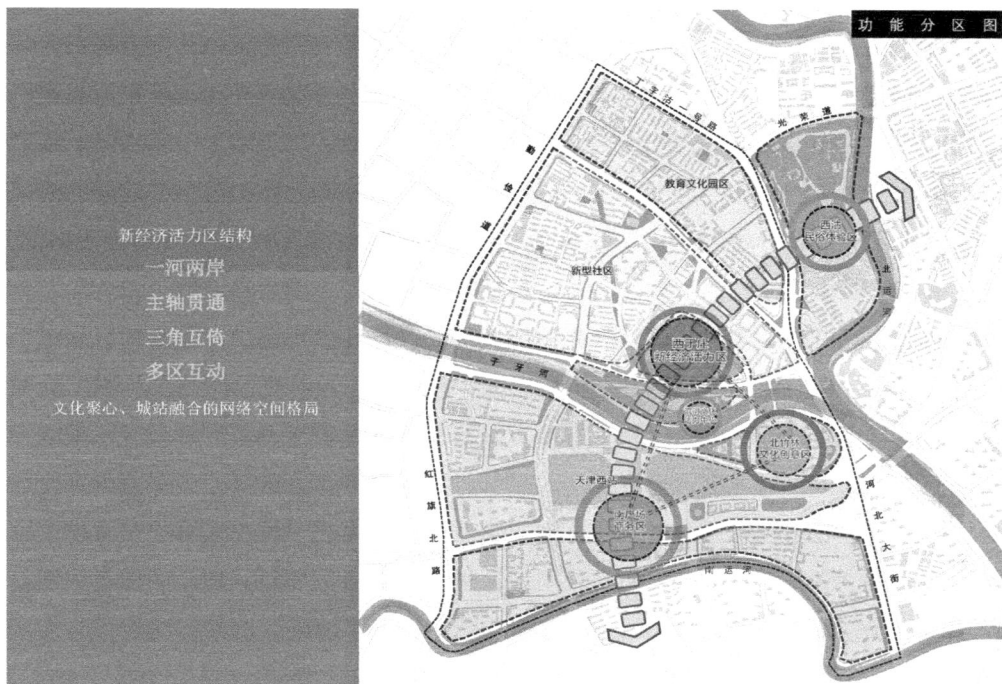

图 5-3　西站商务区西于庄片区城市设计草案公示
（资料来源：天津市规划和自然资源局）

天津将其列入"棚户区三年清零行动"，改善当地居民生活条件的初衷是好的，但是将原住民腾迁出来后，怎样处理剩下的建筑物，保留街区风貌，成为改造的难点。资金的问题是首要问题，要通过拆除其中错综复杂的私搭乱建建（构）筑物来恢复大运河文化的中国传统肌理，耗费的资金是否能通过后续的开发利用达成平衡，对于财政收入捉襟见肘的红桥区政府来说，确实有较大难处。

3. 博弈关系

大运河保护发展规划体现的是保护与发展并行的思路，但是对于如何处理好保护与发展的关系，保护发展规划只将任务交给了控制性详细规划。《历史文化名城名镇名村街区保护规划编制审批办法》第七条第二款规定了历史文化街区保护规划的规划深度。

"第七条　编制历史文化名城、名镇、街区控制性详细规划的，应当符合历史文化名城、名镇、街区保护规划。历史文化街区保护规划的规划深度应当达到详细规划深度，并可以作为该街区的控制性详细规划。历史文化名城、名镇、街区保护范围内建设项目的规划许可，不得违反历史文化名城、名镇、街区保护规划。"

应当说这是从部门规章上明确了街区级规划的编制及实施路径。但遗憾的是，西沽南片区虽在大运河保护发展规划中定位为传统特色风貌片区，但并不是历史文化街区，因此编制审批办法对其并没有强制性，事实上其控制性详细规划也因此迟迟未修编，未能顺利解决这一问题。作为博弈参与方的专家一方一直推进多方活动，希望能够通过其他力量促进政府方作出改变。

为此，西沽南片区的历史文化价值及其面临的困境便上升到天津市政府的上一级主管部门，2018 年 9 月，由于国家机构改革刚刚尘埃落定，如前面所述历史文化名城相关职能仍在自然资源部与住房和城乡建设部间未予明确。对于相关问题作为规划主管部门的自然资源部只能先按照规划的合规性进行调查，发现其规划方面存在的问题，从而给予判定，对真正历史保护价值由于没有批准规划的依据，反而无法作出判定。迫于上级部门调查的压力以及经济方面的压力，当时天津市规划局和天津市国土房管局提出下一步工作：一是西沽南棚户区改造项目房屋征收工作按原计划推进，对年代较长房屋暂缓拆除；二是组织专业部门及专家对历史文化价值进行甄别，严格保护不可移动文物，划定保护范围，强化空间肌理，保护历史环境景观；三是完善西于庄地区城市设计方案，落实《天津境内京杭大运河保护与发展规划》。

然而，保护专家希望的是整体保护，留下一个活化的历史文化街区博物馆，而不仅仅是模仿造新仿古的街区肌理构成，可以在踏踏实实地对这些活化标本展开研究的基础上，再思考利用发展的问题。但是政府部门的困境也很明显。要整体保护，首先，需要剔除其中的私搭乱建，重新修葺原有建筑，这部分工作的资金投入就将不菲。同时因为历史原因，新中国成立后许多四合院被改造成了大杂院，特别是近年来由于缺乏监管，违建现象愈演愈烈，违建与主体建筑犬牙交错，拆除势必影响主体建筑的结构安全，修复难度大。其次，由于腾迁居民已经花费了大笔资金，接下来的经营将如何运作，才能达到投入、产出的平衡，这也是任何一个政府都需要盘算的难题。交给商业运作，难免沦为千篇一律，只有商业没有生活，原真性缺失、空心化严重的状况；交予政府运作，又如何持续下去，毕竟前期修葺、修复所背负的财政压力已经很大，后期还需要一大笔维护费用。

自然历史文化资源的再开发中，没有专家参与的博弈即便是达到了博弈均衡，也未必是有利于社会综合效益的均衡。例如，很多地方，特别是拥有优美自然环境资源的县，打着旅游的旗号进行建设，其实是在进行房地产开发。这也是当地政府和开发商博弈的结果，开发商考虑的是投入资金怎样可以尽快收回，政府考虑的是怎样可以引入资金改善财政收入，解决一些基础设施建设问题。于是双方各取所需，重视了经济效益、近期效益，忽略了生态效益、长期效益。这从短期来看是双赢的博弈，而从长期来看则不是。

下面来分析一下西沽南案例的博弈策略。对于原住民来说，由于配套基础设施的严重滞后、居住环境恶劣，大部分原住民已经搬离，遗留下来的房子或者空置，或者以极低的价格出租给外来人口。剩下没有搬离的原住民中大部分也是因为经济条件不允许，无处可搬，所以只能留在这里。因此，对于他们而言，只有拆迁，自身的利益才能最大化，而其他效益如历史价值对于他们来说并没有那么重要。政府部门和部分原住民进行的二人博弈如表 5-5 所示，当他们均考虑经济效益时，显然拆迁对于他们是最优选择，也是博弈均衡。如果参加博弈的只有这两方，那么博弈结果很快就出来了，西沽南片区可能很快就被拆除了。

天津西沽南政府、原住民二人博弈　　　　　表5-5

政府部门 （考虑经济效益）		部分原住民（考虑经济效益）	
		拆	保
	拆	2，2	2，-2
	保	-2，2	-2，-2

但是，西沽南片区具有独特的历史价值，它的价值不在于现存建筑本身的历史价值，因为整个片区仅有 10 处有历史价值的建筑，它的价值主要表现在该片区是承载代表天津卫的漕运文化的实体，街道肌理展示了运河文化下底层群众的生活状态。这部分的历史价值在保护专家眼中，是不可多得的反映天津本土文化的传承实体，与天津的内城文化具有差异化的保存价值。因此，保护发展规划也注重该片区的整体保护。由于保护专家的出现，二人博弈变成了三人博弈，表 5-6（表格中三个数值分别表示三方的价值）展示的是保护专家考虑历史价值后加入博弈的情况，保护专家认为历史价值很高，于是拆和保对其收益影响都很大，所以取值高线即 3 和 -3，这样矩阵中最优解应该是（2，-2，3）一栏，总收益为 3。但是这栏对应的是政府拆、原住民和保护专家保的情况，显然这种情况是不可能出现的。表 5-7 展示的是保护专家考虑历史价值后加入博弈的第二种情况，保护专家虽然认为有历史价值，但是对其收益影响并不大，取值低线即 1 和 -1，这样矩阵中最优解应该是（2，2，-1）一栏，总收益为 3。

该栏对应的是政府、原住民、保护专家三方都采取拆的策略，这种情况是完全有可能出现的，即保护专家所认为的历史价值在经济效益面前不值一提。

天津西沽南加入保护专家的三人博弈一（取高）　　　　　　　表5-6

保护专家（考虑历史价值）		部分原住民（考虑经济效益）	
		拆	保
政府部门（考虑经济效益）	拆	2，2，-3	2，-2，3
	保	-2，2，-3	-2，-2，3

天津西沽南加入保护专家的三人博弈二（取低）　　　　　　　表5-7

保护专家（考虑历史价值）		部分原住民（考虑经济效益）	
		拆	保
政府部门（考虑经济效益）	拆	2，2，-1	2，-2，1
	保	-2，2，-1	-2，-2，1

最终的结果也证实了这一点。2019年10月，红桥区政府最终拆平了该片区，仅保留零星在册历史建筑（图5-4）。这不能不说是城市更新中经济要素在博弈中占据上风的典型案例。保留所有建筑进行修葺的经济成本远远大于推倒重建。而对于在这件事上占据主导地位的区政府来说，该地块属于棚户区改造，而非历史文化街区，争取不到国家补助资金，只能通过腾挪地块引入资本来运作，只关注到土地资源的价值，而未关注到原有空间肌理产生的价值。因此，对于区政府来说，自然是全部拆除的经济账更值得。

| 2018年11月 | 2019年6月 | 2019年10月 |

图5-4　天津西沽南片区2018～2019年影像变化

（资源来源：谷歌地图）

博弈的另一方面原住民以及保护专家，利益诉求也各不相同。原住民考虑的是生活的安全性、便利性，需要的是完备的基础设施、舒适的住房。保护专家考虑的是空间肌理的保存、历史的记忆，而这些较为抽象的保护对象所产生的效益很难进行估算。因此，在博弈中对其很难达成共识，且历史价值越高越难以达成共识、形成均衡，最终变成拉锯战。

这与红桥区政府的经济情况也有很大关系，2017 年、2018 年红桥区 GDP 均处于天津市 16 个区县的最后一名。缺乏财力的支持，在城市更新的工作中自然更关心经济效益的平衡问题，也很难考虑其他方面的效益。

4. 策略分析对比

西沽南案例中虽然发生了博弈，但是各参与方掌握的信息是不完全对称的，因此所形成的博弈结果并非均衡。在博弈的过程中，信息的沟通非常重要，没有信息的透明，参与方无法作出合适于当前环境的判断。天津西沽南案例中，保护专家和原住民对于该片区的未来发展是不清楚的。他们得到的信息就是这块承载津沽历史文化、保留历史文化肌理的片区要被拆除了，于是他们着急，他们振臂疾呼。政府在这种情况下并没有将更新方案与这场博弈的其他参与方进行沟通，认为政府是在为民办实事，改善该片区的基础设施、生活环境，为提升该片区的活力而努力。信息不对称导致项目的实施暂时停摆，最终由于历史价值没有得到"历史文化街区"的加持，经济效益占据博弈的上风，"拆"成为唯一的选择。

当然，参与方不同也会导致不同的结果。天津西沽南的案例参与方较多，原住民、保护专家、政府，并且原住民和保护专家还是以个体身份出现，这样致使参与方的数量也增加不少，再加上前面所说的信息不对称，博弈的形式也就随之更加复杂。

专栏：纽约高线公园博弈案例

纽约曼哈顿西区的著名打卡圣地"高线公园"（High Line Park）前身是建于 20 世纪 20 年代的高架铁路，曾经连接着工业时期最具活力的工业区，当时是为了解决地面铁轨与城市道路平交造成的频繁交通事故而建（图 5-5、图 5-6）。高线的建立不仅为改善整个纽约的货物运输作出了重大贡献，还解决了行人和穿越人行横道车辆的安全问题，被称为"交通生命线"。但是到了 20 世纪 50～90 年代，随着经济社会发展和技术革新，铁路运输逐渐衰落，被不断完善的高速公路网络所代替。高线铁路遭到废弃，丧失原有功能，沿线的肉类加工生产街区逐步丧失了原有功能。遗留下来的大量闲置厂房吸引了大批艺术家入驻，经过改造转变为休闲文化空间，高线也逐步更新为文化艺术基地。此时，高线沿线的土地发展就有了两种选择，高线下土地的所有者想拆掉高线和厂房改建成商业房产以获取高额利润，而已经入驻的艺术家们想保留高线和厂房将其改造为艺术空间。两种完全不同的发展理念便导致高线的发展争议，到底是拆还是留，这一拖就是将近 20 年。

图 5-5　纽约高线公园平面图及实景

（资料来源：http://www.lotour.com/zhengwen/3/lg-mt-47194.shtml.；
http://bbs.gfan.com/forum.php?mod=viewthread&tid=5400490&ordertype=1.）

铁路历史　　　　　　　　　　　　　公园现状

图 5-6　纽约高线公园鸟瞰图

（资料来源：www.thehighline.org）

今天我们看到高线的结局显然是以后者模式进行的，它的这种创新模式再开发得益于"高线之友"——一个成立于 1999 年以社区为基础的非营利性组织，他们率先提出保留高线并改造建设成公园的想法，但遭到当时的纽约市长的反对。不过他们并没有放弃，用了 1 年时间去游说建筑师、设计师加入他们，直到 2001 年底，新任纽约市长布隆伯格认可了这个创新策略，2002 年改造方案通过了论证和政府部门的决议。随后举办了向全球征集高线设计的方案竞赛，并最终确定由风景园林事务所、著名园艺师、设计事务所组成的团队开展高线设计。整个高线改造建设一共分为 3 段，第一段于 2009 年向市民开放，第二段于 2011 年建成开放，最后一段于 2014 年开放。现在的高线已蜕变成为一个既充满生机活力又富有人文野趣的"空中步行乐园"，成为纽约的著名旅游景点和文化地标，促进了整个片区的社会经济发展。在这个案例中，"高线之友"发挥着至关重要的作用，是整个社会网络的关键点。一方面，其调动一切社会资源，扩大利益共同体，与政府部门协商保留方案和策略，引导设计；另一方面，不断与周边市民沟通以平衡公共利益诉求。在这种长期的博弈中，"高线之友"能广泛搜集信息，充分发挥专业性桥梁作用，为博弈达至平衡起到了至关重要的作用。除此之外，"高线之友"还承担了运营、管理、维护职责，组织各种展览活动，提高曝光度，从而提升影响力，促进更多人参与到高线公园建设中，形成良性循环[①]。在高线公园向市民共享的公共空间成功转型的过程中，相关部门为控制建设所制定的一系列政策法规和规划条例也起到了重要作用。

在高线公园的改造过程中，涉及政府、民众等多方利益主体，"高线之友"非营利性组织起到了桥梁作用。它本身并非这个改造项目的实际关联方，通过吸纳专业人士进入组织，其提出的更新改造方案体现了专业性、特色性和可行性。其广泛获取公众真实诉求，因此在与政府部门充分沟通后，最终方案获得了通过，也对区划规定调整方案提出建议，保证了公园开发方案的完美呈现。在整个更新改造过程中，"高线之友"对项目运营的全面统筹对项目是一种反哺，能够促进项目向好，最终使高线公园成为纽约的一张名片。从这个案例也可以看出，对于政府而言，应出台有针对性的奖励机制，鼓励对公共空间的投入，有序地引导规范公众参与，完善政策法规，保障公共空间的多种方式运营，最终达到社会、环境的综合效益最大化。

在开发和保护的博弈中，这个案例所呈现出来的不是一味的保护，原封不动地保持高线铁路的历史原貌，也不是完全拆除的开发，腾挪出高线铁路所占用的土地资源，进行房地产开发，而是探寻了第三种路径，在形式上保留、功能上转变，兼顾了多方的诉求。高线铁路这个载体呈现出不同历史时期对物质空间的开发、使用痕迹，不断适应当下的功能需求，达到综合效益的最大化，最终实现开发与保护的博弈均衡。

---

① "高线之友"官网网址为https://www.thehighline.org，目前仍可以看到他们组织的各类活动、筹措资金、线上参观等诸多栏目。

纽约高线公园改造与天津西沽南旧城更新案例相比较，两者都体现的是开发与保护的博弈，但博弈的结果却不尽相同（图5-7）。纽约高线公园案例体现的是开发与保护博弈中共赢的模式，其博弈均衡的关键因素是"高线之友"在其中所起到的协调作用，利用其在土地产权方与市政府之间的协调沟通，不断地促进各方对纽约高线铁路开发保护新模式的认识从而达成共识。他们在自身组织不断壮大的过程中吸收了不少设计界专业人士，给出了极具操作性的改造计划，不仅涵盖了改造计划本身，更涵盖了后期的运营维护，是一个全周期的开发保护管理方案，因此在博弈时，容易说服反对方，达成共识。而天津西沽南案例中保护专家并没有起到这一作用，他们仅仅是社会发声，对搬迁拆除提出抗议，但并没有给出实施路径的可行性建议，甚至忽略了政府、原住民要实现他们保护目标所付出的财政投入及经济损失，没有给出实现共赢的保护方案，当然无法促成各方意见的博弈均衡，最终导致各方目标的分裂。

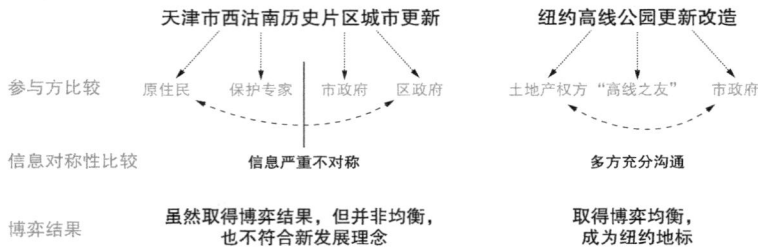

图5-7 天津、纽约案例对比研究

开发与保护不是割裂的两种路径，而是目标的博弈均衡。保护有保护的底线，开发有开发的上线，纯粹强调一方的片面性都将失去博弈均衡。

在存量规划时期，土地资源已经一次开发完毕，基本在二级市场流动，作为依附于土地之上的国土空间资源一样面临在二级市场流动、功能转换的情形。二级市场流动大多数牵涉的是市场主体之间的博弈，国土空间规划权的博弈主体大多也是市场主体，政府在此时所发挥的作用也更多在于公平竞争的维护、功能转换时邻里关系的处理上，多数处于一个仲裁者的地位，因此与增量规划的博弈策略相比较，存量规划的博弈策略更加侧重于外部博弈，内部博弈较少。

对于存量规划背景下城市更新的空间规划权博弈来说，信息的对称是非常关键的条件要素。相较于增量规划背景下新建项目的空间规划权博弈，城市更新的空间规划权博弈参与方呈现多元化趋势，因此每个参与方都将面临如何筛选其他参与方信息的局面，获取有效信息才能作出最佳博弈决策。然而即便是保护专家，他们主动参与空间规划权的决策机会也很少，能否获取有效信息完全取决于政府方面是否提供畅通的信息获取渠道。政府为了维护竞争的公平，在制定规则时，要尽可能地将不涉密的信息向公众公开，尤其是向利害关系人、邻里关系人公开，让参与方能够从多种渠道获取到有效的信息，作出理性的判断和博弈策略。

除了减少信息不对称，简化博弈参与方也是一种路径。如北京市自 2019 年起开始在各区推行街道责任规划师制度，并出台了《北京市责任规划师制度实施办法（试行）》。国内其他地区如上海、深圳、成都等地也都进行过相应的机制探索，上海徐汇区还出台了《社区规划师制度实施办法》。这些制度都规定了规划师的职责，最核心的都是双向沟通职责，向社区居民宣传规划，向政府反馈社情民意。在某种程度上，规划师制度不仅起到了桥梁作用，将参与博弈的居民汇集成一个参与方，还起到了沟通信息、增进信息透明度的作用。特别是对于城市更新模式下的国土空间规划权博弈，具有促进尽快达成均衡的催化剂作用。

5.2.2 城镇开发边界的空间规划权博弈

全域国土空间不仅包括自然生态环境，也承载人居环境。因此，自然生态环境系统提供给人类的不仅包括生活空间，还包括生产空间以及生态空间，这三种空间不仅是功能上相辅相成的合作关系，更是物质空间上此消彼长的博弈关系，尽管其内部有可能交叉，但是总体而言某种功能空间占比增大就必然压缩其他功能空间的占比。在空间规划发展中，人们也逐渐意识到这一点。不可能无限扩大某一空间，平衡彼此之间的关系也成为空间规划中需要重点考虑的内容。对于空间规划的权力而言，处于不同发展阶段，出于不同的追求目标，不同权力行使人之间必然将出现博弈。基于对博弈的认知，制定相应的博弈规则，对于政府而言是必然选择。

2005 年颁布的《城市规划编制办法》首次提出"研究中心城区空间增长边界"[①]，2008 年国务院批准的《全国土地利用总体规划纲要 2006—2020 年》也要求"实行城乡建设用地扩展边界控制"[②]，2008 年开始实施的《中华人民共和国城乡规划法》明确各类开发区、新区必须布局在总体规划确定的建设用地范围以内[③]，《中华人民共和国土地管理法》更是从 1998 年修正案即开始明确"控制建设用地总量"[④]的要求。然而，尽管有行政法上的种种约束，不同层级政府以及社会在建设用地以外进行开发建设的行为仍时常出现，因此，空间规划权关于开发与保护的博弈最终体现在这根保护的界

---

① 参见《城市规划编制办法》第二十九条（六）。
② 参见《全国土地利用总体规划纲要（2006—2020年）》第四章"节约集约利用建设用地"第五节"加强建设用地空间管制"。
③ 参见《中华人民共和国城乡规划法》第三十条。
④ 参见《中华人民共和国土地管理法》第四条。

线上。

"城镇开发边界"的概念起源于美国俄勒冈州，在20世纪70年代北美郊区化蔓延背景下，它是引导城市"精明增长"（smart growth）和基础设施集中配置的一种政策工具。开发边界是保护农场和森林不受城市扩张影响，促进边界内土地、公共设施和服务的有效利用的工具之一。根据俄勒冈州法律，该州的每一个城市和大都市区都在周边设立了一个城市增长边界，这是一条土地利用规划线，用于控制城市向农田和林地的扩张。波特兰都市区政府①负责管理都市区的城市增长边界。自1979年至2014年，波特兰市城镇开发边界面积扩展14%，边界本身调整优化了30余次。

波特兰城镇开发边界面积除了2002年增长17759英亩（约7186公顷），作为新的城市发展用地，其他年份的增长均较为平稳（图5-8）。在开发边界的增长过程中，每次的调整均通过选民（100%的选民或50%选民加上50%的财产所有者）的投票，然后通过都市区委员会（Metro Council）立法确认。因此，这一过程本身就反映了开发与保护这一理念的博弈过程。为此州政府制定了相应的城市增长边界准则（guideline），规定了将土地纳入城市增长边界的顺序标准，"城市增长管理功能计划"（Urban Growth Management Functional Plan）规定了三种城市增长边界调整的途径。

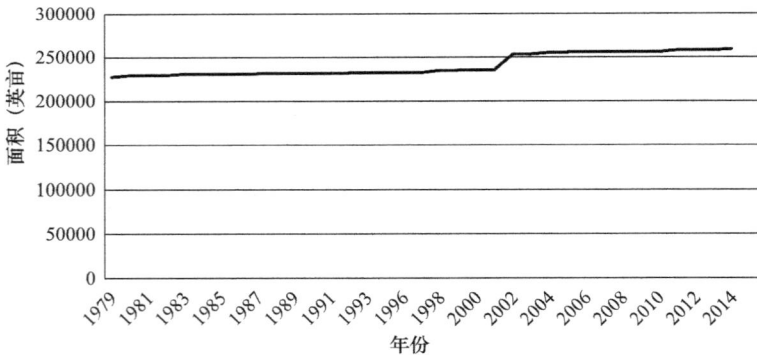

图5-8　波特兰市1979～2014年城镇开发边界增长曲线

（数据来源：https://www.oregonmetro.gov.）

2014年，我国住房和城乡建设部、国土资源部根据2013年的中央城镇化工作会议精神明确"尽快把每个城市特别是特大城市开发边界划定"的要求，联合发文部署北京、上海等14个城市开发边界划定试点工作，统一城市开发边界的内涵和模式。

---

① 1978年，波特兰市居民选举成立了实施增长管理的重要机构"波特兰都市区政府"（Portland Metropolitan Service District，简称Metro）。

这是我国第一次将"开发边界"概念落地，由试点城市探索开发边界划定的原则和方法。而围绕城镇开发边界管控的研究和实践探索也一直没有停止。

国土空间规划体系建立后，划定城镇开发边界作为国土空间规划的重要内容被确定下来，但从中央文件的表述中也可以看出城镇开发边界并不是划定开发与保护的硬性边界，而是以开发为主与以保护为主的边界，如明确了城镇开发边界内外不同用途管制方式，对于开发边界以外的区域提出增加实行"约束指标＋分区准入"的管制方式。2019 年 10 月中共中央办公厅、国务院办公厅印发的《关于在国土空间规划中统筹划定落实三条控制线的指导意见》明确城镇开发边界要"科学预留一定比例的留白区，为未来发展留有开发空间"。城镇开发边界是在国土空间规划中划定的，一定时期内因城镇发展需要，可以集中进行城镇开发建设，完善城镇功能，提升空间品质的区域边界，涉及城市、建制镇以及各类开发区等。城镇开发边界内可分为城镇集中建设区、城镇弹性发展区和特别用途区[1]。其管理内涵包括规模边界"双控"，适度弹性布局，严控界外建设等，原则包括坚持节约优先、保护优先，边界形态尽可能完整，为未来发展留有空间，与生态保护红线、永久基本农田统筹划定等。

北京市人民政府于 2020 年 4 月发布《北京市战略留白用地管理办法》，规定编制国土空间分区规划时，在全市 2760 平方公里城乡建设用地范围内划定了约 132 平方公里战略留白用地，要求原则上 2035 年前不予启用。"战略留白是在未来发展的时间轴上提前预留和冻结一部分用地"[2]，这是从政府主导的空间规划决策阶段达到的开发与保护博弈均衡。

这种划定的模式与国外，如日本和英国的管控模式具有相似之处。日本通过土地利用基本规划明确了不同地域分区，制定差异化的建设和开发管控措施，允许各类分区叠合，在城市地区内又划定"城镇促进区"和"城镇控制区"，强调城镇集聚和功能优化，将与城镇功能关联紧密的历史景观、文化遗产及其周边环境地带一并纳入"城镇促进区"。英国大伦敦地区自 20 世纪 40 年代采用著名的"绿带"（green belt）政策，既控制大城市蔓延，也为伦敦市民提供近郊休憩活动空间。在其城市发展中也存在"绿带"被蚕食问题，因此划定一部分空间，实施战略预留。

综上所述，城镇开发边界在我国的空间规划权博弈中是集中体现了开发与保护的

---

[1]　参考自然资源部办公厅印发的《市级国土空间总体规划编制指南（试行）》附录G城镇开发边界划定要求。
[2]　摘自《瞭望》2020年6月15日报道《战略留白为首都未来留空间》，参见https://baijiahao.baidu.com/s?id=1669556220517581977&wfr=spider&for=pc。

博弈（图5-9）。虽然在法定层面尚未具体落地实现，但通过近年来的试点探索以及国外数十年的实践经验可以看出，这种开发与保护的博弈对于在物质空间划定界线而言，不可能是非黑即白的切割，即界线内只开发，界线外只保护。只有从功能角度出发，以长期战略的视角去界定和行使空间规划权的范围，才能真正获得空间规划权中开发与保护的博弈平衡。

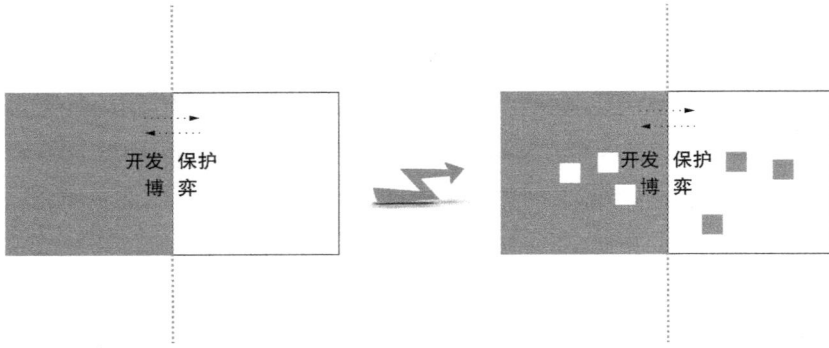

图5-9　城镇开发边界的开发保护博弈示意图

5.3　本章小结

本章是规划权外部博弈的实证研究，以实证结合案例的形式，分别阐述政府与市场的博弈和开发与保护的博弈。政府与市场博弈中分别从城市更新中空间规划权博弈和违法建设与行政监管博弈两方面开展实证研究。围绕政府与市场调校共同目标选取北京首钢地区城市更新案例说明在追求不同效益目标的情况下通过城市设计的手法将政府与市场的效益目标调校为一致。并对建设与监管在博弈中寻找平衡展开实证阐述，指出重罚特别是刑法的介入对违法建设的震慑作用较大，在博弈中可以有效地抑制建设方的背叛行为。这些实证案例也说明了政府与市场外部博弈的焦点主要在于政府对市场管制的范围大小，要想构建一个外部博弈达到均衡的局面，应从法规层面、制度层面、保障机制层面三个层面着手，只有将"放管服"三者有效结合，才能在政府与市场的外部博弈中适当划分政府管制的边界。

针对开发与保护博弈，通过天津西沽南旧城更新案例来分析，并与国外纽约高线公园改造案例进行对比。通过这两个案例可以发现，信息的沟通是促成理念达成一致的重要手段，社区规划师制度、非营利性组织都是重要途径。其不仅起到了连接、桥梁作用，促进博弈参与方的信息沟通，增进信息透明度的作用，还将参与博弈的居民汇集成一个参与方，起到了简化博弈的作用。开发模式与保护模式也是可以互相妥协、融合的，达成新模式的平衡。此外，本章还分析了"城镇开发边界"概念与实践的形成和实例，从更大尺度去理解生活空间、生产空间、生态空间之间开发与保护的博弈。

实证研究的目的是从真实的案例中去映射、校验理论的可行性。本章的研究目的就是在前面分析的国土空间规划权的博弈现象以及对博弈策略背后原理分析的基础上，用真实案例进行校验。

第6章　国土空间规划权作用形成机制的路径建议

本书已经通过前面两章分类实证研究对国土空间规划权博弈展开全景式的描述、分析。本章将通过整合分类实证研究的成果，形成一套对政府参与国土空间规划权博弈的建议，更重要的是基于治理理论和博弈论的视角，对国土空间规划权作用形成机制的路径提出建议，特别是对国土空间规划实施监督体系构建路径提出建议。

6.1　实证研究的整合

内部、外部博弈共同构成了国土空间规划权作用形成过程中的博弈。随着国务院机构改革，自然资源部明确了"建立国土空间规划体系并监督实施"和"建立健全国土空间用途管制制度，研究拟定城乡规划政策并监督实施"的职责。2019年5月中央印发《中共中央　国务院关于建立国土空间规划体系并监督实施的若干意见》，代表了国土空间规划体系顶层设计基本完成，也开启了国土空间规划新时代。在国土空间规划新时代，国土空间规划权面临解决过去旧体系遗留问题，同时建构新体系的实施监督体系的任务，这是一个不断修正的过程。在国土空间规划权力作用的形成过程中，从治理视角出发可以看清国土空间规划作为空间治理的政策工具所应承担的责任、所应起到的作用；运用博弈理论可以对已有问题与新出现的问题进行分析，及时提供政策建议。针对前面提出的两个研究问题，即对于国土空间规划权而言，政府治理与社会治理的边界在哪里，以及政府设定规制的原则应考虑哪些要素，可以通过前面的分类实证分析，从国土空间规划权作用形成机制进行整合研究分析。

国土空间规划权在各级政府层级对外产生的作用是完全不同的，因此其形成的机制也不尽相同。要分析国土空间规划权作用形成机制，就应该从不同的政府层级出发，针对不同层级、不同类别的空间规划开展研究，通过分析不同博弈类型、不同治理方式来找到作用形成的机制路径（图6-1）。

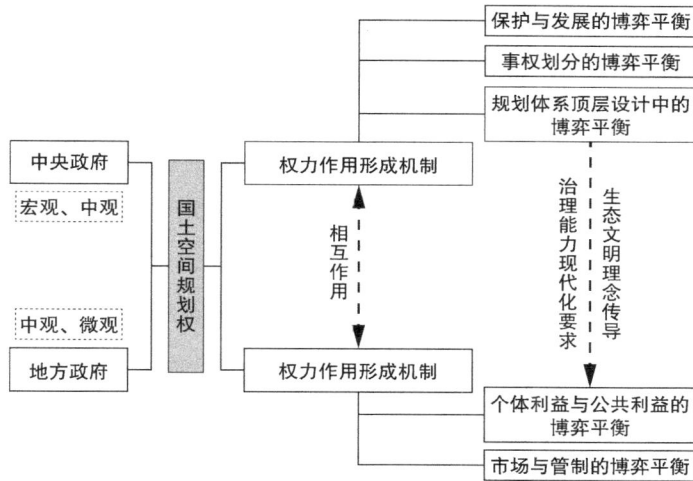

图 6-1 国土空间规划权作用形成机制关系图

6.1.1 中央政府

从央地的事权划分来说，中央政府具体负责的是宏观层面的国土空间规划，包括全国国土空间规划纲要和跨区域的国土空间规划。除此之外，中央政府主要的事权还包括一些重要城市层面的审批权、全国范围广义概念上的监督权，以及政策制度规则的制定权，甚至还包括一些国家级重点项目的执行权。这些事权组成了中央政府的国土空间规划权，其对外作用更多体现于广域国土空间的开发保护。因此，中央政府的国土空间规划权是一个权力束，包括的权力更多体现在广域国土空间开发保护的规则制定上。

从前面几章的实证研究可以看出，这些权力作用的形成机制一直以来就存在博弈，每一规则的形成都是博弈的过程。中央政府层面的规则包括法律、法规、部门规章、规范性文件、标准规范等。通过对博弈参与者的分析可以看出权力作用形成过程中产生影响的要素有哪些。

1. 保护与发展的博弈平衡

伴随经济社会的发展，关于空间资源开发利用的主要矛盾也发生了变化。在城镇化快速发展阶段，为了承载不断城镇化的人口，城镇空间不断扩张，同时 18 亿亩耕地红线的农业空间仍然需要保障，因此生态空间不断被压缩。生态环境恶化让中央政府意识到"发展是硬道理"这句话虽然没有错，但更需正确处理经济发展和生态环境保护的关系。三类空间如何平衡以实现综合效益最大化，是中央政府在国土空间规划权决策时首要考虑的因素。这也是保护与发展的博弈，从博弈中可以找到保护与发展的平衡，还可以找到互相转化、互相促进的方式。

133

因此，在国土空间规划体系建立之初，中央政府更应关注保护与发展的关系，准确把握从高速增长到高质量发展转变的内涵，通过制定合理的博弈规则，以发展带保护，以保护促发展，带动空间资源开发利用方式的转变。博弈规则的设计一方面要严守底线，另一方面也要通过考核体系引导地方政府的行政行为，在制度框架下给地方政府空间，使博弈有效达成、综合效益最大化。

2. 事权划分的博弈平衡

国家治理体系和治理能力现代化的要求，对中央政府与地方政府的事权划分提出了更为清晰的目标。

专栏:《中共中央关于坚持和完善中国特色社会主义制度推进国家治理体系和治理能力现代化若干重大问题的决定》(2019年10月)节选

四、健全充分发挥中央和地方两个积极性体制机制。理顺中央和地方权责关系，加强中央宏观事务管理，维护国家法制统一、政令统一、市场统一。适当加强中央在知识产权保护、养老保险、跨区域生态环境保护等方面事权，减少并规范中央和地方共同事权。赋予地方更多自主权，支持地方创造性开展工作。按照权责一致原则，规范垂直管理体制和地方分级管理体制。优化政府间事权和财权划分，建立权责清晰、财力协调、区域均衡的中央和地方财政关系，形成稳定的各级政府事权、支出责任和财力相适应的制度。构建从中央到地方权责清晰、运行顺畅、充满活力的工作体系。

对于中央政府而言，尤其在对地方国土空间规划的审批权和监督权上，体现的是权责的匹配度。国土空间规划权作为空间治理政策工具的集合，在央地博弈中是一项亟待理顺的重要事权，央地事权的划分体现为保护与发展的博弈。2020年6月30日，国务院办公厅印发《自然资源领域中央与地方财政事权和支出责任划分改革方案》，文中也对国土空间规划和用途管制的相关财政事权、支出责任进行了划分。具体如下。

专栏:《自然资源领域中央与地方财政事权和支出责任划分改革方案》(国办发〔2020〕19号)节选

(三)国土空间规划和用途管制。

1. 国土空间规划。

将完善主体功能区战略和制度，全国性、跨区域的国土空间规划及相关专项规划的编制和监督实施，省级国土空间规划和需报国务院审批的城市国土空间总体规划的审查，监督地方各级国土空间规划实施等事项，确认为中央财政事权，由中央承担支出责任。

将生态保护红线、永久基本农田、城镇开发边界等空间管控边界以及各类海域保护线的划定，资源环境承载能力和国土空间开发适宜性评价等事项，确认为中央与地方共同财政事权，由中央与地方共同承担支出责任。

将地方性国土空间规划及相关专项规划的编制和监督实施，相关规划、战略和制度明确由地方落实的任务，确认为地方财政事权，由地方承担支出责任。

2. 国土空间用途管制。

将全国性国土空间用途管制，全国性自然资源年度利用计划管理，全国土地征收转用监督管理等事项，确认为中央财政事权，由中央承担支出责任。

将受全国性国土空间用途管制影响而实施的生态补偿，确认为中央与地方共同财政事权，由中央与地方共同承担支出责任。

将地方性国土空间用途管制，地方性自然资源年度利用计划管理，地方行政区域内土地征收转用的管理和具体实施，受地方性国土空间用途管制影响而实施的生态补偿等事项，确认为地方财政事权，由地方承担支出责任。

中央政府希望通过审批权和监督权规范地方政府在国土空间开发保护中的权力行为，使其在守住保护的底线之后，再谋求发展的上线。地方政府则希望通过国土空间规划的编制权和实施权获取更多空间发展的主动权。因此，虽然这是关于事权划分的博弈，但内核仍是保护与发展的博弈。

3. 规划体系顶层设计中的博弈平衡

在国家规划体系中，虽然国土空间规划体系的基础性地位已在相关的中央文件中得到明确，但对于专项规划与空间规划的层级关系，各方有不同解读。因此，在顶层设计中的博弈始终未达成平衡。

中央政府层面各行业主管部门在制定行业发展相关专项规划时，除了规划行业发展的远景、方向，也会涉及在全国层面上的空间布局，这些都为具体项目落地层面——市县级国土空间规划的安排提出了依据。但是这种空间布局其实是宏观、大尺度的，无法具体到地块，因此不同专项规划在空间上的冲突很少表现出来。反而在市县级国土空间规划中不同专项规划在空间保障上的矛盾冲突会爆发出来，这需要规划体系传导的源头——中央政府层面进行统筹，通过国土空间规划协调空间保障问题。

4. 权力作用形成机制

对于中央政府而言，以上这些因素在国土空间规划权作用形成机制中起主导作用的是保护与发展的博弈平衡。当然，这也是由国土空间规划权力属性决定的。国土空间规划权是为了协调不同主体的空间开发权，以实现公共利益最大化而出现的。因此，在中央政府层面，最主要的任务是守住保护的底线要求，平衡好保护与发展的关系，对于发展事权方面则通过审批权下放给予地方政府更大空间。在权力作用形成机制中，需要构建起央地关系的对话连接，使发展理念转变的传导更为畅通。中央政府在行使国土空间规划权时，充分发挥考核体系、评估指标体系的导向作用，引导地方政府在行使本级国土空间规划权时注重保护与发展的平衡关系，发挥对专项规划的指导约束作用，统筹协调最终的空间资源开发利用。同时，给予地方政府一定的自主空间，使市场配置、宏观调控互相作用，在新发展理念框架下充分激发各地方间的竞争意识。除此之外，还需要通过横向层级的信息共享、事前统筹，协调解决中央层级国土空间规划权行使与其他中央事权行使的关系。

6.1.2 地方政府

1. 个体利益与公共利益的博弈平衡

地方政府在国土空间规划权上主要包括编制权和实施权，以及对行政相对人、市场的监督权，对下级政府的监督权[1]。这些权力从行使之初，最主要的就是要解决个体利益与公共利益的博弈平衡问题。现代城市规划的出现也是为了协调解决这一矛盾。个体利益与公共利益的矛盾很多时候体现在相邻关系权方面，这促使地方政府在行使国土空间规划权时，要更多去关注这组博弈关系，不能为了个体利益牺牲公共利益，也不能为了公共利益听不见个体利益诉求，而所有的公共利益也都是由诸多个体利益组成的。越是基层的国土空间规划，越是关系个体利益，也越有个体利益诉求表达的意愿，这也是经济社会发展到一定阶段，进入治理时代，特别是通往合作治理、"善治"目标时，更需要地方政府关注的重点。街道规划师、乡村规划师、责任规划师等专业人士的参与，使得沟通、倾听个体利益诉求成为可能，这种形式也是这一转型过程中为达成博弈平衡最为简单易行的方式。因此应将国土空间规划权中的编制权、监督权下沉到基层，发挥"共治共享共建"的治理优势。

2. 市场与管制的博弈平衡

2020年4月中央印发了《中共中央 国务院关于构建更加完善的要素市场化配置

---

① 考虑到地方政府层级，国土空间规划的编制和审批通常是上、下两级关系，因此本书中细化为四个阶段，对应编制权、审批权、实施权、监督权。

体制机制的意见》，可以看出激发市场活力、充分发挥市场配置的作用已成为中央层面的共识。"要素市场化配置"中的第一大要素就是土地，盘活土地才能释放出更多市场活力，空间资源对于市场的重要性可见一斑。地方政府有动力通过国土空间规划权的行使，将空间资源要素更多地投放进入市场。通过加强规制与放松规制的双向手段来调节市场，也同样适用于空间资源的开发利用。地方政府在国土空间规划编制及实施时对具体地块的空间资源用途管制，即对空间资源开发利用的限定和引导，其实就是一种规制。这种规制包括用地性质、开发强度等内容，也包括运用城市设计手段对风貌、整体性进行引导的内容，对拥有开发权的所有者、使用者提出开发利用的要求。给市场的自由度在于用途管制的容纳度有多高，是明确到单一用地性质的要求，还是正面清单、负面清单式的准入要求。这在一定程度上能够影响开发权的灵活度，影响市场的适应性。因此，其对国土空间规划权作用形成机制具有相当大的影响。

　　3．权力作用形成机制

　　对于地方政府而言，国土空间规划权作用形成过程中，政府对市场的管制边界是诸多因素产生作用的前提，要明确将国土空间规划权这一公权力向市场让渡多少，才能在发挥市场配置作用、激发市场活力的同时，还能控制住个体利益与公共利益的博弈，不至于因为过度市场自由化造成公权力的失控。地方政府，特别是市县级地方政府所行使的国土空间规划权主要作用于市场，是进入市场的这部分空间资源是否能够按照市场运行的逻辑，迅速适应市场化配置的前提，也是释放市场活力的重要因素。这一权力作用的形成机制，更多取决于地方政府对国土空间规划权所管辖的范围、所规制的深度。正如前面实证研究中提到的营商环境改革减少审批环节、缩减审批时限，"放管服"改革所要求的承诺制、信用监管联动等，这些手段方式都是在与市场博弈过程中逐步形成的机制。

6.2　政府在国土空间规划权作用形成机制中参与博弈的建议

6.2.1　明确政府治理的边界

　　国土空间规划的实施依靠的手段是国土空间用途管制。地方政府在国土空间用途管制具体的管制路径上需要更加细化的指引。从前面的分析中可以看出，国土空间用途管制制度的建立也应该分区而定，不能一种规则"包打天下"。对于城镇开发边界以外的区域，由于占主导的内部博弈主要存在于中央政府与地方政府之间，可以由中央政府在双评价、双评估的基础上，明确各类生态空间的转用规则，采取更为严格的保障措施，以约束指标、守住自然资源的底线，并采取正面清单或负面清单对不同主导分区的准入用途政策进行管制。这也是双方博弈之后基于保护的开发利用，中央政府划清资源保护底线后给地方政府明确的开发利用上线，区间内的自主权交由地方政府，这是博弈之后的稳定状态。

对于城镇开发边界以内的区域，外部博弈占主导，可以参照城乡规划用途管制的旧体系，即依据控制性详细规划核发规划许可的管理模式。但其中需要把握好政府与市场的关系，如哪些内容事项是需要规划许可予以明确的，哪些内容事项可以交由市场去自我调节、适应的。在诸如新兴业态、复合用途越来越常见的当今，用地分类不能过于细致，要具有兼容性，要给市场松绑，这同时也是还政府原本的职能。特别是在城市更新的存量时代，应更多地发挥治理的作用，由参与的个体、社会组织在微更新中去充分博弈，政府更多起到帮助信息筛选、透明化的作用，即通过建立信用体系，使博弈参与方的信息筛选不再盲目，能更好地达到博弈均衡。另外，政府在事前放松的同时也需要加强事中事后的监管，用"宽进、严出、重罚"等手段维护市场秩序。

在自然资源部行使统一国土空间用途管制职责的过程中，通过将治理和博弈理论应用于国土空间规划权来分析旧体系用途管制的优缺点，找到内部博弈、外部博弈的博弈焦点，明确空间治理需要注重的因素、博弈策略需要考虑的因素，是构建国土空间用途管制制度的必由之路。即内部博弈把握住监管的核心内容，中央政府明确底线与上线要求，给地方政府清单式的管制模式；外部博弈把握住市场与政府的边界，政府对于一些必须把握住的要求，诸如生态环境、品质生活、城市安全的基本要素，需要通过许可的形式去管制，而在其他要素方面政府则扮演辅助角色，帮助建立市场良性筛选的秩序即可。国土空间用途管制制度的构建尚处于起步阶段，只有多去关注空间治理下国土空间规划权博弈参与方的诉求，了解参与方作出博弈策略背后的信息，通过调整政策、制定规则去校核不同的目标，才能达到博弈的均衡，这也是制度不断完善的过程。

在国土空间规划权的博弈中，内部博弈将逐渐趋于稳定，以国土空间规划权是否会对外部公共空间产生影响作为判断准则，划分主管部门与其他上下游、左右邻相关部门的权责界线，因为只有在此时各博弈参与方才会减少争议，趋于平衡。而外部博弈还将继续，毕竟在经济高速发展转向高质量发展的今天，个体理性能否被集体理性所控制，还要看主管部门制定的政策规则是否能够消弭个体理性追求利益最大化带来的利益诱惑，强化规划核实的实际效用，从加大处罚力度、纳入信用体系联合惩戒等方面去构建，迫使空间资源开发方不得不处于按规划实施的支付矩阵内，以达到个体利益的最大化，从而取得整体利益的最大化。

在国土空间规划权中引入治理和博弈论的概念，也旨在重构国土空间用途管制政策时，能够在治理的框架下充分考虑博弈参与方、博弈方可选择的策略以及博弈方的支付结构这三大要素，令政策具有可操作性并行之有效，而不是走走过场、无法落实，无法真正钳制住经济利益最大化追求者脚步。因此更多是在开发与保护的博弈平衡点实现参与方的共赢。

6.2.2 政府治理应当遵循公众多参与、促进信息对称的原则

基于治理的视角，政府的治理范围不再是无限放大，而是在政府与市场的博弈过程中逐渐稳定到某个均衡的边界。在这个博弈过程中，规则的制定相当重要，它决定了博弈是否能够充分开展，能否得到最终的博弈均衡。政府在参与国土空间规划权博弈的过程中，除了参与博弈，还承担了博弈规则制定的职责。根据诺斯（North，1990）的定义，博弈规则即为制度，分为正式规则和非正式规则。正式规则通常指的是法律法规、标准规范等，非正式规则指的是约定俗成的习俗等。政府制定制度显然应当属于前者——正式规则。前面已经总结过政府治理边界的确定，在此总结政府制定规则应当遵循的原则。

增量规划中内部博弈强于外部博弈。其中内部博弈应当划清部门间监管职责，避免部门话语权争夺造成监管职责不清；外部博弈虽然弱于内部博弈，但其是形成政府管理市场的基本制度，"放"与"服"理念的提出，对"管"不仅是辅助，更是博弈之后的一种暂时均衡的状态，通过"放"放弃一部分"管"，利用"服"补充放弃"管"之后监督的空白。能够达成"放"的前提条件是博弈的充分，博弈充分的前提是参与方的多元化、各利益主体诉求的完全表达，而利益主体诉求完全表达也需要信息的完全获得，即保证信息对称。

存量规划中规则的制定同样重要，也更注重博弈的效用性。由于存量规划有别于增量规划，不是一级土地市场中没有太多利害关系的规划，它承载了空间演进的历史脉络，体现了诸多博弈关系。制定博弈相应规则时，外部博弈占据了主导地位，需要更多的利害关系方来参与博弈，避免由于空间更新外部性造成的矛盾激化。实证案例指出城市设计在其中起到了关键作用，作为一种规划手段，城市设计可视化、立体化效果突出，代入感强，有助于调校博弈中目标的设定方向，有助于博弈各方更简便、更直观地参与博弈，最终更快地达成博弈均衡，其对存量规划的作用更胜于增量规划。市场中个体间协议的加入，也有助于国土空间规划权在基层一级的落实，可以充

分发挥社会治理的作用，达到"共建共治共享"的目标。

为了使国土空间规划权博弈更加充分、更加容易达到均衡，政府治理的制度建设，即博弈规则的制定，需要遵循公众多参与、促进信息对称的原则，这是在国土空间规划法规体系建立初期就应当予以考虑的重要原则。

6.3 对国土空间规划实施监督体系构建的建议

对于中央政府的组成部门自然资源部而言，行政监管权体现了对国土空间规划的实施监督职责。这不仅对中央政府而言是一项最为重要的职责，对地方政府而言也是国土空间规划权权力束中不可缺少的组成部分。以下对国土空间规划实施监督体系构建的建议是基于前面得出的几个重要结论，对政府制定规则的原则性阐述。

在治理理论的框架下，国土空间规划实施监督体系的构建路径，应当将研究和处理的对象看作一个整体系统来对待，因此一个完整的实施监督系统的构建应当包括监督主体和监督客体以及两者的关系互动（图6-2）。构建这个体系首先应当明确实施监督主体是谁、监督客体是谁，然后才是监督关系的正向作用，即用什么样的手段、方式，监督关系的反向作用，即监督责任、反馈机制，形成一个闭环、一个完整的系统。对于外部博弈参与方来说，监督主体对客体的监督方式主要有行政处罚、信用体系、奖惩制度建立等；监督客体对主体的反馈机制主要有行政复议、行政诉讼等，这是监督客体对主体监督结果的反馈，也是法律赋予行政相对人的基本权利，更是对行政机关依法行政的约束。考核审计则是传统人事组织、监察部门的监督方式；监督客体对主体的反馈机制主要有评估报告、政策建议等，这是对监测评估预警相对应的机制，是对这种机制的修正建议，供监督主体制定、修订政策使用。

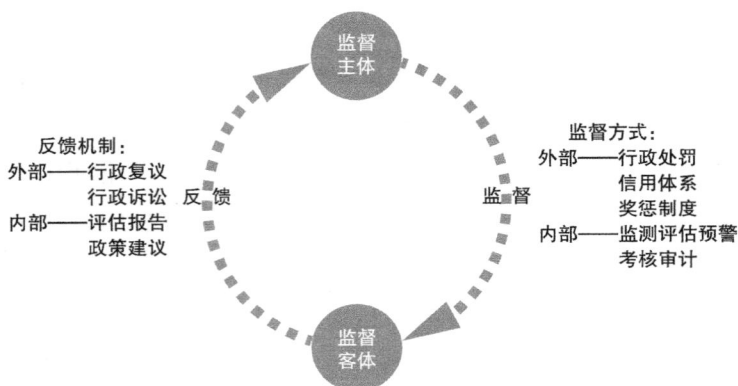

图6-2 监督主客体关系图

对于内部博弈参与方来说，监督主体对客体的监督方式主要包括监测评估预警、考核审计等。根据《自然资源部职能配置、内设机构和人员编制规定》明确的国土空间规划局职责，要求"建立国土空间规划实施监测、评估和预警体系"。这说明监测、评估、预警是监督的三种重要方式，是三种不同时间维度、不同监督形式的方式，也代表了监督方式适应数字化驱动时代的三种模式。

监测是在全国国土空间规划"一张图"的基础上，基于实时遥感影像、实时汇交规划数据比对的动态监测，有赖于整体数据采集、汇交、比对的动态更新、存储。预警是当设定的重点控制线、重点区域的重点监管内容达到阈值，监测系统所发出的预警警报，随即启动响应机制，一般可以设定 2 或 3 个方面的综合指数，并确定预警触发阈值。评估是周期性的、对国土空间规划的全面评估，包括自评估、第三方评估，评估内容包括基本核心指标以及各地根据自身情况因地制宜设置的地方性指标。评估是为了全面掌握规划进展、效率、合理等方面而设定的，同时也是修改、调整规划的前置分析手段。三者间的转化关系如图 6-3 所示。

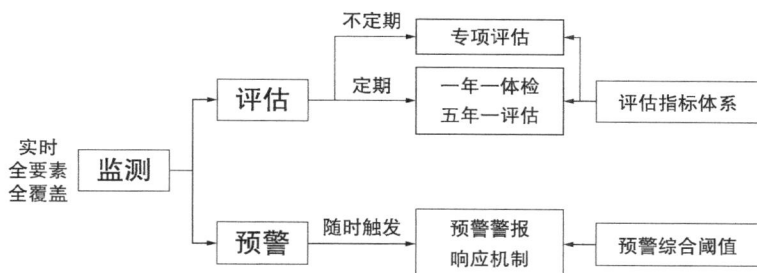

图 6-3　监测、评估、预警转化关系图

从博弈论视角出发，监督主、客体间的博弈都应在一个约定的范畴内进行，构建合理的博弈规则框架。因此要求监督体系的建立必须政策法规先行，从底层法律基础明确监督体系的各项内容，再通过建立技术标准、运行规则、反馈机制完善监督体系的全链条各环节，正向激励、不断优化、螺旋上升，最终达到各主、客体博弈的均衡（图 6-4）。在整个流程中，监督是承上启下的环节，对编制、审批、实施环节的监督，是对这三个环节的一种校验，评估这些环节的效果，发现存在的问题，提出修正建议。对下一阶段的编制、审批、实施而言，现阶段的监督是前提，有助于国土空间规划权作用达到综合效益最大化。

国土空间规划实施监督体系的构建路径应当包括政策法规、技术标准、运行规则、反馈机制四个部分，以下分别阐述。

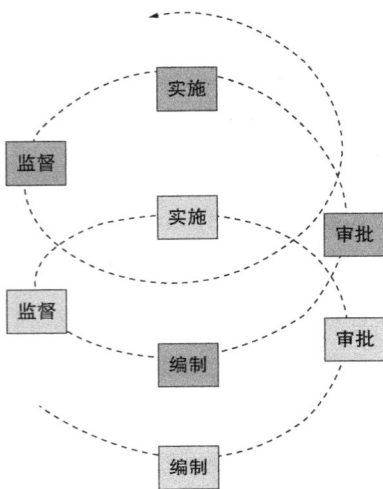

图6-4 国土空间规划全链条环节发展示意图

6.3.1 政策法规

国土空间规划权博弈按照"谁审批，谁监管"的原则，从规划编制审批阶段向后延伸影响到规划监督阶段。规划监督的政策法规应当遵循分级监督、上下传导的原则建立。分级监督是博弈的结果，同一层级的国土空间规划在编制阶段有哪些内容是由上级政府审批的、哪些内容是由本级政府审批的，这在未来逐步完善的国土空间规划体系中应当重点考虑。因此各级政府根据监管客体的不同，监管的内容也有所不同，这是国土空间规划分权的结果，也是空间规划权博弈的结果。政府内部各不同层级之间的博弈涉及各级政府的利益、话语权，直接决定了主导规划权。政策法规应当包括监督体系的基本法规、监督体系的原则性的基本要素，包括监督内容、监督制度、规划实施监测、规划实施评估、规划实施预警、罚则、保障措施等进行明确，同时还应当配套建立部门规章、规范性文件作为基本法规的细化补充，以解决具体执行过程中的细节问题。各级具有监督职能的政府都应该建立起这样一套政策法规体系。

6.3.2 技术标准

伴随数字化、大数据时代的来临，国土空间规划实施监督体系的构建同样离不开数字化、信息化与大数据。建立国土空间信息化管理系统，通过信息化手段对规划实施进行监督，这是治理方式转变、治理能力现代化的必然体现。通过新技术革新提供空间治理工具，除了规则制定，也必然包括技术辅助。治理方式的转变、治理能力的提升，也会改变治理主体和客体的关系。借助新技术，中央政府可以"一杆子插到底"，全面掌握基层政府国土空间规划权的行使情况，对其进行实施监督。这也要求各级政府划清事权界线，明确监督范围，在技术层面上统一标准，借助技术治理手段完善内容实质、程序上的监督体系。

因此，其中重要的一个环节就是明确其技术标准。各级国土空间规划主管部门在实施监督的过程中，将利用大数据体系、信息新技术标准逐步形成覆盖全域、全要素的全国"一张图"底板，并在此基础上开展规划各阶段工作，作为相关部门实施城市管理的基础性、信息化底板。因此，统一技术标准显得尤为重要，特别是关于各类空间数据库的汇交标准直接决定了是否能形成全国国土空间规划"一张图"，也直接影响了监督的效率。

国土空间规划解决的是空间中的人地关系，对于原国土资源主管部门来说，其强项是在地理空间上信息的精准定位，但是空间也是为人所用，空间的规划权博弈主体是人，作为空间资源的开发者、使用者、支配者，个体人的行为方式、群体人的行为模式对生活、生产及生态空间都会产生巨大影响，因此，规划学科也带有社会属性，原城乡规划主管部门更多关注的是人居环境，是人对空间的影响与营造，但是关于人的数据在很大程度上具有不确定性、无法预测性，确定的个体行动汇聚成群体、社会行为，就会存在巨大的不确定性，甚至产生与直观感觉相背离的结果。因此，国土空间规划要素中最重要的是要解决关于人的数据。近年来，大数据在规划上的应用越来越广，诸如手机信令、人的锚点标签都可以描画特定人群流动画像，但是这并不能作为监测、评估、预警的指标来源，而更多是作为侧面印证的手段。因此，大数据应用是新时代国土空间规划不可或缺的手段，但并非主要手段。新时代的国土空间规划更要围绕可感知、能学习、善治理、自适应的智慧规划目标，构建国土空间数字化生态，满足国土空间规划公共服务要求。国土空间规划实施监督体系的技术标准就是维护这一目标实现的重要保障，主要包括系统建设标准、数据库标准、数据汇交标准等。

6.3.3 运行规则

在数字化、信息化的国土空间规划时代，规划不仅通过平面的地块色斑明确用途管制，更需要采用一系列的指标对规划意图进行控制与引导，或底线控制或引导控制或预期控制。总之，因地制宜建立指标体系才能完善规划体系。当然，指标体系不仅存在于国土空间规划权的编制阶段，同样也存在于实施监督阶段。利用实施评估指标体系，监测、评估、预警规划实施的效果，达到对规划实施的全过程、全方位监督。指标体系运行规则的建立则是保障指标体系能用、管用、好用的基本前提，明确国土空间规划权各阶段，特别是在实施、监督阶段的规划实施评估指标体系，明确监督主体实施监督时所用的指标体系，明确指标体系被运用时所指向的效能结果，对于监督这一行政行为的实施意义重大。综上所述，国土空间规划实施监督体系的运行规则主要包括系统运行规则、监测评估指标体系运行规则、预警分级规程等。

6.3.4 反馈机制

保障监督有效实施还有赖于反馈机制的建立。反馈机制是监督客体对监督主体的反馈，反馈机制的建立可以帮助监督主体修正对监督客体的监督模式、形式与方式，形成不断完善的监督体系。从治理的视角出发，治理的主、客体在合作治理时均对治理本身产生作用，在这种系统中，监督行为同样也具有可转化性，监督主、客体可以相互作用、发生转化。因此，在反馈机制中，监督客体也可以转化为监督主体，对监督行为进行修正，那么监督主体也要发挥合作治理的原效力，自觉接受这种反馈，修正监督行为。从博弈的视角出发，根据博弈性质，外部博弈一般采用行政复议、行政诉讼等形成反馈机制，内部博弈一般采用评估报告、政策建议等形式形成反馈机制。不论是哪种机制，其本质都是在博弈的基础上，一方的筹码发生变化、静态博弈均衡被打破之后，博弈各方重新根据当下各自掌握的信息量，不断地动态博弈后形成新的均衡。因此，行政机关的决策工作是适时地开展评估，收集归纳反馈信息，运用模型算法等各种手段对国土空间规划实施监督体系的政策法规、技术标准、运行规则的执行开展分析修正，再对整个国土空间规划体系改进完善。

国土空间规划实施监督体系构建路径可以参考图6-5。按照国土空间规划体系建立的初衷，编制、审批、实施和监督就是一个完整的过程，后端的实施和监督要不折不扣地体现规划意图。完成"一张蓝图"的绘制，必须靠监督体系的有效运行、不断完善。而将治理和博弈理论应用于国土空间规划权，可以拨开制度运行的藩篱，看清制度制定的本质。正如青木昌彦（2001）提出的"博弈内生规则"理论所总结的，"制度既是博弈规则，也是博弈均衡（即博弈结果）"；更如柯华庆（2005）总结的，"只有当立法达到纳什均衡，立法才是有效的，自我实施的"。因此，在国土空间规划实施监督体系构建中，监督的主体、客体在监督与反馈的博弈中，通过各类外部效益、内部效益信息的加载，主体、客体在多重均衡博弈中不断调整行动，达至帕累托最优均衡。而这一过程并非一蹴而就、一成不变的，而是根据实际外部条件、内部需求不断修正、完善向前发展的。认识到这一点对明确国土空间规划实施监督体系构建路径具有现实主义意义，能更清楚地认识未来的工作目标、工作方式与工作任务。

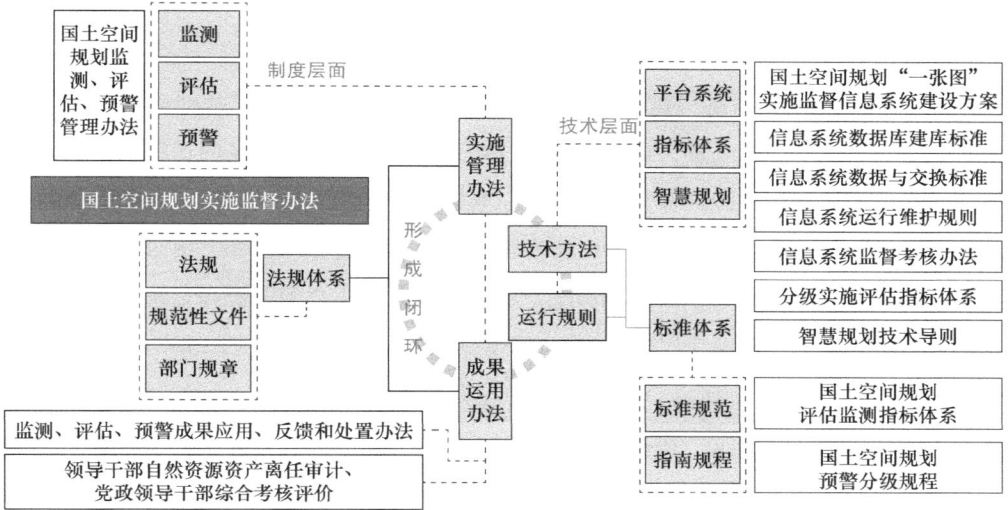

图6-5 国土空间规划实施监督体系构建图

6.4 本章小结

本章是对前两章实证研究的总结，将内部博弈和外部博弈的实证研究按照不同层级政府的视角进行了整合，分级对国土空间规划权作用形成的机制作出了定性判断。对于中央政府而言，国土空间规划权作用形成机制更多反映在保护与发展的博弈平衡，这一内核也决定了央地博弈中事权划分的焦点在于中央发展理念转变后向下传导的效力。对于地方政府而言，国土空间规划权行使时主要是要处理与市场的关系，协调个体利益与公共利益的矛盾冲突，因此权力作用形成机制更多反映在建立市场的博弈规则。不论是哪一层级政府，在行使国土空间规划权时都是公共利益的维护者，只是因为不同层级政府面对的国土空间规划的尺度不同，决定了公共利益所代表的公共方的范畴有多广，是否能够代表综合效益的最大化。

明确政府治理的边界，明确政府治理遵循的原则，对于国土空间规划权作用形成机制而言是非常重要的前提。基于这些研究，本书对国土空间规划实施监督体系构建提出路径建议。实施监督体系应当包括政策法规、技术标准、运行规则和反馈机制，是国土空间规划体系发展环节中承上启下的节点，是促成螺旋式上升闭环的重要节点。

第7章 结　　论

博弈的本质是利益的分配，国土空间规划权博弈运行的逻辑基础就在于国土空间资源作为自然资源的一种，可以转化为资产乃至资本后参与市场的运行。在土地公有制国家，国土空间资源一样为公有制，空间规划权作为一种维护国土空间资源利用的权力，具有一定的公共政策属性，市场与政府之间一直存在博弈。由市场自我调节主导还是政府管制主导不仅取决于国土空间规划权对国土空间资源开发利用的影响广度，也取决于国土空间规划权对国土空间资源开发利用的影响深度。

国土空间资源的规划权力范畴，不仅取决于法律法规层面的规定，还取决于技术标准层面的规定。而这一切按照现行体制，特别是前者大部分都来自于政府部门的起草制定，法律虽然由全国人大制定，但同样是由相关主管部门起主导作用。对于后者，虽然社会团体、行业组织也起到了一定的作用，但是背后起到主导作用的仍然是政府部门。

尽管如此，这其中仍然存在两个空间供学者思考：一是政府与市场在制定法律法规、技术规范的行政边界在哪里，即政府治理和社会治理的边界在哪里；二是政府制定法律法规、技术规范所应当遵循的原则是什么，法律法规、技术规范本身就是博弈的结果，只要是博弈一定涉及利益，怎样的规则才符合自然法体系，具有普遍性、可持续性？本书的切入点便是基于以上两点对国土空间规划权作用的形成机制开展研究。

国土空间规划权博弈格局表征的背后均有社会要素的重大影响，通过前面几章的分析，可以总结出以下几个结论。

7.1 "两统一"职责定义国土空间规划权属性

《中华人民共和国宪法》第九条确定了自然资源的全民所有制和集体所有制，第十条确定了土地的全民所有制和集体所有制。作为依附于土地之上的国土空间资源，是自然资源的一部分，其属性同样是全民所有制和集体所有制。

2018年3月的国家机构改革明确了自然资源部的"两统一"职责。第一个"统一"通过中央文件将全民所有自然资源资产所有者的职责赋予国务院组成部门——自然资源部行使。此次机构改革是国家第一次将这个所有者职责明确由某个具体部门来行使。同时，由于国务院是国家最高行政机关，也担负着行政监管权。因此，自然资源部代表国家同时行使全民所有自然资源资产的所有权和国土范围内自然资源的监管权两种权，前者是所有权人的权利，后者是管理者的权力，职责不同。

另外一个值得注意的重要"统一"是"行使所有国土空间用途管制和生态保护修复职责"。这与第一个"统一"有着密切关系，行使所有国土空间用途管制职责的基础是摸清家底，而摸清家底又是全民所有自然资源资产所有者的权限；反过来，行使全民所有自然资源资产所有者职责必须符合国土空间用途管制规则。国土空间用途管制的依据是国土空间规划，国土空间规划权是对国土空间资源开发权进行的限定和引导，允许使用权人在国土空间规划所明确的范围、范畴内开发利用国土空间资源。在国土空间中建设的建筑物、构筑物在性质功能上必须符合国土空间规划的要求，除此之外，还要服从国土空间用途管制规则。国土空间规划权不仅体现了行政监管权，还影响了所有者权益，前者反映在限定与引导上，后者体现在国土空间资源产生的收益上，由国土空间规划确定的规划条件影响了使用该项空间资源产生的价值与收益。

正是由于这两个"统一"同时集中在一个部门——自然资源部，才使得国土空间规划权的属性被重新定义，国土空间规划权也不再分散于各部门，使通过全民自然资源资产所有者职责的行使，全面调查资源资产，再通过国土空间规划权的行使，给资源资产转化为资本生产力、创造价值以确定的路径和方向成为可能。国土空间规划权也突破了以往任何一种空间规划权的局限，能够在自然资源资产管理明晰的产权制度下，给予国土空间资源更为合理、科学的用途管制，从而帮助自然资源资产实现价值增值。

7.2　事权分配以及话语权争夺决定国土空间规划权的内部博弈格局

国土空间规划权的内部博弈不仅体现在纵向的央地博弈上，也体现在横向的部门间博弈上。事权分配决定了纵向的央地博弈格局，话语权争夺决定了横向的部门间博弈格局，保护与发展的博弈是内部博弈的内核。

7.2.1　事权分配决定了纵向的央地博弈格局

内部的纵向博弈中，财权与事权不匹配所造成的央地关系错配，是博弈的直接动因。各级政府间权力划分的核心在于财权的划分，财权源自于税权的分配，因此，涉及央地核心权力的划分，税收对政府财政收入具有根本性意义，也直接决定了央地关系。1993 年之前，我国是地方财政包干制，1994 年分税制对地方财政包干体制进行了改革，从此，中央的宏观调控能力得以增强，央地关系发生了重大变化。另外，行政审批制度改革，要求中央政府下放行政审批权限给基层，给地方更大的发展空间，但事权与财权的不对应反而成为央地权力配置的核心矛盾。这种"权力错配"在一定时期内对平衡区域发展、激发地方活力起到了一定的积极作用，但伴随经济发展阶段的演化，资源扩张型发展受到环境承载力的制约，中央政府开始意识到生态文明建设、可持续发展的重要性，地方政府以经济发展为单一目标的发展模式已经难以为继。生态文明建设最为核心的是把握好保护与发展的博弈平衡，在可持续发展的基调上重视生态环境保护。把保护与发展的平衡理念传导至地方，引导地方政府在行使行政权力时遵循这一理念，是中央政府在制定政策时重点考虑的问题。

2019 年 9 月发布的《国务院印发实施更大规模减税降费后调整中央与地方收入划分改革推进方案的通知》也标志着在这场央地博弈中，当地方受制约造成经济下行压力过大时，中央政府也会考虑给予地方政府更多的自主权，对财权给予更多的让步。例如，该通知对增值税"五五分享"的维持以及消费税过渡到完全交由地方等做法，就可看出其中博弈的痕迹。

从 1994 年的分税制，到 2016 年的营改增、增值税"五五分享"，可以看出经济运行趋势对财权的影响，中央政府在博弈中的收放权主要取决于对经济运行趋势的判断。如何既激发地方在经济发展中的自主性又能限制地方毫无顾忌地扩张意图，一直是中央政府在与地方政府博弈时作出博弈策略的重要考虑要素。

7.2.2　话语权争夺决定了横向的部门间博弈格局

内部的横向博弈中，部门的话语权争夺是主要动因。国务院机构改革后，在国土空间规划权的决策阶段，专项规划权是博弈的核心焦点，关系到国土空间规划对于专项规划的指导约束作用能否落实。专项规划与国土空间规划的关系是下沉一级的包含关系，还是并行的协调关系，由于发展规划的出现带来一定的变数。在国土空间规划权执行阶段，由于规划与建设的分离，两者事权分属自然资源部与住房和城乡建设部，决定了空间规划权执行阶段的内部博弈将主要集中于规划部门与建设部门之间。从规划实施的角度而言，建设工程规划许可证是规划指导建设、保证建设符合规划的重要环节，因此建设工程规划许可证在国土空间规划权实施过程中处于非常重要的地位。在规划部门属于建设口主管时代，"规建管"的管理逻辑链条不存在障碍，但到了规划部门与建设部门分离的时代，博弈的重点就在建设工程规划许可证与建筑施工许可证之间的责权边界划分。此刻博弈均衡点随着此次改革将有所调整，取决于其是否是外部性的，是否对国土空间资源的开发利用产生影响。

对于国土空间规划权的行使部门——自然资源主管部门而言，与相关部门的博弈焦点在于国土空间规划权的权力边界划定。尽管中央文件已经明确涉及空间的规划均应受到国土空间规划的指导约束，但是指导与约束的权力边界仍未给出确切的量化指标。那么是国土空间规划确定了全部内容再由涉及空间的专项规划去落实深化，还是由涉及空间的专项规划在国土空间规划的重要控制线内自由发挥后，再将框架性内容纳入国土空间规划，这是国土空间规划在完善顶层设计之初就应当厘清的权力边界。话语权争夺的背后也意味着权责对等，谁该承担更多责任。

7.3 治理模式的发展决定国土空间规划权的外部博弈格局

国土空间规划权本身的复杂性决定了其对外作用形成机制的复杂性。当国土空间规划权对外作用时，政府和市场间的外部博弈出现了多个参与主体，如自然资源部、各级政府、市场个体、相关参与方。自然资源部代表的是中央政府，行使的是全民所有自然资源资产的所有者权益，也代表了国家最高权力机关的执行行政监管的权力。各地方政府作为空间资源出让方出现时，代表的是受自然资源部委托的全民所有自然资源资产的所有者权益，获取的是空间资源使用权出让的收益；在按照国土空间规划进行用途管制时，则反映了另一重身份，即分级监管权。市场个体在行使空间资源的使用权时，也获取了空间资源的开发权，受国土空间规划权限定和引导，最终取得建筑物、构筑物连带其附着的土地、空间资源时所产生的不动产权。相关参与方，其范畴就相对模糊，利害关系人的合法权益有时界定不清，如像景观权、采光权、地役权等相邻关系权，对于其辐射的范围法律上没有明确的规定，即使有些国家标准规范对其作了一些规定，如果超出范围的相关参与方提起对行政行为的诉讼或信访，还是会对国土空间规划权本身产生影响，典型的例证就是邻避设施的建设问题。因此，这几方面的参与方都是国土空间规划权博弈的重要组成部分，各自不同的权利诉求、价值取向导致博弈的复杂性，国土空间规划权作用的形成过程就更加复杂。

当治理出现时，整个社会运行的模式发生了微妙变化，每个博弈参与方都具备了参与治理的可能，形成社会治理的模式主体多元化。那么对于每个博弈参与方来说，在国土空间规划权实施阶段以治理的模式运行时，最重要的要素就是获取的信息，通过所获取的信息才能判断博弈所采取的策略、所应用的治理模式。根据前面章节对典型案例的对比分析，总而言之，在治理背景下，不论是增量规划还是存量规划，外部博弈格局的重点都在信息的对称。虽然在两种情况下政府所扮演的角色有所不同：增量规划中政府扮演的是参与者的角色，以所有者和监管者双重身份参与国土空间规划权的博弈；存量规划中政府更多扮演中立监管者的角色，维护竞争公平。在治理中，规划师起到了非常重要的沟通桥梁作用，尤其是基层的社区规划师不仅起到信息沟通作用，还起到了简化博弈参与方的作用。因此，信息对称是外部博弈的关键。

7.4 构建治理和博弈论视角下的国土空间规划权分析路径

本书的核心是利用治理理论和博弈论的思考方式去分析和判断问题，并将其迁移到国土空间规划领域针对国土空间规划权的作用形成机制研究。尤其在国土空间规划顶层设计刚刚完成之际，各方面的管理规则正处于酝酿之中，以治理理论和博弈论为主视角去构建分析方法、路径，对于管理规则的制定具有一定的实践意义，特别是为国土空间规划实施监督规则制定提供了参考。

首先，在国土空间规划权对外作用的形成机制中，以治理的视角厘清参与博弈的各方，分析各方的环境背景，站在各方角度分析考虑的主要因素。然后进行模拟的博弈策略演习，在治理视角的框架下，寻找博弈均衡的最优策略。接下来，就博弈策略进行分析，可能出现两种情况。具体路径分析如图 7-1 所示。

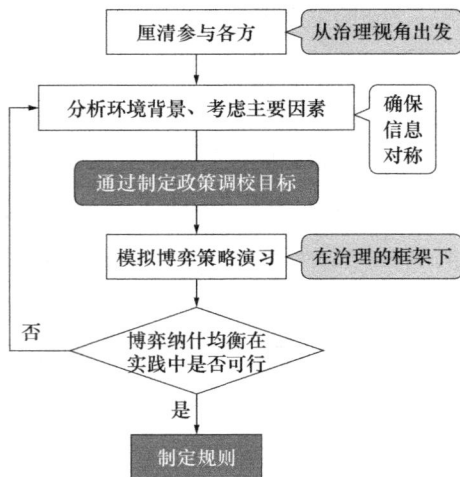

图 7-1 治理理论和博弈论视角的规则制定路径

对于第一种情况，如果该策略不仅是纳什均衡也是帕累托最优，并且在现实操作中是可行的，那么说明规则的制定只需维持现状即可，即维持博弈策略作出时的外部条件稳定，创造给予各方宽松的外部环境，让参与各方充分博弈即可。

对于第二种情况，如果该策略发生了结果错位，各方无法在现实操作中形成该策略，那么就应当回头重新分析各方考虑的主要因素，在规则的制定时尽可能地去调校，或者从政策制定上去创造条件，把不同考虑因素进行筛选剔除，将各参与方的小目标、小利益统一到整体社会的大目标、大利益上，从而达到具有可行性的博弈均衡策略。

同时，规则的制定要遵循信息对称的原则，参与各方都应当清楚地了解己方所处的环境背景，作出决策可能遇到的问题，这样的博弈才是充分的，才能产生符合实践的博弈均衡策略。

7.5　本书创新点与局限性

7.5.1　主要创新点

1. 从治理和博弈视角建构了多层级、多主体的国土空间规划权理论分析框架

博弈论在引入规划领域后，主要停留在规划编制阶段，也没有得到系统的梳理。2016 年中央提出过"在有条件的城市探索城市规划管理和国土资源管理部门合一"，但两年中并没有太大的探索进展。因此，2018 年国家机构改革自上而下大刀阔斧地合并机构，从体制机制上实现了"多规合一"，空间型规划编制阶段的博弈便发生了重大变化，由原先以政府部门之间的内部博弈为主导的博弈，逐步转变为以政府与市场之间的外部博弈为主导，同时还伴随着开发与保护之间的博弈。因此，在生态文明建设提升到国策、倡导合作治理的今天，将本书的研究对象定位为国土空间规划权，在治理理论和博弈论的视角框架下开展国土空间规划权作用形成机制研究是一种重要探索，本书创新之处在于运用这两种理论视角建构了多层级、多主体的国土空间规划权理论分析框架，对空间规划领域各类政策出台的脉络进行历史性的梳理分析，通过弄清楚博弈的参与方、博弈的影响要素、博弈策略的考虑路径，分析治理的主体、客体、方式、手段等。这些对于构建国土空间规划体系的基本法律政策框架，都是一种有益的底层基础性研究。不论是法律层面还是政策层面，其本身就是一种博弈过程，也是一种博弈结果。

2. 系统、全面地分析了国土空间规划权的博弈类型及策略应用，将国土空间规

划权归纳为内部博弈和外部博弈，并通过细分实证案例梳理总结

本书从治理的视角出发，在人居环境、社会活动的限定范畴内，对国土空间规划权的博弈类型进行系统、全面分类。总体分为内部博弈和外部博弈，其中，内部博弈分为纵向央地博弈和横向部门间博弈，外部博弈分为政府与市场博弈和开发与保护博弈。本书的创新点在于全景式地对国土空间规划权作用形成过程中的各种博弈进行分类描述，通过梳理各关键时间点的重要事件或政策文件，分析其博弈策略的应用模式，找到国土空间规划权各种外在表现的内在逻辑。这对于为行使国土空间规划权出台的各类政策脉络也是一个历史性总结。

3. 在治理框架下创新性地提出了利用博弈策略分析的方法建立或修正国土空间规划权作用形成机制的路径

为增加法律法规或政策措施实施的可行性，在立法或制定政策前通常需要有一些实践基础，这就是立法的现实滞后性，不可能做到超前布局、提前防范。因此，一项法律法规或政策措施在正式出台前，通常也需要选择试点地方开展实践工作，而这种实践本身其实是对原有法律法规的突破，对可行性的试验。但试点毕竟有其局限性，各地条件、背景不同，因此现实中也不乏试点效果不错，全面铺开后却效果较差的情况。为了避免这种情况出现，有些地方在立法前还要增加一个环节，即社会风险评估。此类风险评估可以提前校验法律法规、政策措施全面推行可能带来的社会反应，做好缓冲应对。

国土空间规划这个全新体系建立初期，法规政策体系的构建对国土空间规划的实施起到了关键性作用。在社会风险评估时，从治理的视角出发，运用博弈论则能够从更加客观、更加理性的角度对国土空间规划权作用形成效果作出评估，对于法规政策的效用性能起到积极的促进作用。本书的创新点就在于在治理视角的框架下提出了利用博弈策略分析的方法，建立或修正国土空间规划权实施规则的实现路径。

7.5.2 局限性

本书通过运用博弈论，探寻以治理视角出发的国土空间规划权作用形成的底层逻辑。将参与方的各级政府及其内部部门、社会组织、个人都抽象为理性人，分析了重复博弈、信息筛选、信息获取、多方参与等情况，作出了理性博弈策略。但与实际工作中的社会复杂环境相比，还是无法穷举可能出现的各种要素，同时博弈本身要求的是参与者的理性思维，是基于去除动态因素、仅考虑静态因素后的线性判断结果，对于每一个参与方作出博弈策略都具有极其重要的参考价值。但是在国土空间规划权的

博弈中，很多时候影响决策的因素是具有动态性的，也就造成了博弈不充分，博弈无法达到均衡的结果，这也是本书研究的局限性。此外，尽管本书选取了典型案例和大量的实证资料阐述博弈的过程，但是对真正处于实施层面的基层社区规划的博弈，由于博弈参与方复杂，治理模式刚起步探索，尚没有充分的论证与论据，这也是本书的局限性之一。

另外，对国土空间规划权的博弈而言，由于自然资源资产产权制度改革刚刚起步，国土空间规划权与自然资源资产产权发生关联的路径仍未见有相关研究，也缺乏以产权为基础的空间规划权相关研究，从客观上造成了本研究缺乏国土空间规划权定量分析的学术基础，博弈数学模型的建立缺乏科学性、客观性，因此本书仍局限于定性分析。虽然推进国家治理体系和治理能力现代化的总体目标已经确定，但这一过程刚刚起步，仍有很长的一段路要走，治理模式有待继续探索以适合我国国情，作为空间治理政策工具集合效用的国土空间规划权作用，也仍在摸索过程中。

7.6　未来展望

作为社会经济活动中占据基础性地位的国土空间规划，其权力对外作用不论在内部博弈还是外部博弈，都处于重要地位。因此，特别是政府部门在制定关于国土空间规划权相关政策、制度时，应尽可能地在治理视角的框架下运用博弈论去评估政策制度可能造成的风险，作出定性分析、风险预判，减少政策、制度造成的博弈困境，这样的政策制度才能算是恰当的。

"当今世界正经历百年未有之大变局，我国正处于实现中华民族伟大复兴关键时期"[①]。特别是 2020 年初以来的新型冠状病毒疫情在全球蔓延，对国家治理体系和治理能力提出了更高要求，作为空间治理工具的国土空间规划，也面临着巨大挑战。提高空间治理的精细化、智能化水平，转变空间治理理念和规划方式，以人民为中心，是中央政府和地方政府都面临的更高要求。适逢国土空间规划这个全新体系的建立初期，从治理和博弈的视角出发，厘清存在的问题，找到背后的原因，具有一定的价值作用。基于这些研究分析之上的法规政策体系构建对国土空间规划权对外发挥有效作用是关键性因素。对于各级政府而言，在面对市场参与主体多元化、开发与保护的矛盾突出、高质量发展要求的局面时，用好政策、标准、规则工具，组织好国土空间规

---

① 　引自《中共中央关于坚持和完善中国特色社会主义制度　推进国家治理体系和治理能力现代化若干重大问题的决定》。

划权作用形成机制，可以使国土空间规划权在生态文明建设的治理体系中发挥更大作用，从空间治理的角度服务高质量发展的目标。

　　未来基于自然资源资产产权制度改革的不断推进、国土空间规划体系的建立完善，自然资源资产产权与国土空间规划权如何衔接，在某种程度上将影响自然资源部"两统一"职责的行使。因此，未来相关的研究将获得更多的关注。本书分析研究所运用的治理和博弈视角，以及相关的建议、结论旨在抛砖引玉，推动未来这些研究的不断深入，这也是本书的微薄贡献。

参考文献

安德鲁·塔隆，2018. 英国城市更新［M］. 杨帆，译. 上海：同济大学出版社：15，185-186，193.

安东尼·帕格登，凤兮，1999. "治理"的源起，以及启蒙运动对超越民族的世界秩序的观念［J］. 国际社会科学杂志（中文版）（1）：9-18.

巴里·卡林沃思，文森特·纳丁，2011. 英国城乡规划（第14版）［M］. 周剑云，戚冬瑾，周国艳，顾大治，徐震，等译，张京祥，译校. 南京：东南大学出版社：48.

巴纳德·朱维，焦兵，2009. 城市治理：通向一种新型的政策工具？［J］. 国际社会科学杂志（中文版），26（4）：24-38，3.

包存宽，2018. 生态文明视野下的空间规划体系［J］. 城乡规划（10）：6-13.

包国宪，郎玫，2009. 治理、政府治理概念的演变与发展［J］. 兰州大学学报（社会科学版），37（2）：1-7.

包盛中，2006. 城市规划权分配优化问题探讨——以南昌市为例［J］. 规划师（7）：72-74.

鲍勃·杰索普，2019. 治理的兴起及其失败的风险：以经济发展为例［J］. 漆燕，译. 国际社会科学杂志（中文版）（9）：52-67.

蔡玉梅，陈明，宋海荣，2014. 国内外空间规划运行体系研究述评［J］. 规划师，30（3）：83-87.

曹慧敏，2018. 县（市）级行政审批制度改革研究［D］. 太原：山西大学.

曹珊，2007a. 城市规划实施的博弈分析及立法建议［J］. 规划师（5）：43-45.

曹珊，2007b. 作为博弈规则的城市规划编制［J］. 北京规划建设（7）：98-101.

曾山山，张鸿辉，崔海波，黄军林，2016. 博弈论视角下的多规融合总体框架构建［J］. 规划师（6）：45-50.

曾祥坤，钱征寒，2018. 空间治理现代化语境下的城乡规划改革［J］. 城市建筑（3）：49-52.

常金华，陈梅，2017. 博弈论通识十八讲［M］. 北京：北京大学出版社：90-99.

陈柏峰，2012. 土地发展权的理论基础与制度前景［J］. 法学研究，34（4）：99-114.

陈秉钊，1994. 城市规划系统工程学［M］. 上海：同济大学出版社.

陈锋，2007. 中国古代的土地制度与田赋征收［J］. 清华大学学报（哲学社会科学版）

（7）：5-13.

陈晶，2015. 走向多元参与的北京城市更新治理模式研究［D］. 北京：清华大学.

陈静，陈丽萍，汤文豪，赵晓宇，2018. 国际上自然资源国家所有权制度的特点及对我国的启示［J］. 国土资源情报（7）：3-10.

陈利，2012. 荷兰国土空间规划及对中国主体功能区规划的启示［J］. 云南地理环境研究（2）：90-97.

陈明，1993. 浅议城市土地存量改革思路［J］. 中国房地产（1）.

陈鹏，2009. 中国土地制度下的城市空间演变［M］. 北京：中国建筑工业出版社：27-29，36.

陈剩勇，赵光勇，2009. "参与式治理"研究述评［J］. 教学与研究（8）：75-82.

陈硕，2010. 分税制改革、地方财政自主权与公共品供给［J］. 经济学（季刊）（4）：1427-1446.

陈煊，2009. 城市更新过程中地方政府、开发商、民众的角色关系研究［D］. 武汉：华中科技大学.

陈月，2015. 博弈的设计：面向土地发展权共享的空间治理［J］. 城市规划（10）：78-84，91.

陈越峰，2010. 城市规划权的法律控制——基于实然视角的考察［D］. 上海：上海交通大学.

陈仲光，刘克华，黄瑞荣，2005. 基于博弈理论的城市联盟研究——以福建省厦泉漳地区城市联盟为例［J］. 城市规划（10）：24-28.

程益文，2005. 土地征收制度中公权与私权［D］. 成都：四川大学.

仇保兴，2004. 城市经营、管治和城市规划改革［J］. 城市规划（2）：8-22.

楚建群，赵辉，林坚，2018. 应对城市非正规性：城市更新中的城市治理创新［J］. 规划师（12）：122-126.

单平基，2018. "绿色原则"对《民法典》"物权编"的辐射效应［J］. 苏州大学学报（哲学社会科学版）（11）：85-96.

道格拉斯 C. 诺斯，2008. 制度、制度变迁与经济绩效［M］. 上海：上海三联书店.

德内拉·梅多斯，2012. 系统之美：决策者的系统思考［M］. 邱昭良，译. 杭州：浙江人民出版社.

邓化媛，张京祥，2008. 新马克思主义理论视角下的城市更新［J］. 河南师范大学学报（哲学社会科学版），35（1）：175-177.

董鉴泓，1989. 中国城市建设史［M］. 北京：中国建筑工业出版社：20，23，28，36.

董世永，张丁文，2014．基于三方博弈的保障性住房选址机制研究——博弈失衡与角色重构［J］．现代城市研究（11）：23–29．

窦炎国，2006．公共权力与公民权利［J］．毛泽东邓小平理论研究（5）：20–26，86．

杜飞进，2014．论政府与市场［J］．哈尔滨工业大学学报（社会科学版），16（2）：34–44．

段进，2005．中国城市规划的理论与实践问题思考［J］．城市规划学刊（1）：24–27．

樊杰，2017．我国空间治理体系现代化在"十九大"后的新态势［J］．中国科学院院刊，32（4）：396–404．

范如国，2018．加强新时代城乡社区治理体系建设［J］．国家治理（9）：18–22．

冯辉，2015．宪政视野下央地税权分配体制之重构——以《关于实行分税制财政管理体制的决定》的修改为中心［J］．政治与法律（11）：11–22．

冯娟，罗静，2013．中国村镇主体空间行为博弈及对策分析［J］．人文地理，28（5）：81–86．

冯俊，2005．城市规划中的公权与私权［N］．法制日报．2005-6-7．

弗朗索瓦丝·利勃海尔 – 加迪奥尔，焦兵，2009．城市可持续性与治理：二十一世纪的重大课题［J］．国际社会科学杂志（中文版），26（4）：11–23，3．

弗雷德·霍马，彼得·扬，2018．空间规划与开发法导论——荷兰经验［M］．李林林，等译．北京：地质出版社：2，3．

福建省编办课题组，杨俊，2017．福建自然资源资产管理体制改革研究［J］．中国机构改革与管理（7）：43–46．

高延利，2014．土地权利理论与方法［M］．北京：中国农业出版社．

高延利，2017．加强生态空间保护和用途管制研究［J］．中国土地（12）：16–18．

高延利，等，2018．中国土地政策研究报告（2018）［M］．北京：社会科学文献出版社．

格哈德·班纳，项龙，2003．社区治理与新的中央—地方关系［J］．国际社会科学杂志（中文版）（2）：44–57，5．

格里·斯托克，华夏风，1999．作为理论的治理：五个论点［J］．国际社会科学杂志（中文版）（1）：19–30．

格诺赫姆·罗珀，2005．博弈论导引及其应用［M］．柯华庆，闫静怡，译．北京：中国政法大学出版社．

葛文慧，于涛，2018．基于"规划权"博弈的市县空间一体化研究——以扬州仪征为例［J］．现代城市研究（9）：41–46．

古志辉，2005．博弈规则与制度的等价性——基于均衡概念的探索［J］．制度经济学研究（12）：1-27.

顾汉龙，冯淑怡，张志林，曲福田，2015. 我国城乡建设用地增减挂钩政策与美国土
　　地发展权转移政策的比较研究［J］. 经济地理，35（6）：143-148，183.

顾新，2005. 在"规划控制"与"市场运作"的博弈中走向成熟——深圳市地下空间
　　利用立法与管理实践探析［J］. 现代城市研究（6）：17-22.

郭璐，武廷海，2017. 辨方正位　体国经野——《周礼》所见中国古代空间规划体系
　　与技术方法［J］. 清华大学学报（哲学社会科学版）（11）：36-54，194.

郭旭，李广斌，施雯，王勇，2013. 欧盟"去一体化"及其对国内区域一体化的醒示
　　［J］. 现代城市研究（9）：115-120.

国洪艳，2011. 基于博弈的参与式土地利用规划决策研究［D］. 武汉：武汉大学.

国务院发展研究中心公共管理与人力资源研究所"我国社会治理创新发展研究"课题
　　组，2018. 我国社会治理的制度与实践创新［M］. 北京：中国发展出版社.

韩超，2015. 政府行为与规制治理：制度影响视角的理论与实证分析［M］. 北京：中
　　国社会科学出版社.

何冬华，2017. 生态空间的"多规融合"思维：邻避、博弈与共赢——对广州生态控
　　制线"图"与"则"的思考［J］. 规划师（8）：57-63.

何立军，2019. 新时代中国社会治理创新的理论与实践问题研讨——第五届中国社会
　　治理50人论坛观点综述［J］. 社会政策研究（4）：3-13.

何明俊，2016. 城乡规划法学［M］. 南京：东南大学出版社.

何明俊，2017. 城市规划中的公共利益：美国司法案例解释中的逻辑与含义［J］. 国
　　际城市规划（1）：47-54.

何明俊，2018a. 城市规划、土地发展权与社会公平［J］. 城市规划（8）：9-15.

何明俊，2018b. 改革开放40年空间型规划法制的演进与展望［J］. 规划师（10）：
　　13-18.

何子张，2006. 我国城市空间规划的理论与研究进展［J］. 规划师（7）：87-90.

亨利·勒菲弗，2008. 空间与政治［M］. 李春，译. 上海：上海人民出版社.

桁林，2003. 政府与市场关系理论及其发展［J］. 求是学刊（2）：44-49.

胡钧，2013. 政府与市场关系论［J］. 当代经济研究（8）：22-30.

胡祥，2005. 近年来治理理论研究综述［J］. 毛泽东邓小平理论研究（3）：25-30.

黄凯南，2014. 制度生成与演化的主观博弈论分析：新的理论探索［J］. 理论学刊
　　（4）：43-48，128.

黄玫，2019a. 城市更新背景下城市设计对规划权博弈影响研究［J］. 城市设计（1）：

46–51.

黄玫，2019b．基于规划权博弈理论的国土空间规划实施监督体系构建路径［J］．规划师（14）：53–57.

黄玫，2019c．国土空间规划体系变革影响规划权实施的博弈研究［J］．北京规划建设（5）：85–90.

黄玫，吴唯佳，2019d．基于规划权博弈的国土空间用途管制构建路径研究［C］．2019 城市规划年会论文集（12 城乡治理与政策研究）.

黄智冠，徐里格，李筠筠，2018．治理语境下广州历史文化名城共同缔造实践与策略［J］．规划师（12）：5–9.

嘉璺瑄，2013．我国土地资源开发与利用中的博弈研究［D］．北京：中国地质大学（北京）.

贾宁，于立，陈春，2019．英国空间规划体系改革及其对乡村发展与规划的影响［J］．上海城市规划（8）：85–90.

姜克芳，张京祥，2016．城市工业园区存量更新中的利益博弈与治理创新——深圳、常州高新区两种模式比较［J］．上海城市规划（4）：8–14.

姜晓萍，2014．国家治理现代化进程中的社会治理体制创新［J］．中国行政管理（2）：24–28.

蒋银华，2010．两权博弈与国家义务论［J］．宁夏社会科学（5）：8–11.

景娟，钱云，黄哲姣，2011．欧洲一体化的空间规划：发展历程及其对我国的借鉴［J］．城市发展研究（6）：1–6.

克劳兹·昆斯曼，唐燕，2008．多中心与空间规划［J］．国际城市规划（1）：89–92.

邰艳丽，白梦圆，2015．老社区改造决策中的多元主体博弈与平衡——以北京市某社区改造为例［J］．规划师（4）：48–54.

李广斌，王勇，2015．城乡规划管理体制变迁的演化博弈分析［J］．城市发展研究（7）：64–70.

李国海，李敏，2005．英国 1998 年竞争法［J］．经济法论丛，10（1）：417–466.

李名峰，曹阳，王春超，2010．中央政府与地方政府在土地垂直管理制度改革中的利益博弈分析［J］．中国土地科学，24（6）：9–13.

李明，朱子瑜，2018．战略性与战术性——国内总体城市设计时间的发展趋势探讨．共享与品质——2018 中国城市规划年会论文集（07 城市设计）（11）.

李庆钧，2010．基于参与式治理理论的城市规划模式［J］．城市问题（7）：86–91.

李石璞，2012．论城市土地规划中政府规划权与公众参与权的平衡［D］．长沙：中南大学.

李文韬，2017. 我国城乡规划权法律控制机制研究——基于公共利益的分析 [D]. 上海：华东师范大学.

李昕，林坚，杨有强，楚建群，2012. 规划编制和实施过程中的部门协调 [J]. 现代城市研究，27（2）：15-19.

李鹰，2015. 行政主导型社会治理模式之逻辑与路径——以行政法之社会治理功能为基点 [M]. 北京：中国政法大学出版社.

连宏萍，2017. 土地制度比较 [M]. 北京：北京师范大学出版社.

廖扬丽，2004. 我国行政审批制度改革研究 [D]. 北京：中共中央党校.

林承园，2019.《资本论》空间理论与空间规划实践 [D]. 北京：中央党校（国家行政学院）.

林坚，陈霄，魏筱，2011. 我国空间规划协调问题探讨——空间规划的国际经验借鉴与启示 [J]. 现代城市研究，26（12）：15-21.

林坚，许超诣，2014. 土地发展权、空间管制与规划协同 [J]. 城市规划（1）：26-34.

林坚，陈诗弘，许超诣，王纯，2015. 空间规划的博弈分析 [J]. 城市规划学刊（1）：10-14.

林坚，乔治洋，2017. 博弈论视角下市县级"多规合一"研究 [J]. 中国土地科学，31（5）：12-19.

林坚，骆逸玲，楚建群，2018a. 城镇开发边界实施管理思考——来自美国波特兰城市增长边界的启示 [J]. 北京规划建设（2）：58-62.

林坚，宋萌，张安琪，2018b. 国土空间规划功能定位与实施分析 [J]. 中国土地（1）：15-17.

林坚，武婷，张叶笑，赵晔，2019. 统一国土空间用途管制制度的思考 [J]. 自然资源学报（10）：2200-2208.

刘海龙，孙媛，2013. 从大地艺术到景观都市主义——以纽约高线公园规划设计为例 [J]. 园林（10）：26-31.

刘汉屏，刘锡田，2003. 地方政府竞争：分权、公共物品与制度创新 [J]. 改革（6）：23-28.

刘家强，彭家瑞，鲁勇，柴方国，詹成付，2018. 关于建设现代化经济体系中同步推进社会治理的几点思考 [J]. 社会政策研究（9）：3-10.

刘理晖，2018. 我国社会治理的政策内涵与内容体系 [J]. 社会治理（11）：45-50.

刘凌波，2003. 我国政府行为的博弈分析 [J]. 数量经济技术经济研究（1）：26-30.

刘抒悦，2017．那些风景如画的垃圾处理设施［J］．资源再生（1）：64-73.

刘卫东，2014．经济地理学与空间治理［J］．地理学报，69（8）：1109-1116.

刘未鸣，解振华，等，2018．留住绿水青山（纪念改革开放40周年 推动者系列）［M］. 北京：中国文史出版社．

刘志欣，2014．中央与地方行政权力配置研究——以建设项目环境影响评价审批权为例［M］．上海：上海交通大学出版社．

刘祖云，2006．政府与市场的关系：双重博弈与伙伴相依［J］．江海学刊（2）：106-111，239.

刘祖云，2007．政府间关系：合作博弈与府际治理［J］．学海（1）：79-87.

龙立军，沈雪莉，2019．中国治理理论研究范式综述［J］．学理论（5）：36-38.

鲁西奇，2001．人地关系理论与历史地理研究［J］．史学理论研究（2）：36-46.

鲁西奇，马剑，2009．空间与权力：中国古代城市形态与空间结构的政治文化内涵［J］．江汉论坛（4）：81-88.

鲁西奇，2017．中国历史的空间结构［M］．桂林：广西师范大学出版社．

罗超，王国恩，孙靓雯，2017．从土地利用规划到空间规划：英国规划体系的演进［J］．国际城市规划，32（4）：90-97.

罗艳萍，2011．论平衡型政府下的行政许可制度［D］．南昌：南昌大学．

骆诺，2007．公共选择理论视角下的政府失灵及对策［J］．湖南工程学院学报（社会科学版）（9）：109-111.

毛其智，2019．未来城市研究与空间规划之路［J］．城乡规划（4）：96-98.

门晓莹，2017．中国城乡规划共同治理机制构建路径研究［D］．哈尔滨：哈尔滨工业大学．

孟鹏，王庆日，郎海鸥，蒋仁开，2019．空间治理现代化下中国国土空间规划面临的挑战与改革导向——基于国土空间治理重点问题系列研讨的思考［J］．中国土地科学，33（11）：8-14.

缪小林，付申才，张蓉，2018．国家治理视角下政府间事权配置研究——基于分工思想的公共利益最大化目标理念［J］．财政科学（6）：26-44.

诺曼·泰勒，罗布特 M 沃德，2016．21世纪的社区发展与规划［M］．吴唯佳，等译．北京：中国建筑工业出版社．

潘海霞，赵民，2019．国土空间规划体系构建历程、基本内涵及主要特点［J］．城乡规划（5）：4-10.

彭海东，尹稚，2008．政府的价值取向与行为动机分析：我国地方政府与城市规划制

定 [J]. 城市规划（4）：41–48.

彭恺，范渊，2013. 空间及其政治性对城市规划学的启示——读列斐伏尔的《空间与政治》所感 [J]. 规划师（7）：82–84.

彭坤焘，2018. 城市更新目标预期的"负效应"解析 [J]. 城市规划（9）：62–69.

彭雪辉，2015. 从发展权配置视角分析区划与控规制度的区别 [J]. 城市规划（6）：99–104.

祁帆，贾克敬，邓红蒂，等，2017. 自然资源用途管制制度研究 [J]. 国土资源情报（9）：11–18.

钱慧，罗震东，2011. 欧盟"空间规划"的兴起、理念及启示 [J]. 国际城市规划（6）：66–71.

钱永祥，2003. 权力与权利的辩证——宪政主义与现代国家 [M]. 北京：生活·读书·新知三联书店.

钱振明，2002. 有限政府及其理论：研究之现状与问题 [J]. 苏州大学学报（4）：20–23.

青木昌彦，周黎安，王珊珊，2000. 什么是制度，我们如何理解制度 [J]. 经济社会体制比较（6）：28–38.

邱杰华，何冬华，2017. 多方博弈下的佛山市南海区"多规合一"空间管制实施路径 [J]. 规划师（7）. 67–71.

邱少俊，吕宾，2019. 正确区分"所有者权利"与"监管者权力" [N]. 中国自然资源报. 2019-5-16（4）.

全国干部培训教材编审指导委员会，2019. 推进生态文明 建设美丽中国 [M]. 北京：人民出版社，党建读物出版社.

冉昊，2019. 基层社会治理视角下的网格化治理：创新、挑战与对策 [J]. 治理现代化研究（1）：74–79.

冉璐，2017. 资本主义的空间竞争史——社会理论空间转向的历史根源探析 [J]. 理论界（11）：60–67.

任海青，2014. 公共资源特许制度研究 [D]. 南京：南京大学.

阮兴文，2012. 论城乡规划权的制度设计失衡及矫正 [J]. 新西部（理论版）（12）：95，102.

尚虎平，2019. "治理"的中国诉求及当前国内治理研究的困境 [J]. 学术月刊（5）. 72–87.

施卫良，2014. 规划编制要实现从增量到存量与减量规划的转型 [J]. 城市规划（11）：

21–22.

施雯，王勇，2013. 欧洲空间规划实施机制及其启示［J］. 规划师（3）：98–102.

施雪华，1998. 政府权能理论［M］. 杭州：浙江人民出版社.

石楠，2004. 试论城市规划中的公共利益［J］. 城市规划（6）：20–31.

舒昕，2012. 参与式治理：基于纽约市布鲁克林区的案例研究［D］. 武汉：华中师范大学.

宋功德，2009. 行政裁量控制的模式选择——硬法控制模式的失灵催生混合法控制模式［J］. 清华法学（3）：82–95.

宋雅芳，等，2009. 行政规划的法治化理念与制度［M］. 北京：法律出版社.

宋宇，2016. 我国土地规划权实现机制研究［D］. 杭州：浙江大学.

苏珊·费恩斯坦，2018. 造城者——纽约和伦敦的房地产开发与城市规划［M］. 侯丽，译. 上海：同济大学出版社.

孙柏瑛，2002. 当代政府治理变革中的制度设计与选择［J］. 中国行政管理（2）：19–22.

孙立新，邢燕茹，翟凤勇，2013. 中央与地方政府关于土地政策的博弈分析［J］. 工程管理学报，27（5）：50–53.

孙利辉，徐寅峰，李纯青，2002. 合作竞争博弈模型及其应用［J］. 系统工程学报（3）：211–215.

孙全胜，2015. 列斐伏尔"空间生产"的理论形态研究［D］. 南京：东南大学.

孙施文，刘奇志，王富海，等，2015a. 城乡治理与规划改革［J］. 城市规划（1）：81–86.

孙施文，2015b. 重视城乡规划作用，提升城乡治理能力建设［J］. 城市规划（1）：86–88.

谭纵波，2000. 日本的城市规划法规体系［J］. 国外城市规划（1）：13–18.

谭纵波，2007.《物权法》语境下的城市规划［J］. 国际城市规划（6）：127–133.

谭纵波，2008. 从中央集权走向地方分权——日本城市规划事权的演变与启示［J］. 国际城市规划（4）：26–31.

汤姆·齐格弗里德，2017. 纳什均衡与博弈论——纳什博弈论及对自然法则的研究［M］. 洪雷，陈玮，彭工，译. 北京：化学工业出版社：40.

唐红波，唐红超，2004. 中英土地利用规划比较［J］. 国土资源（8）：56–57.

唐燕，杨东，祝贺，2019. 城市更新制度建设——广州、深圳、上海的比较［M］. 北京：清华大学出版社.

唐子来, 2000. 英国城市规划核心法的历史演进过程 [J]. 国外城市规划 (1): 10-12.

童明, 2006. 政府视角的城市规划 [M]. 北京: 中国建筑工业出版社.

托马斯·谢林, 2006. 冲突的策略 [M]. 赵华, 等译. 北京: 华夏出版社.

汪晓华, 2019. 土地发展权与土地利用规划权关系之法理释明 [J]. 河北法学 (12): 110-121.

汪永清, 2003. 中华人民共和国行政许可法教程 [M]. 北京: 中国法制出版社.

汪渊智, 2006. 理性思考公权力与私权利的关系 [J]. 山西大学学报 (哲学社会科学版) (4): 61-67.

汪越, 谭纵波, 2019. 英国近现代规划体系发展历程回顾及启示——基于土地开发权视角 [J]. 国际城市规划, 34 (2): 94-100, 135.

王春兰, 2010. 上海城市更新中利益冲突与博弈的分析 [J]. 城市观察 (6): 130-141.

王德文, 闵丽, 2019. 城市更新要有 "绣花功夫" [J]. 中国房地产 (2): 59-61.

王东凯, 2018. 深圳城市更新政策实施与完善研究 [D]. 济南: 山东财经大学.

王富海, 袁奇峰, 石楠, 赵燕菁, 林坚, 2016. 空间规划——政府与市场 [J]. 城市规划, 40 (2): 102-106.

王浦劬, 2014. 国家治理、政府治理和社会治理的含义及其相互关系 [J]. 国家行政学院学报 (3): 11-17.

王唯山, 2019. 机构改革背景下城乡规划行业之 "变" 与 "化" [J]. 规划师 (1): 5-10.

王伟, 张常明, 邢普耀, 2018. 新时代规划权改革应统筹好十大关系 [J]. 北京规划建设 (7): 43-48.

王卫国, 2003. 中国土地权利研究 [M]. 北京: 中国政法大学出版社: 7, 29.

王锡锌, 2007. 公众参与和行政过程: 一个理念和制度分析的框架 [M]. 北京: 中国民主法制出版社.

王学辉, 王留一, 2015. 通过合作的法治行政——国家治理现代化背景下行政法理论基础的重构 [J]. 求实 (6): 70-77.

王颖, 孙斌栋, 1999. 运用博弈论分析和思考城市规划中的若干问题 [J]. 城市规划汇刊 (3): 61-63.

王玉霞, 2006. 基于内生博弈规则制度观的制度效率分析 [J]. 南京师大学报 (社会科学版) (11): 53-57.

王则柯, 2017. 博弈论平话 [M]. 北京: 中信出版社集团.

魏天安, 2003. 从模糊到明晰: 中国古代土地产权制度之变迁 [J]. 中国农史 (4):

41–49.

文超祥，马武定，2008. 博弈论对城市规划决策的若干启示［J］. 规划师（10）. 52–56.

吴春岐，2012. 中国土地法体系构建与制度创新研究［M］. 经济管理出版社 .

吴良镛，2001. 人居环境科学导论［M］. 北京：中国建筑工业出版社 .

吴胜利，2017. 财产权形成中的公权力规制研究——以土地规划权对土地财产权的规制为核心［J］. 学习与探索（11）：99–106.

吴帅，2018. 利益竞争下的政府间事权划分：冲突与化解［J］. 政法论坛（7）：134–142.

吴唯佳，2000. 德国城市规划核心法的发展、框架与组织［J］. 国外城市规划（2）：7–9，43.

吴唯佳，郭磊贤，唐婧娴，2019. 德国国家规划体系［J］. 城市与区域规划研究，11（1）：138–155.

吴祖泉，2014. 解析第三方在城市规划公众参与的作用——以广州市恩宁路事件为例［J］. 城市规划（2）：62–75.

夏建中，2010. 治理理论的特点与社区治理研究［J］. 黑龙江社会科学（2）：125–130.

肖鹏飞，罗倩倩，2010. 城市规划利益平衡的问题探讨［C］. 规划创新——2010 中国城市规划年会论文集 .

谢敏，2009. 德国空间规划体系概述及其对我国国土规划的借鉴［J］. 国土资源情报（11）：22–26.

谢庆奎，2000. 中国政府的府际关系研究［J］. 北京大学学报（哲学社会科学版）（1）：26–34.

谢英挺，2017. 基于治理能力提升的空间规划体系构建［J］. 规划师（2）：24–27.

忻林，2000. 布坎南的政府失败理论及其对我国政府改革的启示［J］. 政治学研究（3）：86–94.

辛西娅·休伊特·德·阿尔坎塔拉，黄语生，1999. "治理"概念的运用与滥用［J］. 国际社会科学杂志（中文版）（1）：105–113.

邢翔，2012. 城乡规划权的宪政规制研究［D］. 武汉：武汉大学 .

徐靖，2014. 论法律视域下社会公权力的内涵、构成及价值［J］. 中国法学（1）：79–101.

徐鸣，2016. 如何构建回应性监管格局［N］. 学习时报，2016–11–21（5）.

许婵，2017. 中国共产党从社会管理到社会治理的思想演变及发展［D］. 武汉：武汉理工大学 .

许耀桐，刘祺，2014. 当代中国国家治理体系分析［J］. 理论探索（1）：10–14，19.

闫帅，2012. 公共决策机制中的"央地共治"——兼论当代中国央地关系发展的三个阶段 [J]. 华中科技大学学报（社会科学版）（4）：68-74.

严雅琦，田莉，2016. 1990 年代以来英国的城市更新实施政策演进及其对我国的启示 [J]. 上海城市规划（10）：54-59.

杨保军，汪科，陈鹏，2019. 城市规划 70 年 [J]. 城乡规划（10）：11-15，19.

杨春侠，2011. 历时性保护中的更新——纽约高线公园再开发项目评析 [J]. 规划师（2）：115-120.

杨宏山，2009. 多元利益视角下的城市规划管理 [J]. 中国行政管理（4）：8-10.

杨开忠，2019. 新中国 70 年城市规划理论与方法演进 [J]. 管理世界（12）：17-27.

杨丽，赵小平，游斐，2015. 社会组织参与社会治理：理论、问题与政策选择 [J]. 北京师范大学学报（社会科学版）（6）：5-12.

杨连强，2006. 利益差别与政策博弈：中央与地方关系的另类解读 [J]. 重庆社会科学（7）：101-105.

杨晓辉，丁金华，2013. 利益博弈视角下的城市土地再开发与规划调控策略 [J]. 规划师（7）. 85-89，100.

姚凯，2002. 非零和博弈——城市规划制度发展变迁的理性思考 [J]. 规划师（2）：76-78.

叶炜，2006. 英国社区自助建设对我国社区更新的启示 [J]. 规划师（3）：61-63.

尹稚，2018. 未来国家空间规划体系将走向何方 [N]. 社会科学报，2018-07-13（1）.

尤建新，陈强，2002. 对城市建设活动中政企博弈问题的探析 [J]. 同济大学学报（社会科学版）（4）：56-60.

于澄，陈锦富，2015. 增长竞争与权力配置：对中国城市规划运行环境的讨论 [J]. 城市发展研究（4）：46-51，90.

俞可平，1999. 治理和善治引论 [J]. 马克思主义与现实（5）：37-41.

俞可平，2001a. 治理和善治：一种新的政治分析框架 [J]. 南京社会科学（9）：40-44.

俞可平，李景鹏，毛寿龙，高小平，彭兴业，杨雪冬，董礼胜，2001b. 中国离"善治"有多远——"治理与善治"学术笔谈 [J]. 中国行政管理（9）：15-21.

俞可平，2014. 推进国家治理体系和治理能力现代化 [J]. 前线（1）：5-8，13.

袁赛男，2019. 空间的政治性与政治的空间性——列斐伏尔《空间与政治》的文本学解读 [J]. 湖北行政学院学报（6）：16-20.

詹姆斯·博曼，2006. 公共协商：多元主义、复杂性与民主 [M]. 黄相怀，译. 北京：中央编译出版社.

张兵，林永新，刘宛，孙建欣，2014. "城市开发边界"政策与国家的空间治理［J］. 城市规划学刊（3）：20–27.

张兵，2017. 我国近现代城市规划史研究的方向［J］. 城市与区域规划研究（9）：227–238.

张兵，林永新，刘宛，孙建欣，2018. 城镇开发边界与国家空间治理——划定城镇开发边界的思想基础［J］. 城市规划学刊（7）：16–23.

张超荣，2012. 基于城市生态空间维护的土地制度分析［D］. 武汉：华中科技大学.

张芳，2004. 公权与私权的博弈：行政许可设定的法哲学思考［J］. 政法论丛（4）：18–21.

张光直，1985. 关于中国初期"城市"这个概念［J］. 文物（2）：61–67.

张杰，庞骏，2009. 旧城更新模式的博弈与创新——兼论大规模激进与小规模渐进更新模式［J］. 规划师（5）：73–77.

张劲松，骆勇，2007. 政策过程的制度公正与博弈均衡［J］. 理论探讨（4）：155–158.

张晋藩，2010. 中华法治文明的演进［M］. 北京：法律出版社：497.

张京祥，何建颐，2010a. 西方国家区域规划公共政策属性演变及其启示［J］. 经济地理（1）：17–21，46.

张京祥，2010b. 公权与私权博弈视角下的城市规划建设［J］. 现代城市研究（5）：7–12.

张京祥，2013. 国家—区域治理的尺度重构：基于"国家区域战略规划"视角的剖析［J］. 城市发展研究（5）：45–50.

张京祥，陈浩，2014. 空间治理：中国城乡规划转型的政治经济学［J］. 城市规划（11）：9–15.

张京祥，陈浩，王宇彤，2019. 新中国70年城乡规划思潮的总体演进［J］. 国际城市规划（4）：8–15.

张军，1994. 现代产权经济学［M］. 上海：上海三联书店，上海人民出版社.

张康之，2012. 合作治理是社会治理变革的归宿［J］. 社会科学研究（3）：35–42.

张康之，2015. 论社会治理中的权力与规则［J］. 探索（4）：85–91，193.

张康之，2014. 论主体多元化条件下的社会治理［J］. 中国人民大学学报，28（2）：2–13.

张康之，2016. 论社会治理从民主到合作的转型［J］. 学习论坛（1）：42–50.

张立荣，冷向明，2007. 当代中国政府治理范式的变迁机理与革新进路［J］. 华中师范大学学报（人文社会科学版）（2）：35–43.

张丽君，2011．典型国家国土规划基本经验［J］．国土资源情报（8）：2–10．

张守文，2014．政府与市场关系的法律调整［J］．中国法学（5）：60–74．

张维迎，1994．博弈论与信息经济学［M］．上海：上海三联书店，上海人民出版社．

张维迎，2013．博弈与社会［M］．北京：北京大学出版社．

张维迎，2014．市场与政府［M］．西安：西北大学出版社．

张五常，2009．中国的经济制度［M］．北京：中信出版社．

张伟，刘毅，刘洋，2005．国外空间规划研究与实践的新动向及对我国的启示［J］．地理科学进展（3）：79–90．

张贤明，2000．论政治责任：民主理论的一个视角［M］．长春：吉林大学出版社．

张艳芳，刘治彦，2018．国家治理现代化视角下构建空间规划体系的着力点［J］．城乡规划（10）：21–26．

张颖，2016．城市化规划中的权利话语［J］．行政法学研究（3）：88–96．

张璋，2017．基于央地关系分析大国治理的制度逻辑［J］．中国人民大学学报（4）：89–98．

赵光勇，2010．治理转型、政府创新与参与式治理——基于杭州个案的研究［D］．杭州：浙江大学．

赵俪生，2013．中国土地制度史［M］．武汉：武汉大学出版社：20．

赵燕菁，2014．土地财政：历史、逻辑与抉择［J］．城市发展研究（1）：1–13．

郑国，刘朝，杨秋生，2018．城市规划实施中的利益相关者分析［J］．城市规划（9）：135–138．

钟声宏，2019．社会治理的分形学研究［D］．南昌：南昌大学．

周大鸣，陈世明，2017．城市转型与社会治理［J］．公共行政评论（10）：129–143，218–219．

周飞舟，2006．分税制十年：制度及其影响［J］．中国社会科学（6）：100–115．

周姝天，翟国方，施益军，2018．英国最新空间规划体系解读及启示［J］．现代城市研究（8）：69–76，94．

周贤荣，2019．公众主导下的城市公共空间复兴——以纽约高线公园的蜕变为例［J］．城市住宅（1）：163–164．

朱富强，2018a．博弈歹计和困局破解［M］．北京：经济管理出版社．

朱富强，2018b．博弈思维和社会困局［M］．北京：经济管理出版社：3，7，12，13．

朱红波，2005．建设用地指标分配的博弈分析［J］．国土资源（5）：34–35．

朱蕾，2019．发达国家国土空间用途管制比较及对我国的借鉴［J］．上海国土资源

（12）：46-50.

朱喜钢，金俭，2011. 政府的规划权与公民的不动产物权［J］. 城市规划（2）：82-86.

朱子瑜，2017. 以自上而下的视角看城镇风貌的管控［J］. 城市环境设计（6）：346-348.

祝睿，2019. 生态用地的法制化——基于土地用途管制制度演进的视角［J］. 中国土地科学（1）：17-23.

Hongbin Cai, Daniel Treisman, 2005. Does Competition for Capital Discipline Governments? ［J］. Decentralization, Globalization, and Public Policy, 95（3）：817-830.

Ivan Turok, 2005. Urban Regeneration：What Can Be Done and What Should Be Avoided? ［C］// Istanbul 2004 International Urban Regeneration Symposium: Workshop of Kucukcekmece District. Istanbul: Kucukcemece Municipality Publication：57-62.

Jonathan S Davies, 2000. The Hollowing-out of Local Democracy and the "Fatal Conceit" of Governing without Government［J］. The British Journal of Politics & International Relations, 2（3）.

Md Julfikar Ali, Mohidur Rahaman, 2018. Planning Decentralization and Changing Paradigm of Indian Planning Process［J］. International Planning Studies, 23（3）.

Peter Roberts, 2000. The Evolution, Definition and Purpose of Urban Regeneration［M］// Roberts P, Sykes H. Urban Regeneration：A Handbook. London: Sage：9-36.

Pranab Bardhan, 2020. The Chinese Governance System: Its Strengths and Weaknesses in a Comparative Development Perspective［J］. China Economic Review, 61.

Rhodes R A W, 1996. The New Governance: Governing without Government［J］. Political Studies, 44（4）.

Urs Peter Gruber，2016. 德国物权法概述与实体土地法［M］. 王强，译. 北京：中国政法大学出版社.

Willem Korthals Altes, 2004. 经济力量与荷兰战略规划［J］. 侯丽，译. 国外城市规划（2）：13-17.

Zhang Xiaobo, 2006. Fiscal Decentralization and Political Centralization in China: Implications for Regional Inequality［J］. Journal of Comparative Economics（34）：713-726.

后　记

我 1997 年进入同济大学，八年规划教育奠定了良好的专业基础。2005 年进入中国城市规划设计研究院从事规划编制，三年经历丰富了规划一线的编制经验。2008 年考入住房和城乡建设部城乡规划司，长期从事规划管理工作，在一线管理工作和宏观政策的切换中，感受到规划工作的本质乃是各方对空间利益的平衡。2018 年随机构改革转隶至自然资源部国土空间规划局，这一宝贵的经历更是加深了对规划工作的深层次理解。作为体制内的一员，这种观察还将继续，思考也将继续。

本书源于我的博士论文，从 2018 年 6 月到 2020 年 7 月花了整整两年时间才终于完成。而这两年也与"多规合一""机构改革"、城乡规划向国土空间规划转变的时间高度重合。正是在这股改革的洪流中，我开始思考国土空间规划权的博弈问题。在阅读文献、梳理历史脉络的过程中，我逐步清晰规划权作用形成的机制不是单一力量的作用结果，博弈过程的复杂性、治理理念内涵的不断更新等都给规划权作用形成机制的研究观察开启了不同的视角。尽管改革还在继续，新旧体系还处于转换过程中，国土空间规划权作用形成机制也在不断地博弈完善中，但这些都为其提供了更多的研究视角和范本。虽然本书研究已经结束，但这方面的研究才刚刚起步，我也会从这个起点开始持续关注，希望能够从更多的视角去不断地丰富研究成果。

在此，首先要感谢导师吴唯佳教授。从选题、研究方法确定到框架结构安排，吴老师不断提出新的问题和深入方向，引领着研究的思路，使书稿逐步成熟。您严谨的学风、科学的方法、开阔并富于质疑性的思维方法，都将使我终身受益。

感谢清华大学建筑学院的边兰春教授、武廷海教授、田莉教授、于涛方副教授，感谢北京大学的林坚教授、中国人民大学的叶裕民教授，给予书稿宝贵的意见建议，让我从不同角度审视书稿的研究路径。他们不尽相同且丰富的专业知识不仅对我的学术研究帮助巨大，也拓展了我的专业视野，帮助我跳出多年来的工作思维，从更高、更广的学术视角丰富我的知识储备。

作为在职博士研究生，要感谢自然资源部各位领导的支持，包括庄少勤副部长，国土空间规划局张兵局长、门晓莹副局长。他们不仅在工作中给予我指导，对本书涉及的一些治理理论和博弈论方法也给予了深刻的意见建议，让我的书稿在结合工作实际方面有了更深的思考。

最后特别感谢家人，你们的支持永远是我前进的动力之源！

黄　玫　2020 年岁末于北京